怎样做好
新时代巡察工作

刘诗林◎著

人民东方出版传媒
People's Oriental Publishing & Media
東方出版社
The Oriental Press

图书在版编目（CIP）数据

怎样做好新时代巡察工作 / 刘诗林著．—北京：东方出版社，2023.2

ISBN 978-7-5207-2862-1

Ⅰ.①怎…　Ⅱ.①刘…　Ⅲ.①中国共产党—纪律检查—工作　Ⅳ.①D262.6

中国版本图书馆 CIP 数据核字（2022）第 122382 号

怎样做好新时代巡察工作

（ZENYANG ZUOHAO XINSHIDAI XUNCHA GONGZUO）

作　　者：刘诗林

责任编辑：杭　超

出　　版：东方出版社

发　　行：人民东方出版传媒有限公司

地　　址：北京市东城区朝阳门内大街 166 号

邮　　编：100010

印　　刷：天津鑫旭阳印刷有限公司

版　　次：2023 年 2 月第 1 版

印　　次：2023 年 2 月北京第 1 次印刷

开　　本：787 毫米 × 1092 毫米　1/16

印　　张：16.5

字　　数：237 千字

书　　号：ISBN 978-7-5207-2862-1

定　　价：68.00 元

发行电话：（010）85924663　85924644　85924641

序

擦亮巡视巡察这把惩魔斩妖的反腐利剑

刘诗林同志的《怎样做好新时代巡察工作》即将出版，她请我为她的书写序，我愉快地答应了。一是我大学毕业后一直在中央纪委和中央办公厅工作，从事党的建设特别是纪检监察理论和政策研究，巡视工作自然也是研究的内容。二是我曾担任中央第八巡视组副组长，进行过四轮巡视，有一些具体的实践经验。三是我现在还担任中国纪检监察学院客座教授，为学院特别是青年学者做点事，承担一些事情是理所当然的。

2015 年 1 月至 2016 年 7 月，我从中央纪委研究室主任，转任中央第八巡视组副组长，一共参加了四轮巡视。巡视单位是国家电网和南方电网，中国铁路总公司和国家铁路局，教育部和国家统计局，全国供销总社、农业农村部和中国农业科学院，都取得了非常好的效果。

在巡视工作期间，我觉得有这样几种有效的做法。

一是坚持问题导向。党的十八大之前，我们党的巡视涉及面非常宽，包括落实党的路线方针政策、经济发展形势、工程项目建设、党的建设等。由于巡视任务宽泛、内容发散、面面俱到，监督焦点和矛头就模糊了，巡视效果不是很突出。党的十八大后，习近平总书记强调要突出问题导向，因而效果非常明显。习近平总书记曾在十八届中央纪委三次全会上讲过，“不是说经济社会发展问题不重要，而是‘术业有专攻’，管经济社会发展的部门很多，他们检查督促就可以了。巡视组要剑指党风廉政方面存在的问题”。

二是坚持政治巡视。我们党是执政党，党的建设问题历来都是政治问题。习近平总书记在十九届中央纪委二次全会上指出：“要深化政治巡视，在政治高度上突出党的全面领导，在政治要求上抓住党的建设，在政治定位上聚焦全面从严治党。”政治巡视不是业务巡视。我们主要是从党和国家的政治高度，来巡视被巡视党组织在政治方向、党的领导和党的建设、全面从严治党和反腐败等方面存在的突出问题。这就把中央巡视工作提到了应有的高度，定位也就更准确了。记得当时我们组在某单位开展完巡视工作后，总结了三句话：“政治巡视、巡视党组、向中央报告”。“政治巡视”，主要是针对该系统存在的党的领导弱化等问题。“巡视党组”，即巡视的重点是党组。尤其是在进行下沉式调研时，不要纠结于具体事务。“向中央报告”，即在写巡视报告时，都是向中央报告，而不是向其他单位报告。时时刻刻记住这三句话，就不会陷入具体事务之中。

三是强化主体责任，也就是“一把手”的责任。到被巡视单位召开巡视动员大会之前，中央巡视办负责人、中央巡视组组长、副组长和被巡视单位“一把手”面对面交流。首先由中央巡视办负责人向被巡视单位“一把手”传达党中央特别是习近平总书记关于巡视工作的精神，再由巡视组组长交代本次巡视工作的具体部署和要求，明确开展好本轮巡视是“一把手”的主体责任。然后再请“一把手”当即就本轮巡视工作表态，明确表示支持中央精神和巡视工作安排。这既是一种有效形式，又是对被巡视单位主要负责人的很大震慑。

四是聚焦突出问题。我参加的中央巡视，前两轮是聚焦作风、贪腐、政治纪律、选人用人“四个着力”方面的问题；第三轮增加了主体责任、监督责任和组织纪律方面的内容；第四轮开始明确政治巡视的定位。此后，中央巡视更加突出重点，剑指党风廉政方面存在的问题，查找政治偏差，坚决维护党中央权威和集中统一领导。所以，随着实践的发展，巡视聚焦的“突出问题”也在不断发生变化。这也是符合唯物辩证法认识论原理的。

五是掌握谈话技巧。巡视谈话有参考提纲，分党的领导、党的建设、全面从严治党三大方面，包括六大纪律、分管范围内感觉不踏实的人和事、群众议论较多的领导干部等内容，可以按提纲谈，也可以结合实际情况谈。

我一般围绕谈话对象个人的基本情况，单位及每个领导存在什么问题、分管部门或领域及负责人存在什么问题、家庭存在什么问题、个人存在什么问题等内容来谈。谈话时要注意，谈话对象表现出的一些问题和漏洞，先不要指出，等谈话快结束时再请他一一说明。如果一开始就指出谈话对象的问题，到后面他就会警觉，许多问题就不敢讲了。

六是注意重点调研。一般情况下，一些单位会提前对照其他单位巡视发现的问题进行整改，所以有的问题往往在巡视之前就已经得到纠正或者掩盖。但是，也有一些地方、部门和企事业单位不太在意。重点调研时，我所在的巡视组一般会分三组进行。一组与主要领导谈话，询问有关情况，同时检查办公室；二组到车库查看超标公车使用情况，查找车辆进出底单；三组到党务和财务调阅材料和账册，主要查看党组会议、支部会议记录本，财务收支特别是招待费使用情况等，打包一起拿到驻地查看。这一招是致命的，因为被巡视单位不知道材料和账目里面有什么问题和漏洞。有时，巡视组也会进行突击调研，我们了解到某个下级单位可能存在问题，就直奔该单位，快到时才打电话给该单位领导，请他过来协助进行突击检查。这种方式能收到很好的效果。

七是尽快抓住典型。在巡视期间，只有尽快抓住典型，公开曝光，才能起到立威的作用。如果进驻后很长时间没有抓到典型案件，大家就会认为巡视组没有能力，干部、群众就会失望。

八是坚持立行立改。群众来信来访中的问题，要分类处理。如果是反映领导班子成员的重要问题线索，可以移交中央纪委纪检监察室；反映二级正及以下的问题线索，交由纪检组组织力量去核实；涉及民生等问题的信件，交由被巡视单位办公室组织力量去核实。这样就推动了工作顺利开展。

九是充分利用各种巡视方法。巡视工作条例规定了 13 种巡视办法，包括听汇报、个别谈话、信访、抽查领导干部个人有关事项、询问知情人、调阅复制文件、召开座谈会、列席会议、测评和问卷、下沉调研、专项检查、提请协助和派出巡视组党组织授权的其他方式。如向中国反洗钱监测分析中心查询、与政法机关建立工作协调机制（约谈询问、信息查询、建议审查、商请关注督办、法纪咨询）等，可以单独运用，也可以综合运用。

总之，通过巡视，就是要让被巡视单位从上到下、由里到外，被全面地梳理一遍，看看有没有不合适、不妥当、不规范、不标准的问题，然后一起整改。经过这样一个监督程序，被巡视单位的大部分问题都会涉及、都会整改。也许还会有隐藏得很深的人和事没有触及，那也没有关系，第二轮巡视会针对这些问题重点巡视。

直到今天，巡视作为全面从严治党的战略性制度安排，作为我们党最彻底的自我革命的强大政治武器，仍然是一把寒光闪闪的反腐利剑！

刘诗林同志是一个既有才气又很勤奋的青年学者，有一种锲而不舍、刻苦钻研的进取精神。她既参加了中国纪检监察学院许多课题的研究工作，又参加过多轮中央巡视，对党的巡视工作特别是巡察工作进行过深入的研究。《怎样做好新时代巡察工作》既有理论思考，又有实践总结，还列举了不少案例，是一本研究党的巡视巡察工作不可多得的书籍，对地方、部门、企事业单位等开展巡视巡察工作，具有很强的指导和借鉴意义。

作为中国纪检监察学院客座教授，作为四十多年来中国反腐败和廉政建设的研究者、参与者和见证者，我非常高兴地看到中国有一批这样的青年学者正在成长和进步。特别希望在中国纪检监察学院这个全国纪检监察系统的党校、这个理论和实践相结合的卓越平台上，有更多青年学者的文章发表和专著出版。我期待着！

李雪勤
中央纪委研究室原主任
中央第八巡视组原副组长
中国纪检监察学院客座教授

目　录

前 言

党的十八大以来，党中央将巡视作为全面从严治党的战略性制度安排，巡视工作不断深化和发展，发挥了震慑、遏制和治本的利剑作用。目前，巡视工作“一体两翼”格局已经逐步形成，上下联动效果充分彰显。中央巡视是构建巡视巡察战略格局的主体，是在中央政治局和中央政治局常委会的领导下，由中央巡视工作领导小组负责组织实施的巡视工作，同时领导全党巡视巡察工作。中央单位巡视和省区市巡视共同构成了巡视巡察战略格局的“两翼”，其中，省区市巡视是上下联动的关键环节，发挥着承上启下的作用，以巡视带巡察，统筹市县区域联动；中央单位巡视是上下联动、条块结合的重要环节，结合行业、领域特点分类推进内部巡视巡察。

巡察监督承接中央、中央单位和省区市巡视监督，实现了政治巡视向基层、一线和群众身边延伸。巡察的根本任务是保障党的路线方针政策和党中央决策部署落实到底，解决群众身边的腐败和作风问题。党中央把巡视巡察制度专列一条写入党章，充分说明巡视巡察是党和国家治理体系的有机组成，是党和国家监督体系的重要一环，是党的自我革命制度规范体系的重要内容。巡察是强化基层监督，优化基层治理的常态化、制度化的安排。新时代，在党中央统一领导、各级党组织分级负责下，在巡视巡察机构的组织推动下，在巡察干部们的共同努力下，巡察制度不断完善，巡察工作实践不断发展，巡察工作实效充分彰显。

本人于2014—2015年一共参与了五轮中央巡视工作，后来一直从事巡视巡察领域的研究，并讲授相关课程。在研究和授课过程中，我一方面震撼于巡视巡察工作的迅速发展和显著成效，另一方面感受到巡视巡察实务部门对相关理论和业务知识的迫切需求。特别是巡察工作起步晚，推广快，制度多，要求高，人员流动频繁。每次授课后，总有不少巡察干部向我索要课件，并表示希望获取更多相关资料。于是，我萌生了撰写一本巡察监督书籍的想法。本书撰写过程中得到了中央巡视办有关领导和同事、各地各单位巡察实务部门和巡察干部的鼓励和支持，有的提供制度文本，有的介绍经验做法，有的讲述巡察故事，有的分析巡察机制，有的分享工作心得。这些难得的素材构成了本书撰写的基础资料，在此一并表示感谢。

本书分为理论篇和实践篇。理论篇聚焦巡察工作的背景与意义、发展历程、运行机制、责任主体、监督对象、政治巡察等基础理论问题。实践篇围绕巡察准备、巡察了解、巡察报告、巡察反馈、巡察移交、巡察整改等巡察实务工作展开，同时对政治巡察、加强巡察整改和成果运用、巡视巡察上下联动、加强贯通协调形成监督合力等党中央关于巡视巡察工作的最新精神进行解读和探讨。

全书既有详细的理论阐释，也有丰富的地方实践案例，还穿插安排了中央和省区市巡视相关经验的资料链接，对市县、中央部委、中央国家机关部门党组（党委）所属单位、省直机关、各级党委（党组）管理的企业、高校开展巡察工作均具有很强的指导和借鉴意义。同时，本书也不失为专家学者了解和研究巡察监督的文献读本。

需要指出的是，巡察工作涉及主体多、领域广、范围大。囿于本人经验和能力所限，本书难免存在一些不足和缺陷，还请各位读者海涵并批评指正。

书山有路勤为径，学海无涯苦作舟。本书从着手撰写到最终成稿，历时四年，期间根据巡察工作进展几易其稿，各种酸甜苦辣一言难尽。仅以此书与诸君共勉。

理论篇

在党内监督范畴下，巡视是重要的政治工作，是上级党组织对下级党组织履行党的领导职能责任的政治监督。

巡察是指党的市（地、州、盟）和县（市、区、旗）、中央部委和中央国家机关部门党组（党委）所属单位、省直机关、各级党委（党组）管理的企业、高校等党组织，借鉴参照巡视监督的做法，对所属地区、单位党组织领导班子及其成员开展的监督。

巡察在借鉴和参照巡视监督的同时，需更加突出基层属性。

第一章
巡察工作的背景、历程与意义

巡察是推进全面从严治党向基层延伸、向纵深发展的重要手段，是加强基层党风廉政建设的战略性制度安排。2016 年 10 月，党的十八届六中全会审议通过的《中国共产党党内监督条例》对巡察监督作出正式规定，2017 年 7 月新修订的《中国共产党巡视工作条例》对市县巡察提出明确要求。党章第十四条专门对巡视巡察作出规定。中央还先后出台《关于市县党委建立巡察制度的意见》《关于中央部委、中央国家机关部门党组（党委）开展巡视工作的指导意见（试行）》《关于加强巡视巡察上下联动的意见》等制度推动巡察工作。十九届中纪委向党的二十大的工作报告指出，中央、省、市、县四级全部建立巡视巡察制度，178 个中央单位开展内部巡视，各地探索提级巡察、交叉巡察、机动巡察等模式。中央单位共巡视 7836 个党组织，市县两级共巡察 88.2 万个党组织。巡视巡察监督与其他监督的贯通融合不断加强，巡视巡察质量整体提升。

第一节　巡察工作的开展背景

全面从严治党是新时代党的建设的重大创新。党要管党、从严治党，是党的建设的一贯要求和根本方针。习近平总书记结合新的历史任务和时代特征，把这一要求和方针提升到新的高度，作出“全面从严治党”战略部署，构成了新时代党的建设的鲜明特点和重要经验。

巡视巡察则是各级党组织全面从严治党的重要抓手。

一、全面从严治党向纵深发展

2014年10月，习近平总书记在党的群众路线教育实践活动总结大会上的讲话中提出“全面推进从严治党”的重大论断。2014年12月，习近平总书记在江苏调研时提出要“协调推进全面建成小康社会、全面深化改革、全面推进依法治国、全面从严治党”①，把全面从严治党纳入“四个全面”战略布局之中，上升到中国特色社会主义发展战略高度。2016年10月，党的十八届六中全会专题研究全面从严治党问题。党的十九大报告突出强调要“坚定不移全面从严治党，不断提高党的执政能力和领导水平”。

党的十八大以来，全面从严治党成效卓著。以习近平同志为核心的党中央全面加强党的领导和党的建设，坚决改变管党治党宽松软状况。政治从严，推动全党尊崇党章，增强“四个意识”，坚定“四个自信”，做到“两个维护”，严明党的政治纪律和政治规矩，层层落实管党治党政治责任。思想从严，开展党的群众路线教育实践活动和“三严三实”专题教育，推进“两学一做”学习教育常态化制度化，开展“不忘初心、牢记使命”主题教育、党史学习教育，全党理想信念更加坚定、党性更加坚强。管党从严，坚持思想建党和制度治党同时同向发力，党的建设制度改革深入推进，党内法规制度体系不断完善。执纪从严，把纪律挺在前面，着力解决人民群众反映最强烈、对党的执政基础威胁最大的突出问题，强化纪律意识和规矩意识。作风从严，出台中央八项规定，严厉整治形式主义、官僚主义、享乐主义和奢靡之风，坚决反对特权。治吏从严，贯彻新时代好干部标准，建立科学有效的选人用人机制，形成能者上、庸者下、劣者汰的用人导向，选

① 《习近平在江苏调研时强调 主动把握和积极适应经济发展新常态 推动改革开放和现代化建设迈上新台阶》，《人民日报》2014年12月15日。

人用人状况和风气明显好转。反腐从严，坚持反腐败无禁区、全覆盖、零容忍，重拳“打虎”“拍蝇”“猎狐”，不敢腐的目标初步实现，不能腐的笼子越扎越牢，不想腐的堤坝正在构筑，反腐败斗争压倒性态势已经形成并全面巩固。

全面从严治党是新时代坚持和发展中国特色社会主义基本方略的重要组成部分。党的十九大把全面从严治党写入党章，上升到党的根本制度层面；纳入习近平新时代中国特色社会主义思想，上升到党的指导思想层面；纳入新时代坚持和发展中国特色社会主义必须坚持的“十四条”，上升到党的基本方略层面；写入新时代党的建设总要求，上升到党的建设指导方针层面。党的十九大报告强调，中国特色社会主义最本质的特征是中国共产党领导，中国特色社会主义制度的最大优势是中国共产党领导，党是最高政治领导力量；坚持党对一切工作的领导，提高党把方向、谋大局、定政策、促改革的能力和定力，确保党始终总揽全局、协调各方；坚持全面从严治党，不断增强党自我净化、自我完善、自我革新、自我提高的能力，始终保持党同人民群众的血肉联系。这些重要思想，充分体现了全面从严治党的极端重要性，丰富和发展了中国化马克思主义的党建理论，为新时代党的建设提供了思想指导。[①]

在党的二十大报告中，习近平总书记深刻总结了全面从严治党的创新成果和成功经验，立足新时代新征程党的建设的问题挑战和发展趋势，着眼于深入推进新时代党的建设新的伟大工程，全面建设社会主义现代化国家、全面推进中华民族伟大复兴，发出了“全面从严治党永远在路上，党的自我革命永远在路上，决不能有松劲歇脚、疲劳厌战的情绪，必须持之以恒推进全面从严治党，深入推进新时代党的建设新的伟大工程，以党的自我革命引领社会革命”的庄严宣示，要求落实新时代党的建设总要求，健全全面从严治党体系，全面推进党

① 《坚定不移推动全面从严治党向纵深发展》，《求是》2018 年第 5 期。

的自我净化、自我完善、自我革新、自我提高，使我们党坚守初心使命，始终成为中国特色社会主义事业的坚强领导核心。

二、基层不正之风和腐败问题易发多发

经过多年的努力，全面从严治党取得了重要的阶段性成果，但全面从严治党的责任传导还存在层层递减的问题，基层党组织党的领导弱化、党的建设缺失、全面从严治党不力等现象也比较普遍，有的地方甚至可谓“上面九级风浪，下面纹丝不动”。习近平总书记强调：“全面从严治党，核心是加强党的领导，基础在全面，关键在严，要害在治。”① 党风廉政建设和反腐败工作是全面从严治党的重点。基层是联系群众最直接、最紧密、最关键的阵地。中央正风肃纪反腐力度空前，基层党风廉政状况比以往有明显好转，但违纪违法、侵犯群众利益问题仍然突出。

资料链接

基层群众身边不正之风和腐败问题的主要表现②

政令不畅。有的基层干部政治纪律性不强，对中央的政策执行不到位，搞上有政策下有对策，使中央政策变形走样；从地方或局部利益出发，擅自出台有关规定，损害群众利益。

贪污受贿。有的基层干部利用职权，以侵吞、窃取、骗取等非法手段将集体资金据为己有；有的基层干部利用职务上的便利，主动索取群众财物，或者非法收受请托人财物，为其谋取利益，提供方便。

截留挪用。有的基层干部利用职权便利，克扣、截留、挪用民生资金；有的部门和单位截留专项资金，设立账外账，用于发放奖金和各种补贴；有的把专项资金转移到下属职能部门，请客送礼，挥霍浪费。

玩忽职守。一些基层党政组织和干部缺乏服务意识和责任意识，行政

① 《习近平关于全面从严治党论述摘编》，中央文献出版社 2016 年版，第 11 页。

② 根据与基层纪检监察干部访谈情况并结合部分文献资料整理。

不作为，推诿扯皮；有的地方对安全生产、预防事故重视不够，监管不力；有的地方干部失职渎职，甚至与黑恶势力沆瀣一气，致使人民群众缺乏公平感和安全感。

徇私舞弊。有些基层干部不能秉公办事，而是凭感情、靠关系办事，吃拿卡要、以权谋私，不给好处不办事，给了好处乱办事；有的在工程发包、招投标、质量验收、工程款拨付等环节敛财；有的在低保资金发放方面搞亲情救助和贿赂性救助；有的基层干部以美丽乡村建设为名，强占农地，补偿安置政策不落实，补偿费不及时到位。

作风不实。有些基层干部工作作风漂浮、得过且过、敷衍塞责，贪图享乐、生活奢靡。表现为工作方法简单、作风粗暴、办事不公；用公款大吃大喝，在家庭大事上大操大办、借机敛财等；公车私用、超标准公务接待、公款旅游等。

侵占"三资"。一些村庄的村务公开徒有虚名，村干部挥霍集体资金、公款吃喝、随意开支现象不同程度地存在。有的村干部借为村跑项目之名，"花集体的钱，办自己的事"；有的村干部收入不记账，隐匿集体收入，从中谋利；有的村干部虚报公用开支，侵占集体资产；有的村干部低价处置集体资产，甚至把集体的资产变更到自己或亲属名下；有的村干部把有利可图的工程，能干的自己干，干不了的转给别人，从中渔利。

一些地方、部门和单位，基层干部不正之风和腐败问题易发多发、量大面广，而且有的腐败行为性质十分恶劣，有的案件涉案金额惊人，有的腐败问题与其他问题交织，基层反腐败斗争形势较为严峻复杂。从调研和日常了解的情况看，基层存在这些问题主要有两方面原因。一是全面从严治党的责任不到边、不到底，管党治党的压力层层递减。二是基层党员干部不担当、不作为。那么，这些问题在基层怎么解决？巡察就是一个很好的举措。巡察把监督利剑直插基层，把压力传导到底、传达到边，真正达到老百姓身边，打通全面从严治党的"最后一公里"。

三、中央和省区市巡视利剑作用充分彰显

党的十八大以来，以习近平同志为核心的党中央把巡视作为全面从严治党的战略性制度安排，抓住不放，持续发力，不断赋予巡视制度新的活力。

“巡视是党章赋予的重要职责，是加强党的建设的重要举措，是从严治党、维护党纪的重要手段，是加强党内监督的重要形式。”① 2013年4月25日，习近平总书记在中央政治局常委会审议《关于中央巡视工作领导小组第一次会议研究部署巡视工作情况的报告》时的讲话中，用这“四个重要”强调了巡视工作的重要地位和作用。

中央政治局常委会会议听取每一轮巡视情况汇报，中央政治局会议分别审议巡视省区市、中央企业、中央和国家机关、中央政法单位、意识形态单位、中管高校的专题报告。习近平总书记每次都详细审阅巡视报告，发表重要讲话，全面系统阐述巡视任务，对发现的问题有针对性地评判，对落实整改责任、运用巡视成果作出指示，为巡视工作在坚持中深化指明了方向。

“中央巡视组是中央直接派的，要当好‘钦差大臣’，善于发现问题，发挥震慑力。”② 2013年4月，习近平总书记在听取中央巡视工作领导小组工作汇报时对巡视工作提出明确要求，并强调“无论是谁，都在巡视监督的范围之内”③。

2014年6月，习近平总书记在听取巡视情况汇报时进一步指出：“巡视作为党内监督的战略性制度安排，不是权宜之计，要用好巡视这

① 《习近平关于党风廉政建设和反腐败斗争论述摘编》，中央文献出版社、中国方正出版社2015年版，第107页。

② 《习近平关于党风廉政建设和反腐败斗争论述摘编》，中央文献出版社、中国方正出版社2015年版，第107页。

③ 《习近平关于党风廉政建设和反腐败斗争论述摘编》，中央文献出版社、中国方正出版社2015年版，第107页。

把反腐‘利剑’。”①

随着管党治党实践的深入，巡视工作不断与时俱进。2015 年 6 月，在中央政治局会议审议巡视工作条例修订稿时的讲话中，习近平总书记指出：“巡视成为党风廉政建设和反腐败斗争的重要平台，是党内监督与群众监督结合的重要方式，是上级党组织对下级党组织监督的重要抓手，为全面从严治党提供了有力支撑。”②2015 年 11 月，习近平总书记在中央政治局审议《关于巡视五十五家国有重要骨干企业有关情况的专题报告》时的讲话中指出：“巡视是最有效的一招，没有什么顾忌，发挥了‘八府巡按’作用，‘尚方宝剑’一端，一堆问题和意见都反映上来了，再加上及时处置，巡视威力陡显，发挥了尖兵和利剑作用。实践证明，巡视制度有效管用，只能加强、不能削弱。要牢牢把握巡视政治定位，聚焦全面从严治党，发现问题、形成震慑、倒逼改革、促进发展。”③2016 年 1 月，习近平总书记在中央政治局常委会会议审议《关于 2015 年中央巡视组第三轮专项巡视情况的综合报告》时的讲话中指出：“巡视是国之利器、党之利剑，必须坚持不懈、继续完善。要深化政治巡视。中央巡视组是中央派的，必须在政治高度上突出党的领导，在政治要求上抓住党的建设，在政治定位上聚焦全面从严治党。不断与时俱进，推动巡视向纵深发展，探索市县巡察，完善巡视工作网络格局。”④

探索实践在前，总结提炼在后。巡视制度越来越完善。2015 年 6

---

① 《习近平关于党风廉政建设和反腐败斗争论述摘编》，中央文献出版社、中国方正出版社 2015 年版，第 113—114 页。

② 习近平：《不能自觉接受监督，就不具备当领导干部的起码素质》，人民网－中国共产党新闻网 2017 年 1 月 23 日。

③ 《习近平关于坚持和完善党和国家监督体系论述摘编》，中央文献出版社、中国方正出版社 2022 年版，第 97 页。

④ 《习近平关于坚持和完善党和国家监督体系论述摘编》，中央文献出版社、中国方正出版社 2022 年版，第 100 页。

月，中央政治局会议审议通过《中国共产党巡视工作条例（修订稿）》，首次对2009年颁布的《中国共产党巡视工作条例（试行）》进行修订，对巡视定位、内容、方式、程序、纪律等各个方面进行了系统阐述和规定，为巡视工作开展提供了遵循。2016年10月，党的十八届六中全会审议通过《中国共产党党内监督条例》，首次在党内法规中对巡视全覆盖提出硬要求。同时规定，“中央巡视工作领导小组应当加强对省、自治区、直辖市党委，中央有关部委，中央国家机关部门党组（党委）巡视工作的领导。省、自治区、直辖市党委应当推动党的市（地、州、盟）和县（市、区、旗）委员会建立巡察制度，使从严治党向基层延伸”。2017年5月，中央政治局审议《中共中央关于修改〈中国共产党巡视工作条例〉的决定》，巡视条例再“升级”，对政治巡视、中央和国家机关巡视工作、市县巡察工作、实现一届任期全覆盖等作出了明确规定，进一步完善了巡视监督内容。十八届中央在一届任期内对《中国共产党巡视工作条例》进行两次修订和修改，彰显了党中央将巡视作为着眼长远的战略性制度的决心和智慧。在党中央的坚强领导下，巡视发挥出令人瞩目的利剑作用。

中央巡视组把自上而下的组织监督和自下而上的民主监督结合起来，进驻前公布巡视对象，多方面收集问题线索；进驻后公开信箱邮箱和举报电话，接待群众来访；巡视结束后公开反馈意见和被巡视党组织整改情况。十八届中央12轮巡视共处理来信来访159万件次，与党员干部和群众谈话5.3万人次，发现各类突出问题8200余个。① 党的十九大以来，各级巡视巡察机构共受理群众信访举报424.6万件次（截至2022年10月）。② 巡视巡察成为党内监督和群众监督有机结合的重要形

① 《党的十八大以来中央巡视工作综述》，《人民日报》2017年9月29日。

② 《十九届中央纪律检查委员会向中国共产党第二十次全国代表大会的工作报告》，《中国纪检监察》2022年第21期。

式，发挥了中国特色民主监督制度的独特优势。

只有全覆盖，才能零容忍。巡视全覆盖是全面从严治党的必然要求，是以习近平同志为核心的党中央向全党全社会作出的庄严承诺。2013年11月，党的十八届三中全会审议通过的《中共中央关于全面深化改革若干重大问题的决定》提出："改进中央和省区市巡视制度，做到对地方、部门、企事业单位全覆盖。"巡视全覆盖的目标首次在党的中央全会上提出。2014年1月14日，在十八届中央纪委第三次全体会议上，习近平总书记再次要求："巡视监督要对地方、部门、企事业单位全覆盖。"党的十八大以来，在党中央的坚强领导下，中央巡视全覆盖工作蹄疾步稳、扎实推进。十八届中央第四轮巡视完成对31个省区市和新疆生产建设兵团全覆盖，第七轮巡视完成对55家央企巡视全覆盖，第八轮巡视完成对中央金融单位巡视全覆盖，第十一轮巡视完成对中央和国家机关巡视全覆盖，第十二轮巡视完成对中管高校巡视全覆盖。十八届中央开展12轮巡视，巡视277个单位党组织，对16个省区市开展"回头看"，对4个单位进行"机动式"巡视，实现党的历史上首次一届任期内中央巡视全覆盖。十九届中央共巡视282个中央单位和地方党组织，又一次实现一届任期内中央巡视全覆盖。

在党中央的坚强有力领导下，巡视工作取得实践创新和制度创新双丰收，全面从严治党利剑作用彰显。山西省"系统性、塌方式腐败"，湖南衡阳破坏选举案，四川南充和辽宁拉票贿选案等重大问题线索都是巡视发现的。十八届中央纪委立案审查的案件中，超过60%的线索来自巡视。① 十九届中央巡视发现问题1.6万个，移交一批问题线索。② 巡视发现的问题无不印证，党中央把全面从严治党纳入"四个全面"战略布局英明、正确、及时。巡视监督是党内监督和群众监督相结合

① 《党的十八大以来中央巡视工作综述》，《人民日报》2017年9月29日。

② 《十九届中央纪律检查委员会向中国共产党第二十次全国代表大会的工作报告》，《中国纪检监察》2022年第21期。

的有效方式，彰显中国特色社会主义民主监督的制度优势，凝结着全面从严治党实践、理论、制度创新的重要成果。

在中央巡视工作的带动下，省区市巡视也发展迅猛。党的十八届三中全会对改进省区市巡视工作作出明确部署。2015年8月，党中央颁布新修订的《中国共产党巡视工作条例》，明确省区市巡视工作定位、内容和方式，为省区市巡视工作规范开展提供了重要遵循。2016年，党的十八届六中全会审议通过的《中国共产党党内监督条例》，首次在党内法规层面对省区市党委一届任期内实现巡视全覆盖作出规定。省区市巡视是构建巡视巡察监督立体网络格局的重要基础。“省区市党委必须坚决贯彻中央巡视方针，深化聚焦转型，做到横向全覆盖、纵向全链接、全国一盘棋，上下联动遏制腐败现象蔓延势头。”[①] 习近平总书记高度重视省区市巡视工作，多次提出明确要求，为省区市巡视工作深入推进指明了方向。

党的十八大以来各省区市和新疆生产建设兵团落实中央巡视方针、执行巡视工作条例、扎实推进巡视工作。截至2017年4月，完成对8362个地方、部门、企事业单位党组织的巡视全覆盖任务；震慑常在，发现违反“六项纪律”问题14.3万多个，发现党的领导弱化、党的建设缺失、全面从严治党不力问题4.1万多个，发现领导干部违纪违规问题线索5.8万余件，涉及厅局级干部1.3万件、县处级干部3.96万件，呈现逐年大幅提升态势。[②] 党的十九大以来，各级省区市党委完成对8194个党组织巡视，实现一届任期内省区市党委巡视全覆盖。[③]

全面从严治党有部署，基层党风廉政建设有需求，中央和省区市

---

① 《习近平关于党风廉政建设和反腐败斗争论述摘编》，中央文献出版社、中国方正出版社2015年版，第116页。

② 钟循：《传导压力强震慑——十八大以来省区市巡视工作深化发展综述》，《中国纪检监察》2017年第17期。

③ 《十九届中央纪律检查委员会向中国共产党第二十次全国代表大会的工作报告》，《中国纪检监察》2022年第21期。

巡视有效果。在这样的背景下，党中央决定开展巡察工作，推进全面从严治党向基层延伸。

第二节　巡察工作的发展历程

由中央和省区市一级开展的巡视，只能覆盖到市县一级，县级以下的党内监督空白如何填补成为党中央考虑的问题。

为了破解“上面九级风浪，下面纹丝不动”难题，放大和发挥巡视监督的制度效能，党中央决定将巡察作为巡视工作的有效延伸和拓展，打通全面从严治党“最后一公里”。2017 年 7 月，中共中央办公厅印发《关于市县党委建立巡察制度的意见》(以下简称《意见》)。该《意见》从总体要求、机构队伍、组织领导、巡察任务、巡察质量等方面对建立市县巡察工作提出具体要求，这对于推动市县巡察工作规范健康发展，构建巡视巡察监督立体网络格局具有重要意义。

巡察作为完善巡视战略格局的重要一环，在巡视巡察监督体系中处于基础性地位，具有党内监督“探头”作用。十八届中央高度重视、深入推进巡视巡察工作，中央、省、市、县四级巡视巡察工作体系基本形成。党的十九大报告要求“深化政治巡视，坚持发现问题、形成震慑不动摇，建立巡视巡察上下联动的监督网”，“在市县党委建立巡察制度，加大整治群众身边腐败问题力度”，对市县巡察工作提出了更为明确的要求。党章专列一条对巡视巡察制度作出明确规定。2018 年 1 月印发的《中央巡视工作规划（2018—2022 年）》要求，“市县党委在一届任期内实现巡察全覆盖，探索‘提级巡察’、‘交叉巡察’等方式，推动巡察工作向村（社区）和基层站（所）党组织延伸，做到横向到边、纵向到底，巡视巡察监督常态化、制度化”。省区市巡视工作领导小组要坚决贯彻中央决策部署，密切联系本地区实际，加强对市县巡察全覆盖任务的督察指导，建立健全巡视巡察联动机制。市县党委作为具体落实者，要认真履行管党治党主体责任，党委书记承担起第一责任人责任，牢固树立“四个意识”，把巡察作为分内要务，尽应尽之责，切实抓在手上，坚守政治巡察职能定位，牢牢把握“两个维护”根本政治任务，聚焦坚持党的全面领导，加强党的建设，推进全面从严治党，推动解决人民群众反映强烈、侵蚀党的执政基础的突出问题。市县巡察的特殊意义，就是通过巡察干部走村入户、听取意见，把党内监督送到群众家中、送到群众炕头，让群众真正感受到党的关怀就在身边、从严管党治党就在身边、正风反腐就在身边。

为了巩固和发展全面从严治党成效，更好发挥巡视监督党之利剑、国之利器作用，在市县党委效仿巡视开展巡察监督的同时，一些高校、省直机关、央企二级单位也探索开展了巡察工作。这一阶段，巡察以实践探索先行，积累了不少经验，取得了明显成效，但也一度存在法规依据不足、职能定位不准、机构设置不规范、责任不清等问题，在一定程度上制约了巡察监督作用的发挥。

典型案例

湖北省交通运输厅开展巡察工作[①]

湖北省交通运输厅在省纪委驻省交通运输厅纪检组积极督促下出台《省交通运输厅2017年重点巡察工作实施方案》，2017年5—6月，组织两个专班分别进驻省港航管理局和省交通职业技术学院开展巡察。2018年对信息中心、运管局、驻京珠管理处、雅口指挥部开展巡察。

国家电网推动二级单位全面开展巡察工作[②]

国家电网有限公司党组，规范基层单位巡察机构及人员设置，推动二

① 参见《派驻交通运输厅纪检组：高悬巡察利剑，推动省交通运输厅系统全面从严治党向基层延伸》，新浪网2017年8月9日。

② 根据对国家电网有限公司党组巡视办的书面调研资料整理。

级单位全面开展巡察工作，坚持巡视巡察上下联动，巡视向巡察借力，巡察向巡视借势，优势互补，双剑合璧，层层压实管党治党责任。巡视巡察上下联动、精准发力，发现基层党组织党的领导弱化、党的建设缺失、全面从严治党不力方面问题多个。

中建二局部署开展巡察工作①

中建二局是集投资、建造、运营一体化发展的国有大型总承包工程服务商，1952 年组建成立，逐渐形成了“局—子公司（区域分公司）—分公司—项目”的模式，规模效应显现，但也存在着点多面广、管理离散度大、人员素质有待提升的问题。基于以上实际，中建二局党委 2017 年开始部署开展巡察工作。2017 年 6 月，中建二局进驻一公司开展为期两个月的首轮内部巡察工作，巡察组由局纪检、党委、人力、商务、审计等成员组成。内部巡察工作内容归纳为“2468”。“2”即为要认真落实好党委的主体责任和纪委的监督责任。“4”即为“四风”、“四个意识”和“四化”。“四风”指形式主义、官僚主义、享乐主义和奢靡之风；“四个意识”指增强“政治意识、大局意识、核心意识、看齐意识”；“四化”指国企普遍存在党的建设“弱化、淡化、虚化、边缘化”。“6”即为“六大纪律”，包括：政治纪律、组织纪律、廉洁纪律、群众纪律、工作纪律、生活纪律。“8”即为落实好中央八项规定。

中国华电：探索央企巡察工作新路径②

2017 年，华电集团党组积极探索和实践二级单位党组织巡察工作，着力解决基层企业落实从严治党责任层层递减的问题，不断净化基层企业政治生态，夯实管党治党的政治责任。通过前期试点实践，提炼总结，努力探索具有华电特色的央企巡察工作新路径。具体来说，就是紧紧把握政治巡察的定位，紧密结合央企实际，在巡察工作中突出“三大任务”：推动基

① 根据对中建二局党委巡察办的书面调研资料整理。

② 中国华电集团公司党组纪检组：《中国华电：探索央企巡察工作新路径》，中央纪委国家监委网 2017 年 9 月 27 日。

层企业坚决维护以习近平同志为核心的党中央权威；确保中央路线方针政策在基层企业得到贯彻落实；推动基层企业落实国有资产保值增值的政治责任。在方式上做到“三个结合”：与推进企业重点任务落实相结合；与规范企业管理相结合；与问题线索核查工作相结合。一巡到底的魄力和恒心，使巡察成为各二级单位纪检监察机构深化“三转”、履行监督职能的重要平台，整合监督力量、发挥监督合力的重要平台，锤炼公司系统党员干部队伍、提升整体素质的重要平台。

2017 年 9 月，华电集团党组在推广试点巡察经验的基础上，全面启动二级单位党委（党组）巡察工作，建立巡视巡察“双剑合璧”“上下链接”的立体监督网络格局。

2019 年 6 月，中共中央办公厅印发了《关于中央部委、中央国家机关部门党组（党委）开展巡视工作的指导意见（试行）》（以下简称《指导意见》）。该《指导意见》对巡察工作作出原则规定，即中央部委、中央国家机关部门党组（党委）所属单位党组织，可根据工作需要对其所管理的党组织领导班子及其成员开展巡察监督。“工作需要”这一原则要求，各单位对于管理链条长、上级巡视覆盖不到、存在监督盲区的所属单位，可根据《指导意见》要求开展巡察监督。截至 2020 年 8 月，有 26 家中央和国家机关结合实际推动所属单位党组织建立了巡察制度。大部分央企二级单位也都建立巡察制度，开展巡察监督，比如国家电网、中海油、中国移动、神华集团等。

典型案例

中国移动党组完成电信普遍服务、对口支援及定点扶贫领域巡察全覆盖[①]

2018 年，中国移动党组深入学习贯彻习近平新时代中国特色社会主义

① 中国移动通信集团有限公司纪检组监察室：《中国移动：将定点扶贫等工作纳入巡视巡察范围》，中央纪委国家监委网 2018 年 10 月 9 日。

思想和党的十九大精神，推动中央脱贫攻坚战略任务和中央巡视工作方针在集团内部落地生根，深化扶贫领域政治巡视巡察，将电信普遍服务、对口支援及定点扶贫工作纳入巡视巡察范围，采用巡视巡察上下联动、省市公司两级纵向打通和巡察审计横向协同的方式开展巡察，2018 年共派出各类巡察组 160 余个，组织巡察力量 900 余人，覆盖扶贫点（村）900 余个、扶贫人员 2500 余名、各类扶贫项目 800 余项、扶贫资金 25 亿元。

巡察期间共召开座谈会等各类会议 300 余次，查阅资料 4400 余份，实地调研和走访 600 余次，谈话 2100 余人次，发放调查问卷 3500 余份，累计发现各类问题 280 余个，下发立行立改通知单等 60 余份。针对巡视巡察发现扶贫领域的各类问题，中国移动党组坚持立行立改、系统整改，共制定整改措施 260 余项，立行立改 140 余项。

浙江、宁夏、贵州、福建、黑龙江、新疆、河南、江西、河北等省省直单位党组（党委）也探索开展了巡察工作。省直单位规范有序推进巡察工作，是贯彻落实习近平总书记关于巡视巡察工作重要论述精神、贯彻全国巡视工作会议精神的具体行动，是推动全面从严治党走向纵深的有力举措。

典型案例

江苏省规范省直单位巡察工作[①]

江苏省委巡视工作领导小组于 2018 年 5 月出台《关于规范省级机关部门和省属企事业单位党委（党组）巡察工作的指导意见》，明确“省级机关部门和省属企事业单位党委（党组）所属单位多，队伍规模大，资金管理、资产处置、资源配置、资本运作和工程项目等权力相对集中的，应当开展巡察工作”。2018 年，江苏已有 43 家省直单位开展巡察工作。

① 顾敏：《江苏推进巡察工作向纵深发展——“巡”出真问题 “察”出震慑力》，《中国纪检监察报》2018 年 5 月 30 日。

浙江省推动省直单位巡察工作①

2020年7月2日，经浙江省委批准，浙江省直机关部门和省属企事业单位党组（党委）巡察工作座谈会在杭州召开，部署推动省直单位巡察工作。浙江省委要求省直各单位党组（党委）强化“重要窗口”的使命担当，切实增强做好巡察工作的责任感使命感，把巡察工作作为管党治党的重要任务、重要载体来抓，对照有机构、有队伍、有制度、有方案、有方法、有保障的要求，有力有序推进本单位巡察工作。紧紧聚焦巡察监督内容重点，充分发挥监督保障执行、促进完善发展作用，督促基层党组织、党员干部自觉把思想和行动统一到党中央决策部署上来，保障党中央大政方针落到实处。要求省直各单位必须坚持“严”的主基调，按照省委主要领导提出的推动全省巡视巡察高质量发展，再上新台阶，建设“重要窗口”不缺位的指示要求，准确把握省直单位职能职责、工作特点，精准有效开展监督，不断提升省直单位巡察工作质量和效果，助力推动健全“省委巡视＋市县巡察和省直单位巡察”的“一体两翼”巡视巡察联动监督新格局，全面展示巡视巡察监督新优势、新成效。浙江省发展改革委、省公安厅、省交通运输厅、巨化集团、省能源集团、浙江工商大学等6家单位党组（党委）在座谈会上交流发言。

河北省委推动省直单位巡察②

河北省委深入学习贯彻习近平总书记重要指示精神和全国巡视工作会议精神，坚持政治站位，强化组织领导，切实履行主体责任，有力有序有效推进巡视巡察工作高质量发展。在深入调研的基础上，省委以广电网络形式召开巡视巡察工作会议，省市县乡四级党委主要负责人和纪委监委、组织部门、巡视巡察机构等共1.3万余人参加。出台《关于省委有关部委、省直有关单位党组（党委）开展巡察工作的指导意见》，规范推进省国资委、省委教育工委、省生态环境厅、省司法厅、省交通运输厅等5家省直单位巡察工作。

① 《强化“重要窗口”使命担当 我省大力推进省直单位巡察工作》，《浙江日报》2020年7月3日。

② 《贯彻全国巡视工作会议精神，他们这样做》，《中国纪检监察》2019年第11期。

2020年，全党巡视巡察战略格局进一步完善。市县巡察稳步开展，覆盖26.1万个党组织。中央巡视工作领导小组召开中央单位巡视工作调研座谈会，对33家中央和国家机关单位开展专项检查，推动中管企业、中管金融企业、中管高校规范开展巡视巡察工作。

2021年3月，中共中央办公厅印发了《关于加强巡视巡察上下联动的意见》，推动巡视巡察与其他监督贯通融合，强化综合监督作用。中央、省、市、县四级全部建立巡视巡察制度，178个中央单位开展内部巡视，各地探索提级巡察、交叉巡察、机动巡察等模式。总结实践经验，加强分类指导，对中央单位内部巡视加大推动力度，对省区市巡视工作现场指导督导，引导市县巡察向基层延伸，稳步开展对村（社区）巡察。党的十九大以来，中央单位共巡视7836个党组织，市县两级共巡察88.2万个党组织，巡视巡察上下联动格局建立健全。① 2023年1月，二十届中央纪委二次全会进一步提出明确要求“加强巡视整改和成果运用，完善巡视巡察上下联动工作格局”。

经过不断实践探索和制度完善，全党巡视巡察工作体系基本成型，各级巡视巡察工作取得明显进步，成为党内监督利剑、联系群众纽带。

第三节　巡察工作的重大意义

巡察监督的目的在于巩固党执政的政治基础，净化基层政治生态，让人民群众真正体会到全面从严治党就在身边。新时代巡察工作成效显著，意义深远。

一、巡察工作的意义

党内监督要纵向到底，压力必须传导下去，要建立巡察制度，有

① 《十九届中央纪律检查委员会向中国共产党第二十次全国代表大会的工作报告》，《中国纪检监察》2022年第21期。

效解决基层“拍蝇”，夯实基础。党中央把巡察制度作为全面从严治党向基层延伸的重大创新举措。《中国共产党党内监督条例》和2017年新修订的《中国共产党巡视工作条例》中均对市县巡察制度作出明确规定；以中共中央办公厅名义专门印发的《关于市县党委建立巡察制度的意见》作为配套制度，在二十大党章中都写入巡察相关内容，充分体现了党中央对巡察工作的高度重视和推动全面从严治党向基层延伸的坚定决心。

建立巡察制度是强化基层党的领导、提高基层党组织执政能力的现实需要。基层党组织是党的“一线指挥部”，领导力发挥如何，直接关系党的路线方针政策的贯彻执行。加强巡察监督，就是要在政治高度上坚持党的领导，及时发现并推动解决基层党组织和党员干部“四个意识”不强，贯彻中央部署不坚决、不到位，领导班子成员不团结等问题，切实增强基层党组织凝聚力、战斗力，坚决维护以习近平同志为核心的党中央权威和集中统一领导，把党的理论和路线方针政策落到实处。

建立巡察制度是加强基层党的建设、促进战斗堡垒作用充分发挥的现实需要。党的工作最坚实的基础在基层，最突出的矛盾也在基层，必须把抓基层、打基础作为长远之计和固本之举，努力使每个基层党组织成为坚强战斗堡垒。加强巡察监督，就是要在政治要求上抓住党的建设，及时发现并推动解决基层党组织党内政治生活不严肃、组织生活制度不健全，换届不及时、发展党员不规范，党员教育管理和监督服务不到位等突出问题，使基层党组织战斗堡垒作用得到更好发挥。

建立巡察制度是推进全面从严治党、夯实基层管党治党政治责任的现实需要。开展政治巡察，把管党治党政治责任落实到基层，使全面从严治党向基层延伸。加强巡察监督，就是要在政治定位上聚焦全面从严治党，真正把“严”的标准和“治”的理念、全面从严治党的压力和责任传导到基层，打通全面从严治党“最后一公里”，促进管党治党从宽松软走向严紧硬。

建立巡察制度是提升基层治理水平、促进基层治理体系和治理能力现代化的现实需要。推进国家治理体系和治理能力现代化，落实还得从基层做起。加强巡察监督，就是要着力发现并及时纠正基层体制不健全、制度不完善、工作不扎实、执行不到位等问题，督促各级党组织加强对共性、倾向性问题的综合分析和专项治理，举一反三、查漏补缺，完善制度、加强管理，构建发现问题、形成震慑，推动改革、促进发展的良好机制，不断提升基层治理法治化、制度化、规范化水平。

建立巡察制度是密切党群干群关系、厚植党执政政治基础的现实需要。民心是最大的政治。相对于“远在天边”的“老虎”，群众对“近在眼前”的“蝇贪”感受更为真切；“微腐败”也可能成为“大祸害”，它损害的是老百姓的切身利益，啃食的是群众的获得感，挥霍的是基层群众对党的信任。加强巡察监督，就是要直面基层、深入群众，及时发现和推动解决损害群众利益的突出问题，坚决纠正和查处发生在群众身边的不正之风和腐败问题，增强人民群众的获得感、满意度，密切党同人民群众的血肉联系，厚植党执政的政治基础。巡察工作推动了党中央路线方针政策的落实，能够发现群众身边一些微腐败，能化解群众的不满和积怨，让群众实实在在感受到全面从严治党的成效，得到了群众的衷心拥护和广泛认同。

二、巡察工作的成效

经过多年的努力，巡察监督在夯实党执政的政治基础、解决民生热点难点问题、紧密联系群众、标本兼治综合治理作用方面取得了很大成效。

（一）坚持政治巡察定位，夯实党执政的政治基础

与巡视监督一样，巡察巡的是政治，而不是业务，必须牢牢把握政治巡察定位，提高政治站位。党的十八大以来，坚定不移深化政治巡

察，推动解决了一大批基层党组织党的领导弱化、党的建设缺失、全面从严治党不力等问题，压实了基层党组织管党治党政治主体责任，提升了基层党组织执政水平和执政能力，进一步夯实了党执政的政治基础。

聚焦坚持党的领导，巡察提升基层党组织凝聚力、向心力、战斗力。党的领导坚强有力，则人心齐事业兴；党组织软弱涣散，则问题层出不穷。如2016年以来，市县巡察发现基层党的领导弱化方面问题4.3万个，其中乡镇、村（社区）党组织1.8万个，占总数的41.9%，推动解决了一批基层党组织贯彻中央和上级党委决策不力，团结、领导、教育、动员群众能力不足等突出问题，有效提升了基层党组织推动发展、服务群众、凝聚人心、促进和谐的责任意识。[①] 通过市县巡察，党内监督与群众监督有效对接的路径更加通畅。

聚焦加强党的建设，巡察筑牢“战斗堡垒”、夯实执政之基。党内政治生活不严肃、组织生活不健全、民主决策制度不落实、“两学一做”学习教育走过场、党组织不健全、发展党员不规范等，是党的建设缺失的典型表现。巡察把这类问题作为监督重点，发现和推动解决基层党的建设缺失方面问题，促进了基层党组织核心作用的发挥，进一步筑牢了党执政的群众基础。

聚焦推进全面从严治党，巡察将管党治党主体责任传导到党组织神经末梢。破解“上面九级风浪、下面纹丝不动”难题，离不开压力的层层传导、责任的逐级落实。党的十八大以来，巡察紧扣基层党组织全面从严治党主体责任和监督责任落实情况，把纪律和规矩挺起来，把有权必有责、失责必追究的导向立起来，发现和推动解决全面从严治党不力方面问题，增强了基层党组织和党员干部全面从严治党的紧迫感和廉洁规范用权的自觉性。

① 《在政治高度上突出党的领导，在政治要求上抓住党的建设，在政治定位上聚焦全面从严治党，市县党委提高政治站位，不断深化政治巡察——夯实党执政的政治基础》，《中国纪检监察报》2017年7月5日。

（二）紧盯民生热点难点问题，增强群众获得感

紧贴基层实际，紧盯民生热点难点问题，巡察监督才能“通民意”“接地气”。在巡察推动下，群众的一件件诉求、反映的一个个问题，不仅有回声，而且很快得到解决，基层群众切身感受到了全面从严治党的实际成效。群众的信任与支持，已成为巡视巡察深化发展的不竭动力。人民群众痛恨什么、反对什么，就重点巡察什么、纠正什么，通过发现群众身边的腐败和作风问题、推动整改落实回应群众关切，得到了群众的信任和支持。

紧盯扶贫领域不放，巡察为中央脱贫攻坚战略决策全面落实提供保障。精准监督护航精准扶贫，江西、云南、广西、甘肃等省份的市县普遍开展扶贫领域专项巡察，剑指基层党组织脱贫攻坚主体责任落实情况，形成持续震慑，确保了扶贫资金安全、扫除了脱贫进程障碍。各地发现和推动解决了一批虚报冒领、优亲厚友、截留私分等扶贫领域违规违纪问题，为脱贫攻坚战取得全面胜利提供了坚强纪律保障。

紧盯惠民惠农政策落实不放，巡察为群众享受改革发展福祉提供保障。只有打通影响政令畅通的“中梗阻”，清除政策落实的“拦路虎”，才能让党的温暖直达群众心窝。巡察发现和推动解决了一批惠民惠农领域违规违纪问题，数万名党员干部受到党纪政纪处分，维护了广大困难群众的切身利益，确保了中央关于惠民惠农一系列好政策在基层落地生根。

紧盯“乡匪村霸”不放，巡察为基层改革发展稳定提供保障。黑恶势力的存在威胁基层政权，影响党和政府形象，老百姓深恶痛绝。市县巡察将“乡匪村霸”问题作为巡察监督内容，加强对问题反映集中的乡镇、村（社区）监督，大量党员干部受到党纪政纪处分。“乡匪村霸”被及时发现和处理，为基层长治久安、稳定发展营造了良好氛围。

紧盯“微腐败”“小官大贪”“雁过拔毛”问题不放，巡察为净化基

层政治生态提供保障。“苍蝇”乱飞，损党的政策，夺群众利益，必须拍之而后快。依据巡察发现的问题线索快查快处，大量乡科级及以下党员干部、村（社区）两委班子成员受到党纪政纪处分，“微腐败”、小官滥权的生存空间被压缩，“巡察一到，风气变了”成为群众的直观感受。

（三）紧密联系群众，扩充群众监督渠道，提升群众监督能力

巡察坚持以人民为中心，畅通了群众自下而上的监督反映渠道，是上级党委直接倾听民意、了解下情的重要途径。基层的情况，群众比谁都清楚，发动群众参与发现问题，可以事半功倍。巡察畅通信访举报渠道，坚持深入群众听呼声，有力激发了群众参与监督的积极性，使巡察发现问题更加精准有效。一大批发生在群众身边的不正之风和腐败问题在巡察中被及时发现并推动解决，密切了党群干群关系。巡察不仅回应群众关切，更疏通了群众心中“堵点”。

（四）巡察监督标本兼治的综合效应得到有力释放

巡察坚持巡改并重、标本兼治，有力推动改革、促进发展，是其他业务检查、日常监督不能替代的。巡察发现的不少焦点难点问题折射出了制度机制的软肋和缺陷，通过分析提炼，及时向上级党组织提出建议，可以有效提升治理能力和治理水平。巡察组向被巡察党组织反馈问题、提出需立行立改问题、移交被巡察党组织所管理干部问题线索、向相关职能部门提出意见建议，代表了上级党组织的要求。针对巡察发现的共性、倾向性问题，各级党组织积极开展专项整治，建立、修订、完善各类监管制度，有效提升了基层治理法治化、制度化、规范化水平。

总的来看，巡察工作党中央有部署，各级党组织有需求，各项工作有基础，实际工作有成效，干部群众积极拥护。巡察工作合国情、顺民意、暖民心，是把全面从严治党的压力和责任传导到基层党组织神经末梢的有效形式。

第二章

巡察工作的组织体系

巡察实质上就是巡视这一党内监督方式在基层的延伸和拓展。根据《中国共产党巡视工作条例》《中央巡视工作规划（2018—2022年）》《关于市县党委建立巡察制度的意见》《关于中央部委、中央国家机关部门党组（党委）开展巡视工作的指导意见（试行）》《关于加强巡视巡察上下联动的意见》等有关制度和文件精神，巡察的组织方式、领导体制、工作流程、具体方式方法都跟巡视有相似之处，但由于基层的特殊性，巡察工作在机构设置、运行方式方面还有一些独特的特点和要求。

第一节　巡察机构设置与职能职责

巡察机构是开展巡察工作的重要载体。巡察机构需立足职责使命，聚焦“国之大者”，结合基层实际，强化政治监督，坚持围绕中心、服务大局，全面落实巡察工作方针，推进巡察工作高质量发展。

一、巡察机构设置

巡察机构包括巡察工作领导小组、巡察工作领导小组办公室和巡察组。

开展巡察工作的党组织成立巡察工作领导小组，设立巡察工作领导小组办公室和巡察组。巡察机构在中央巡视工作领导小组的统一领导以及同级党委和上一级党组织巡视（巡察）工作领导小组的领导下，组织实施本地区巡察工作。

中央部委、中央国家机关部门党组（党委）所属单位、省直机关、金融企业、企业、高校党委（党组）可参考有关地方、部门巡视巡察机构的设置情况，结合自身实际建立巡察机构。

资料链接

中央巡视机构设置①

1. 党的中央委员会成立中央巡视工作领导小组，在中央政治局和中央政治局常委会领导下，负责组织实施中央一级的巡视工作，同时加强对巡视巡察工作的领导和指导。组长由中央纪委书记担任，副组长由中央组织部部长担任，成员由中央纪委、中央组织部有关领导和中央巡视办主任组成。

2. 中央巡视工作领导小组下设办公室，为其日常办事机构，设在中央纪律检查委员会。

3. 中央设立若干巡视组，在中央巡视工作领导小组的领导下开展巡视，向中央巡视工作领导小组负责并报告工作。

省、自治区、直辖市巡视机构设置②

1. 各省、自治区、直辖市成立党委巡视工作领导小组，在同级党委和中央巡视工作领导小组的领导下，负责组织实施本地区巡视工作。组长由同级纪委书记担任，副组长一般由同级党委组织部部长担任，成员一般由纪委、组织部有关领导和巡视办主任组成。

2. 巡视工作领导小组下设办公室，为党委工作部门，设在同级党的纪律检查委员会。

3. 省区市党委设立巡视组，在巡视工作领导小组的领导下开展巡视，向巡视工作领导小组负责并报告工作。

① 参见《中国共产党巡视工作条例》第五条、第七条、第九条规定。

② 参见《中国共产党巡视工作条例》第五条、第七条、第九条规定。

中央部委、中央国家机关部门巡视机构设置①

1. 开展巡视工作的中央部委、中央国家机关部门党组（党委）成立巡视工作领导小组，设立巡视工作领导小组办公室和巡视组，在同级党组（党委）和中央巡视工作领导小组的领导下，组织实施本单位本系统巡视工作。组长由党组（党委）书记〔含不设党组（党委）的部门领导班子主要负责人〕担任，其他成员一般为：党组（党委）副书记、任党组成员（党委委员）的中央纪委国家监委派驻纪检监察组组长、分管组织人事和机关纪委的党组成员（党委委员）、组织人事部门等方面主要负责人，原则上不超过7人。派驻纪检监察组负责综合监督的其他部门，由派驻纪检监察组组长或联系该部门的派驻纪检监察组副组长担任巡视工作领导小组成员。

2. 巡察工作领导小组下设办公室，为其日常办事机构，巡视办根据巡视监督任务可单独设立，也可与相关内设机构合署办公。巡视办主任为兼职的，应当设立专职副主任。

3. 中央部委、中央国家机关部门党组（党委）根据任务需要设立若干巡视组，承担巡视任务，向巡视工作领导小组负责并报告工作。

二、巡察工作领导小组及其职责

巡察工作领导小组负责组织实施本地区或本单位巡察工作，向同级党委（党组）负责并报告工作。巡察工作领导小组组长由同级党委（党组）书记或纪委书记担任，副组长由同级党委组织部部长担任；党委（党组）书记为组长的，纪委书记为常务副组长。

从各地市县开展巡察工作实践来看，有的地方巡察工作领导小组组长由市（县）委书记担任，有的地方组长由纪委书记担任。由于全国各地情况差异很大，2017年制定《关于市县党委建立巡察制度的意见》时，对于巡察工作领导小组组长没有统一规定，由各地根据实际

① 综合多家中央部委、中央国家机关部门巡视制度相关资料整理。

情况作出安排。如四川省全省21个市（州）、183个县（市、区）全部开展巡察工作，采取市县党委书记兼任巡察工作领导小组组长的做法。实践中，有的地方起初由纪委书记担任巡察工作领导小组组长，后来根据巡察工作的发展需要，为了更好落实“两个责任”，对巡察工作领导小组组长进行了调整。比如2017年6月15日，广西壮族自治区北海市委对巡察工作领导小组成员进行调整，由市委书记担任巡察工作领导小组组长。

典型案例

广西壮族自治区北海市：调整巡察工作领导小组，市委书记任组长①

2016年7月，北海市委根据相关要求成立了由市委常委、市纪委书记担任组长的巡察工作领导小组。市委巡察工作领导小组坚持市、县（区）一体，从战略高度高规格建立市、县（区）两级巡察工作机构，加强巡察工作制度建设，积极探索县区“交叉巡察”，推动多部门联动，规范有序开展巡察工作，巡察的震慑作用充分体现。

2017年6月15日，北海市委对巡察工作领导小组成员进行调整，由市委书记担任巡察工作领导小组组长。这是北海市委认真落实全面从严治党要求，切实履行党委巡察工作主体责任，进一步加强对巡察工作领导，推动巡察工作向纵深发展的有力举措。调整后的巡察工作领导小组设副组长两名，分别由市纪委书记和市委组织部部长担任，成员由市纪委、市委组织部的分管领导以及市委巡察工作办公室的领导组成。此外，市委还选强配优，给巡察组配备了15名副处级干部担任专职副组长，壮大巡察力量。同时要求市辖县区参照执行，及时调整巡察工作领导小组成员，推动市县巡察工作同步发展。

① 《我市调整巡察工作领导小组，市委书记任组长》，北海市纪检监察网2017年6月16日。

根据《中国共产党巡视工作条例》等文件精神和各地实践情况，巡察工作领导小组的职责主要有：

1. 贯彻党的中央委员会、上级和同级党的委员会（党组）有关决议、决定；

2. 研究提出巡察工作规划、年度计划和阶段任务安排；

3. 研究提出每轮巡察对象建议名单，巡察组组长、副组长人选以及任务分工；

4. 听取巡察情况汇报，研究巡察成果的运用，对巡察发现的问题进行分类处置，提出相关意见和建议；

5. 向同级党组织报告巡察工作情况；

6. 对巡察组进行管理和监督，对巡察工作中的重大情况和重要问题进行研究部署；

7. 研究处理巡察工作中的其他重要事项。

巡察工作领导小组要落实组织实施巡察工作的责任。具体来说有四个方面的职责要求。一是统筹谋划高质量的巡察全覆盖。要及时研究提出巡察工作规划、年度计划和阶段性任务安排。二是推动相关部门支持配合巡察工作，推动形成“四个全覆盖”的权力监督格局。三是加强对下级巡察工作领导和指导督导，强化党委（党组）特别是党委（党组）书记的履责意识，推动巡察向基层延伸。四是管理监督巡察队伍，做到对巡察干部严管厚爱。其中，巡察工作领导小组组长是组织实施的主要责任人，要带头研究工作、带头破解难题、带头推动落实。切实把中央和本地区党委关于巡察工作部署要求落到实处。副组长要抓好人员选配、成果运用、日常监督等职责范围内的任务。

三、巡察工作领导小组办公室及其职能

巡察工作领导小组下设办公室。巡察工作领导小组办公室（以下简称巡察办）作为巡察工作领导小组日常办事机构，履行统筹协调、

指导督导、服务保障等职责。

巡察办为党委（党组）工作部门，一般设在同级党的纪律检查委员会（纪检部门）。巡察办居于“上下沟通、纵横协调、联系内外”位置，其工作水平、工作状态和工作成效对巡察工作领导小组卓有成效地开展工作具有非常重要的作用，须把贯彻落实中央巡视工作方针与准确把握巡察办职能定位结合起来，积极主动地开展工作，及时向巡察工作领导小组提出意见和建议，深化转职能、转方式、转作风，不断提高政治站位，准确把握政治定位，坚守担当，履职尽责，做到能办大事、会办难事、敢办新事，当好巡察工作领导小组统筹全局科学决策的参谋助手、落实党委决议决定的有力抓手、组织实施巡察工作的得力帮手。

明确巡察办为党委（党组）工作部门，是巡察工作体制的重大创新，是党中央重视巡察工作的具体表现，是对巡察工作的加强。巡察是党委（党组）履行全面从严治党主体责任的具体化，巡察办作为党委（党组）工作部门，能够充分体现党委（党组）组织领导巡察工作的主体责任，有利于巡察办按照党委（党组）的决策部署，履行巡察工作领导小组日常办事机构职责，大幅提升巡察办的权威性和协调力。首先，巡察办作为党委（党组）工作部门，可以参加党委（党组）重要会议，阅读党委（党组）重要文件，参与党委（党组）有关重大问题研究讨论，有利于巡察机构更好地理解党委（党组）指示要求、落实党委（党组）决策部署。其次，巡察办按照党委（党组）工作部门的标准运行和管理，统一级别规格，完善内部设置，有利于巡察机构进一步充实人员力量、提高履职能力。最后，巡察办以党委（党组）工作部门的身份履行巡察工作领导小组日常办事机构职责，有利于巡察办协调党委（党组）和有关部门支持配合巡察工作。

巡察办设在同级纪委（纪检部门）。巡察是全面从严治党的战略部署，是加强党内监督的战略性制度安排，巡察工作的开展、巡察成果的运用与纪检工作的联系十分紧密。巡察办设在纪委（纪检部门）便于巡察机构与纪委沟通协调、互通信息、相互配合，强化监督合力。巡察工作领导小组组长或常务副组长由纪委书记担任，将巡察办设在纪委（纪检部门），也有利于巡察办履行巡察工作领导小组日常办事机构的职责，更好地落实巡察工作领导小组的决策部署。从设立和发展的过程看，巡察办始终没有离开纪委（纪检部门）。纪委（纪检部门）在支持配合巡察工作、加强巡察人员管理、提供后勤保障等方面形成了有效机制、积累了有益经验。巡察办作为党委（党组）工作部门，同时设在纪委（纪检部门），既体现巡察是“党委的事”，又能充分发挥纪委（纪检部门）组织协调党风廉政建设和反腐败工作的优势，有利于巡察聚焦主责主业，与纪委（纪检部门）形成监督合力。在巡察办主任人选上，很多地方和单位的巡察办主任由同级纪委常委兼任，这样更加方便协调纪委（纪检部门）支持巡察工作，形成监督合力。

以市县巡察机构设置为例。《关于市县党委建立巡察制度的意见》出台后，各市县在行政编制十分紧张的情形下，设立巡察办，给巡察办安排编制，保证巡察工作正常开展。开展巡察的市县党委普遍成立了巡察工作领导小组和巡察办。[①]巡察办作为党委工作部门正式列编，为巡察机构配备了行政编制。比如，河北、山西等 12 个地区省级编制部门出台关于巡察机构设置、干部编制文件。山西全部市县均建立巡察制度、设立巡察办，明确为党委工作部门，批复编制 1355 名。

① 刘诗林：《新时代市县巡察发展历程、经验与对策》，《理论探讨》2022 年第 3 期。

典型案例

山东省滨州市：扎实推进市县党委巡察机构建设[①]

2017年2月，山东省滨州市按照省委《关于建立市县党委巡察制度的意见》和省编办《关于设立市县党委巡察工作机构的通知》要求，滨州市迅速启动了推行市县党委巡察制度的相关准备工作，对巡察机构的设置、人员配备、工作定位、方法程序等方面深入开展调研，多方征求意见，形成市县巡察机构建设方案。

及时做好机构组建。设立市委巡察工作领导小组办公室，为市委巡察工作领导小组日常办事机构，列入市委工作部门序列，设在市纪委，履行统筹、协调、指导等职责。设立市委巡察组，在市委巡察工作领导小组的领导下承担巡察任务。优先配置人员编制。把人员编制配置作为巡察机构设置的重中之重，予以重点倾斜。在全市行政编制极其紧张的情况下，给市委巡察办安排行政编制，保证巡察工作正常开展。巡察组所需编制分别从市纪委机关和市委组织部调剂，编制在市纪委机关和市委组织部机关单列。

江西省九江市永修县：为组建县委巡察机构提供机构编制保障[②]

江西省九江市永修县在全县行政编制非常紧张的情况下，调剂解决了13个行政编制，用于县委巡察机构。一是从纪委自身调编制。在保证纪委每个科室不少于2个行政编制的基础上，从纪委调剂2个行政编制。二是从2009年派出纪工委改革时，未划转行政编制的单位调编制。分别从县发改委调剂1个、县审计局调剂1个、县物价局调剂1个、县国土资源局调剂1个、县市场和质量监督管理局调剂4个，共调剂了8个行政编制。三是从工作任务不重、行政编制有富余的单位调编制。从县委老干部局等单位调剂3个行政编制。通过这三个措施，确保了县委巡察机构的编制需求，为县委巡察机构按时组建完成提供了机构编制保障。

① 根据中共滨州市纪委监委官网、滨州机构编制网关于市县党委巡察系列新闻报道整理。

②《永修县编办为组建县委巡察机构提供机构编制保障》，中共九江市委机构编制委员会办公室网2018年4月16日。

按照机构编制设定，巡察办一般设主任、副主任各一名，根据需要设置综合、督查联络室、巡察指导、督查等不同的机构，有的还在巡察办下面设事业单位性质的巡察服务保障中心或信息中心。

根据《中国共产党巡视工作条例》等制度精神和实践情况，巡察办的主要职责有：

1. 贯彻落实党中央关于巡视巡察工作的方针政策，以及同级党委（党组）的决策部署；

2. 向上级党委（党组）巡视巡察办和同级党委（党组）巡察工作领导小组报告工作，传达贯彻巡察工作领导小组的部署要求；

3. 统筹协调、指导督导、服务保障巡察组开展工作；

4. 对同级党委（党组）和巡察工作领导小组决定的事项以及巡察发现的问题和意见建议的整改落实工作进行督办；

5. 承担上级巡视巡察工作的综合协调、政策研究、制度建设等工作，对下级巡察工作进行业务指导；

6. 配合纪委（纪检部门）和组织人事等部门对巡察工作人员进行培训、考核、监督和管理；

7. 完成巡察工作领导小组及上级巡视巡察办交办的其他任务。

四、巡察组及其职责

巡察组在巡察工作领导小组的领导下，贯彻落实党中央和派出巡察组的党组织关于巡察工作的决策部署，切实履行党内监督职责，承担巡察任务，向巡察工作领导小组负责并报告工作。

巡察组设组长、副组长、巡察专员和其他职位。在现有编制总量内配备相应的专职人员；组长根据每次巡察任务确定并授权。巡察组实行组长负责制，副组长协助组长开展工作。

巡察组承担巡察任务，向巡察工作领导小组负责并报告工作。据《中国共产党巡视工作条例》等制度精神和各地实践情况，巡察组的主要职责有：

1. 承担党委（党组）授权的巡察监督任务；

2. 报告巡察情况，包括巡察情况的全面报告、巡察期间的阶段性报告、巡察过程中的重大情况报告、普遍性倾向性问题的专题报告等；

3. 巡察工作结束后，经批准，及时向被巡察党组织及其主要负责人反馈巡察情况，并会同巡察办督促其认真抓好整改落实；

4. 对派出巡察组的党组织决定的事项及时分类移交，会同巡察办做好跟踪督办工作；

5. 办理巡察工作领导小组交办的其他事项；

6. 负责本巡察组干部日常管理和监督，承办领导交办的其他事项。

根据《中国共产党巡视工作条例》等文件精神和各地实践情况，巡察组组长的主要职责是：

1. 主持巡察组日常工作，及时研究决策巡察中的有关重要事项，负责组织对有关重要情况进行了解；

2. 按规定及时向巡察工作领导小组报告巡察中发现的重要情况和重大事项；

3. 签批报送巡察工作领导小组的阶段性工作报告、巡视报告、专题报告、问题线索报告、谈话情况报告、反馈意见、移交审批表等巡察组工作文件；

4. 受巡察工作领导小组委托，按照规定向被巡察党组织领导班子传达党委（党组）对巡察工作的有关要求，反馈巡察意见等；

5. 严格巡察组日常管理制度，负责对组内人员的教育、管理和监督，提出人员调整、回避、考核、奖惩的建议，为借调人员出具工作鉴定意见；

6. 严格落实主体责任，抓好巡察组党支部工作，领导开展党内组织生活，发挥党支部战斗堡垒作用。

副组长协助组长工作，按照组长要求，组织开展有关工作。联络员协助组领导做好内外沟通和上下协调，组织落实组内具体工作任务，工作中应当严格程序、把握政策、讲究方法、协作配合。内勤工作人员配合联络员做好有关工作。

巡察组建立组务会制度，组务会由组长、副组长、联络员和有关巡察专员参加。

组务会是巡察组的领导机制，对下列事项进行集体研究：

1. 贯彻落实党委（党组）、巡察工作领导小组有关决策部署的具体措施、工作方案和有关工作安排；

2. 拟进行深入了解的重点问题和反映领导干部问题线索及具体方案；

3. 拟向党委（党组）、巡察工作领导小组报告的事项；

4. 阶段性工作报告、巡察报告、专题报告、问题线索报告、谈话情况报告、反馈意见等重要材料的起草修改，问题线索分类处置意见；

5. 组内人员管理方面的重要事项；

6. 需由组务会研究的其他事项。

组务会专项研究反映领导干部问题线索中的重要敏感问题，可以由组长决定参会人员范围。

组务会由组长或者受委托的副组长主持召开，应当指定专人负责会议记录，根据组领导指示或者工作需要形成会议纪要。

组务会按照民主集中制原则开展讨论。存在分歧意见，经讨论仍不能达成一致时，由组长决定；但对重大问题存在分歧的，应当将不同意见以适当方式向巡察工作领导小组或者巡察办反映。

典型案例

铁肩担道义

——浅析市县巡察组组长的担当精神[①]

明朝嘉靖年间，杨继盛出任南京兵部员外郎中，因他笃实刚正，不畏权势，勇敢弹劾大奸臣严嵩未果，反而惨死在严嵩的屠刀下，在临刑前写下名联："铁肩担道义，辣手著文章。"1916年9月，中国共产党的主要创始人之一李大钊，巧改"辣"为"妙"，以"铁肩担道义，妙手著文章"赠予朋友，意思是做一个有良知、有正义感的人，要有"天下兴亡，匹夫有责"的忧患意识，要勇敢地肩负起人间的道义，用文字的号角唤醒民众。习近平同志也曾经指出："看一个领导干部，很重要的是看有没有责任感，有没有担当精神。"[②] 市县巡察实行组长负责制，要履行政治监督责任，拔"烂树"、治"病树"、护"森林"，这就要求巡察组组长必须有强烈的责任感，有铁肩担道义的担当精神。结合多年的巡察工作实际，综合参考其他同志的实践经验，我个人认为，要做一位敢于担当、善于担当的新时代巡察组组长，应该从以下六个方面着力。

一、在坚持政治巡察定位中体现担当。巡察是党章赋予的重要职责，是加强党内监督的战略性制度安排。中央政治局常委、中纪委原书记赵乐际强调，巡察的方向在基层、重点在基层，巡察要聚焦党的理论路线方针政策和党中央决策部署在基层贯彻落实情况、聚焦群众身边腐败问题和不正之风、聚焦基层党组织领导班子和干部队伍建设开展监督。市县巡察必须按照"三个聚焦"要求，紧盯被巡察党组织职能责任，抓住"关键少数"，把握阶段性特征。

在实际工作中，要坚持好政治巡察定位，就必须敢于担当，勇于同现实中一些错误思想和行为作斗争。要防止出现"巡察是个筐，什么都往里装"，监督内容泛化、发散的倾向，将政治巡察混同于业务检查、专项治理；防止出现简单看基层党组织对中央决策部署的学习表态情况，不关注实际

① 湖南省中共长沙市委巡察组副组长、巡察组授权组长陈平世应作者之邀撰写的巡察工作心得体会。

② 刘玉瑛：《提高七种能力　解决实际问题》，人民出版社2020年版，第125页。

落实情况，导致巡察政治监督功能虚化、弱化的问题；防止出现认为民生问题不属于政治巡察范畴的错误认识，以及对群众反映的问题选择性受理，把问题捂着、盖着、压着的现象；防止出现把巡察基层党组织建设情况当成党务检查，简单看形式、看痕迹、看党费收缴、看“三会一课”记录，不关注党建是否和业务工作、党员思想实际融合，不深入了解工作实际，忽视基层党组织政治功能不健全、战斗堡垒作用不发挥等问题；防止巡察中把违反中央八项规定精神的“四风问题”当作鸡毛蒜皮的“小问题”，不重视、不汇报。其实，高度重视“小问题”就是抓早抓小，就是落实习近平总书记关于巡视巡察的重要讲话精神，这既是政治巡察的重要使命，也是做到“两个维护”的具体体现。

政治巡察要紧紧围绕“两个维护”的根本任务开展。习近平总书记曾经指出：“各级各部门党委（党组）必须树立正确政绩观，坚持从巩固党的执政地位的大局看问题，把抓好党建作为最大的政绩。如果我们党弱了、散了、垮了，其他政绩又有什么意义呢？”[①]巡察组就要密切关注这方面的问题，把政治担当体现在巡察工作当中。比如，2021年3月至5月，我们对长沙市某街道巡察，有党员干部反映，街道党工委对看得见、摸得着的拆迁工作看得太重，几乎成了年底绩效考核的唯一标准，而中央要求全面从严治党的一些规定动作没有落实，近年连续出现多起村（社区）书记违纪问题，存在重业务、轻党建的现象。经巡察组核实，确实存在这方面问题。当时跳入我脑海的第一印象就是，这就是政绩观出现了偏差，这就是“两个维护”没有落实。对此，巡察组高度重视，讨论时大家一致认为，要把这个问题写进巡察报告，并及时向党工委书记反馈，严肃指出其问题的性质，督促他们积极整改；并明确指出，如果在巡察组“回头看”时，这个问题依然没有得到有效整改，将建议按照有关纪律严肃处理。

二、在打造过硬巡察队伍中体现担当。《中国共产党巡视工作条例》规定，巡视组实行组长负责制，副组长协助组长开展工作。巡视工作人员应当具备理想信念坚定，对党忠诚，在思想上政治上行动上同党中央保持高度一致，坚持原则，敢于担当，依法办事，公道正派，清正廉洁等条件。

① 《习近平关于全面从严治党论述摘编》，中央文献出版社2016年版，第225页。

应当发现的问题没能发现是失职，发现问题不报告是渎职。

在目前的体制机制下，市县巡察组的构成都是组长不固定、组员不固定，而且每次巡察组组员绝大多数是从不同单位临时借调而来的，政治素质、业务素质参差不齐。面对这种现实，巡察组在每次正式进驻单位前，巡察组组长怎样带头担当，怎样在最短的时间内打造一支敢于担当、善于斗争的队伍显得特别重要。

根据我们的体会，每次巡察前，对组员进行动员和培训十分必要。通过培训要统一思想认识，提高组员的政治站位，坚定高标准完成任务的信心；要了解巡察组干部的实际情况，帮助解决一些可能影响工作的思想顾虑和实际困难，让他们集中时间精力，快速掌握规矩，全脱产地放心大胆工作；要强调坚持问题导向和实事求是原则；要强调扎实的工作作风，做到能吃苦，敢担当，不怕加班；要讲究工作方法，思路清晰，做好记录，及时取证，保管好重要材料；要及时形成文字总结，一个问题一个底稿材料；讨论巡察报告要积极发言，会后不乱讲乱传；要克服困难，一般不得请假，早到不早退，提高上班时间工作效率，不拖拉，把工作往前赶；要互相尊重理解，顾全大局。

严守纪律规矩对巡察组十分重要。湖南省纪委颁发的《巡视组、审查组临时党支部工作纪律“九不准”(试行)》，具体实用，很有针对性和操作性，我们每次都要组织巡察工作人员学习。“九不准”为：不准在公开场合讨论工作；不准打听分工范围外的工作；不准私存、私看、私带、私传工作资料；不准私自会见与工作相关的对象；不准隐瞒他人打听工作情况的有关事项；不准向原单位汇报借调期间的工作情况；不准擅自离开工作驻地或在工作驻地会客；不准在工作期间饮酒；不准违反规定参与请吃、吃请及娱乐等活动。

要强化巡察干部的看齐意识。毛泽东在党的七大预备会议上就如何贯彻七大精神，很形象地以部队“喊看齐”为喻，提出要向党中央看齐，向七大精神看齐。习近平总书记根据我党的历史经验，从今天的实际情况出发，也提出了看齐意识。在巡察过程中，巡察组组长要带头牢固树立看齐意识，要求组内干部要边学边干，带着问题学习，尽快找到看齐的标准。巡察组同志要在短时间内，学习党的二十大会议精神，熟悉党章、《中国共产党巡视工作条例》和《中国共产党纪律处分条例》分则六大纪律的负面清单、中央八项规定精神等党内法规，使大家会用政策、纪律的标尺去发现问题。同时，广泛收集被巡察单位海量资讯情况，筛选权力岗位，寻找廉政风险点，能正确履行巡察职责。说实话，每次巡察的这种感觉，就像自己高考前的冲刺。

巡察组组长带头示范，以身作则也很重要，可以让大家感受到领导就在我的身边，靠山就在我身后，工作起来有信心、有力量。比如，2019年退休的易组长，带领我们巡察过几个单位。记得2018年，他受命巡察长沙市某医院，大家明明能够感受到这个单位存在的问题，却无从下手，难以突破。易组长一边鼓舞士气，一边调整方式。他说："我就是来当'医生'的，想要开好'方子'，对症下药，我还是先当一回'病人'，亲身去医院各个窗口体验一下。"下午3点，59岁的易组长在40摄氏度的酷暑天，以"患者"身份到医院排队"看病"，对医院各个窗口、科室实地"暗访"了一番。为弄清看病贵的问题，他还做了一个检查项目，去药房拿了药。后来，他对组员说，我都这么大年纪了，身体多少会有些毛病，去做检查一定不会让人怀疑。通过亲身体验和与医生的谈话交流，易组长发现了该医院收费不透明、价格偏高等问题。于是，易组长连夜召开调度会，调整工作策略，从分析医院的政治生态入手，重点查找医疗器械、药品采购、工程建设等领域的问题和矛盾，逐一抽丝剥茧，层层深挖，最终该医院党委副书记、院长段某的贪腐问题暴露出来并被依法查处，医院干部、职工拍手称快。

三、在营造巡察氛围和排兵布阵上体现担当。师出有名，名正言顺。巡察组进驻单位时，巡察组组长一定要以敢于担当的姿态，从对事业负责，对组织忠诚，对干部爱护的角度，理直气壮、大张旗鼓地学习宣传巡察的依据、纪律和案例，营造违纪必究、有腐必反的高压氛围，以雷霆之势宣示组织的决心，促使被巡察单位个别党员干部放弃抗拒心理。

在进驻动员会上，巡察组组长在讲话中要重点讲清巡察的意义、作用，副组长要组织学习被巡察单位配合巡察的有关纪律，讲清学习纪律的目的、配合巡察的依据、不配合巡察的结果，告知每位领导班子成员、党员干部及有关工作人员都有义务和责任配合搞好巡察工作。同时，安排一定的时间，逐字逐句、原原本本地组织学习与被巡察单位有关的纪律处分条款、巡视条例条款和中央及省、自治区、直辖市有关要求被巡察单位配合巡察的规定，并结合实际作出解释说明，让纪律规矩入脑入心，触及思想灵魂，使违纪违法者寝食难安，不断进行思想斗争，促使其心理防线动摇。

我们在几个单位巡察时发现，有一些干部认为，巡察是党内监督，是党员领导干部的事，与普通党员，特别是非党员无关，不配合也没问题。对此，我们在后来的进驻动员会上，就由巡察组副组长统一组织学习被巡察单位配合巡察组工作的纪律和要求，强调被巡察单位的领导干部、共产党员、有关工作人员都有责任和义务协助巡察组工作，让大家知道这些制度规定，违规将会受到处罚。通过思想教育在先，纪律告知在先，使被巡察单位在巡察中密切配合，避免了一些人“不知道”或借口“不知道”，从而不配合巡察的情况发生。

随着巡察的逐步深入，巡察组要及时掌握情况，多管齐下，抓住时机，精准点穴，让有问题者对号入座，对标纪法规章，促使其放弃侥幸心理。在适当的时候、适当的范围、适当的场合，巡察组可以有意释放出一些针对性较强的警示信号，迫使有问题者主动认错。比如，2019年底，我们巡察组在长沙市直某单位巡察，组长就曾抓住时机，果断决策，委派我利用班子民主生活会释放信号，再次要求被巡察单位班子成员，一定要从思想上真正重视巡察工作，认识到巡察是党内的制度化监督方式，是组织对干部的关心，要主动向巡察组或向纪检监察机关讲清问题，要相信组织，争取从轻或减轻处分。要求班子成员结合分管工作和个人实际，深刻检视是否存在“四种现象”：是否存在不讲政治，不讲大局，口无遮拦的现象；是否存在利用职务、工作之便，投资入股，为家属在投资、购车、买房等方面谋取利益的现象；是否存在当“老好人”，搞无原则团结，不担当、不作为，使公平正义得不到伸张的现象；是否存在打擦边球，违规开支，违规出国（境）的现象。结果，会后就有两位领导同志主动找到巡察组承认自己的问题和错误。

在巡察过程中，巡察组组长要克服官僚主义、经验主义、本本主义，敢于担当、敢于负责。既不能当撒手掌柜，也不能眉毛胡子一把抓，要根据被巡察单位的特点，明确重点和各自责任。对组内力量合理分工，既要全面周到，又要突出重点，要因时因地因事、灵活机动地调整分工，采取措施。谈话要充分准备，讲究方式方法，区分好一次性的面上普通谈话和不限次数的针对性重点谈话。查阅各种资料是重要方法，查看审计报告可以发现顺手牵羊、工程造假等套取资金的问题；查看财务资料可以发现一些违反中央八项规定精神方面的问题；查看会议记录可以发现许多党建工作弱化、“三重一大”问题走过场、从严治党不力等方面的问题；查看已办案件资料可以收到“拔出萝卜带出泥”的效果；查看信访、举报材料可以发现群众的关注重点。明察暗访要周密研究，制定方案，切实做好保密。

四、在巡察为民办实事中体现担当。习近平总书记在党的十九大报告中，把“坚持以人民为中心”作为新时代中国特色社会主义思想的核心内容加以阐述。他强调，人民是历史的创造者，是决定党和国家前途命运的根本力量。必须坚持人民主体地位，坚持立党为公、执政为民，践行全心全意为人民服务的根本宗旨，把党的群众路线贯彻到治国理政全部活动之中，把人民对美好生活的向往作为奋斗目标，依靠人民创造历史伟业。这些重要思想鲜明提出了我们党治国理政的根本要求。

巡察是党和国家监督体系的重要组成部分，是市县党委对所管理党组织履行党的领导职能职责的政治监督，目的是坚持好、巩固好、维护好党的领导。在巡察工作中，巡察组组长坚持以人民为中心的理念，就要密切联系群众，把群众的关注点作为巡察的重点，敢于为人民代言，敢于为群众担当，督促被巡察单位高度重视巡察整改，让老百姓在巡察中有获得感。

如2019年3月至5月，长沙市委第四提级交叉巡察组对宁乡市某镇开展巡察。当时，在巡察组办公的一楼大厅排队等候反映问题的群众总是人满为患，用巡察组干部自我调侃的话来形容就是：“每天就如同湘雅医院的教授坐诊一般。”巡察期间，巡察组每天将群众的上访诉求进行收集归类整理，对能立行立改的问题每周分批移交镇党委、镇纪委以及宁乡市相关部门，要求责任分解到部门和相关人员，限时回复办理情况。如巡察期间，2名群众向巡察组递上一份14人联名信，反映该镇某社区后街杂草丛生、臭气熏天的问题，声称如不解决，将联名上访至省政府。而后经巡察组了解，该问题由来已久，但因镇政府未引起重视，处置不及时，一直未得到彻底解决。第二天，巡察组组长将此问题交镇党委处理，要求认真对待，立行立改，尽快解决群众反映强烈的问题。据最后统计，对巡察组移交镇党委办理的175件信访问题，到巡察结束，已办结148件，占比84.6%；移交镇纪委处理的36件，已办结20件，占比55.6%。

又如，2021年3月至5月，长沙市委第五巡察组在长沙高新区某街道巡察时，工作人员在一安置小区实地走访时，发现一个奇怪的现象，该小区燃气管道已经铺设入户了，但群众家家户户还在使用液化气罐。经了解，原来早在2020年11月，小区已经完成了燃气主管网和架空管的铺设。但在随后的申报开通流程中，由于层层申报、层层审批的时间长，部门多，管道燃气一直未能及时开通，造成了“惠民工程不惠民”这一怪现象。得知情况后，巡察组组长立即向街道和社区书记反馈，将解决小区居民用气问题作为为民办实事项目，要求立行立改。街道和社区接到反馈后，立即行动，派专人协调燃气公司，加快完成审批，分批次尽快开通管道燃气。从4月7日起，燃气公司工作人员来到该小区，对居民家中的燃气设施进行排查，经测试合格后即打压通气，困扰小区居民多年的问题终于解决。据了解，截止到4月27日，整个小区已接通燃气200余户，预计到4月底，所有272户居民均可用上管道燃气。

一些地方信访问题突出的根本原因，在于有的基层党员干部没有牢固树立以人民为中心的意识。巡察面对基层一线党组织，要通过巡察帮助基层党组织切实加强党的政治建设，增强为民意识，真正把群众冷暖放在心上，转变工作作风，变“群众上访”为“干部下访”，赢得群众信任，推动乡村振兴，促进农村经济社会更好更快发展。

五、在讨论审核巡察报告中体现担当。巡察报告是巡察组向巡察工作领导小组汇报的重要依据，也是巡察组工作成果的重要反映。起草、讨论、修改巡察报告是巡察组的重要工作，这个过程，巡察组组长一定要讲政治、讲原则、讲民主，充分讨论，实事求是。要敢于担当，认真把关，不怕得罪人，不能大事化小，小事化了。要力争把问题写得精准，把建议写得有针对性。巡察报告一般包括三个部分，即问题部分、线索部分、意见建议部分。

问题部分，要求政治站位要高，分析问题要以小见大、从下看上，从坚定“四个自信”、增强“四个意识”、做到“两个维护”方面找原因；综合提炼要准，要通过现象看本质，进而支撑观点。要点面结合，要突出重点，做到有血有肉；分析研判要准，要搞清问题性质、问题之间的内在逻辑，指出违反什么纪律；文字表述要简练，要直奔主题，不要空话，不要议论推测，要让事实说话。

线索部分，要对应监督执纪“四种形态”（经常开展批评和自我批评、约谈函询，让“红红脸、出出汗”成为常态；党纪轻处分、组织调整成为违纪处理的大多数；党纪重处分、重大职务调整的成为少数；严重违纪涉嫌违法立案审查的成为极少数）分类。进一步了解关注类线索一般是指问题清楚、事实基本核实、性质很严重、能到人到事的问题，对应第四种形态；了解关注类线索一般是指问题不是很清楚、性质较严重，暂时无法到人到事的问题，对应第二、三种形态；一般关注类线索是指有反映，但没有具体时间、地点、当事人的问题，对应第一种形态。巡察组组长要安排人员，给每一条线索都提早准备相应的底稿，以备移交时给相关部门参考。

意见建议部分，对被巡察单位要体现政治高度，突出被巡察党组织的主体责任和领导干部的政治担当，突出针对性，做到严肃、鲜明、有力；对其他单位、部门提出的建议要与问题对应，有针对性和可操作性；对派出党委、政府提出的具体建议，应当附相关问题的专题附件，防止出现没有材料支撑、空提建议的情况。

巡察报告的形成是一个民主集中的过程，也是一个反复打磨完善的过程。比如，在实际巡察中，我们一般要分几个步骤，首先起草人根据巡察报告的结构要求和巡察组工作人员提供的问题底稿，适时开始构思起草，拿出巡察报告初稿；其次由组长或组长委托副组长召开至少两次讨论会，一次重点讨论报告中所涉及问题的真实性和准确性，二次重点讨论各类问题与大小标题的逻辑性、意见建议的针对性可行性和文字的精炼准确性；最后送巡察办业务部门初步把关，经巡察办与巡察组会商修改后，由副组长初步把关、组长最终审定。

六、在汇报反馈巡察问题中体现担当。巡视组组长向巡视工作领导小组汇报时，要坚持实事求是，客观公正地报告了解的情况和问题，不能隐瞒遗漏，不能添枝加叶，也不能主观推断。

市县巡察组组长向同级巡察工作领导小组汇报工作时，一定要实事求是，敢于担当，讲真话、讲实话，对组织负责，对干部负责，对事实负责，特别是反映领导干部的问题线索，一定要“叫准”，决不能含糊其辞。对哪些是“据反映”的，哪些是“经了解”的，哪些是“已查实的”，哪些是“难认定”的，哪些是“已澄清”的，都要区分清楚，不能裹在一起。向巡察工作领导小组的报告必须是经巡察组了解确定的内容，不能是简单概括信访件的内容。

巡察组反馈的问题，是被巡察党组织整改落实的基本依据，反馈的质量直接影响整改落实的效果。巡察组组长反馈问题时，要严肃认真，落实好习近平总书记关于巡视反馈问题的讲话精神：要拉下面子，不怕得罪人，把巡视巡察发现的问题，原原本本地反馈给党委（党组）书记和领导班子，不作任何修饰，要起到红脸出汗、起鸡皮疙瘩的作用。发现什么问题，就指出什么问题。巡察要起到刹风作用，不能巡察了和没巡察一个样。要让被巡察单位领导知错就改、“不贰过”，看到实质性变化。向主要负责人反馈要做到：除涉及本人问题外，其他问题原则上都要反映；要严格按照巡察工作领导小组组长审批的反馈意见和反馈方案进行，并请其签收对本人和对班子的反馈意见。向领导班子反馈要做到：对党委落实主体责任、纪委落实监督责任、其他成员落实“一岗双责”要提出要求；一些典型问题可以点名通报，反馈情况要向党内和社会公开。

巡察组肩负着党的信任和权威，地位崇高，使命光荣。巡察组组长要在责任上讲担当，做到无愧于党的事业、无愧于群众期望、无愧于岗位职责。长沙巡察工作起步较早，工作规范，效果显著，多次受到中央和省委巡视办的肯定和推广。本人荣幸已在巡察组工作九个年头，先后任过副县级巡察员、副组长、授权组长，每每回忆往事，总是感慨万千。记得 2018 年 12 月是我参加长沙市巡察工作五周年，当时填词一首，取名《五载巡察抒怀》，现把它复制过来，权当结语：

举手梳头，镜中笑，银丝如雪。
弹指间，春秋五载，察巡无缺。
培训动员和见面，接访谈话加查阅。
线索现，清理尽移交，为前阕。

都反馈，何能歇？回头看，前情灭。
线索交纪法，公正裁决。
宝剑尚方刚出手，贪官污吏将流血。
护正义，青发剩几根，不悲切！

第二节　巡察领导体制

党的十八大以来，党中央对巡视巡察工作领导体制作出重大改革，明确中央对全党巡视巡察工作的领导，明确党委（党组）承担巡视巡察工作主体责任，党委（党组）书记是第一责任人。按照“中央统一领导、分级负责”的原则，要求各级党组织站在统筹推进“五位一体”总体布局和协调推进“四个全面”战略布局的政治高度，将巡视巡察作为全面从严治党的重要抓手，谋划好、部署好、组织好巡视巡察工作，切实用好巡视巡察成果。

一、统一领导、分级负责

开展巡察工作要坚持中央统一领导、分级负责的原则。

目前为止，市县巡察工作发展得较为成熟。在此以市县巡察工作为例对中央统一领导、分级负责的巡察领导体制进行介绍。

根据《关于市县党委建立巡察制度的意见》的文件精神，在党中央统一领导下，建立由省、自治区、直辖市党委领导，市县党委分级负责，市县党委巡察机构具体实施的领导体制和工作机制。省、自治区、直辖市党委负统筹领导责任。各省、自治区、直辖市党委要认真履行管党治党政治责任，加强对市县党委巡察工作的领导，推动市县党委建立巡察制度，加强整体设计、提出总体要求、作出统筹部署，及时研究解决全局性重大问题，使全面从严治党向基层延伸。

省、自治区、直辖市党委巡视工作领导小组负责加强对市县党委巡察工作的领导，坚持巡视巡察一体谋划、一体部署、一体推进，强化示范传导、政策指导和典型引导，建立健全巡视巡察联动机制。把市县巡察工作纳入本地区巡视工作总体规划，有针对性地加强指导督导，督促市县党委把巡察工作主体责任落到实处。

上级巡视巡察机构加强对下级巡察工作的督导检查。省、自治区、直辖市党委巡视机构要把市县党委巡察工作纳入巡视监督重要内容，适时开展专项检查；市级党委巡察工作领导小组要加强对所属县级党委巡察工作的领导，建立专项检查、情况通报、调研督导等制度，切实了解掌握县级党委巡察工作全面情况。各地也探索了不少办法，如黑龙江省抓考核督查，把巡察村级党组织开展情况作为考核市县政治生态建设和党建工作的重要内容，开展专项检查，建立通报约谈制度；重庆市要求区县定期报备巡察进展、书记听汇报等情况，每季度集中分析梳理突出问题，点对点向区县巡察工作领导小组负责人发整改通知。

各市县在最初开始推行巡察制度阶段，涉及巡察机构设置、人员编制、经费等诸多问题，既需要省（区、市）党委总体部署和推动，也需要省（区、市）巡视工作领导小组的领导和经验传授。

典型案例

加强培训督导　推进基层巡察工作[①]

2015年底，全国部分省（市）巡察工作调研现场会在河南省信阳市召开后，黑龙江省委巡视工作领导小组立即深入市县就如何组织开展巡察工作，召开座谈会20多场次，广泛听取干部群众意见建议。“省委巡视组鞭长莫及，群众眼皮子底下的腐败也得有类似巡视组这样的工作组来发现！”“既然管党治党是各级党委的责任，用好巡察利剑同样是各级党委的责任。”……基层干部群众对巡视向基层延伸高度关切。

黑龙江省委巡视工作领导小组审时度势，向省委提出了“试点先行，

① 《培训督导“双轮驱动”力促巡察利剑直插基层》，《黑龙江日报》2017年10月16日。

在探索路子、积累经验、完善制度的基础上，再逐步推开”的建议，开始探索推动市县巡察。

2016年5月13日，黑龙江省委巡视工作领导小组组织召开了全省推进市县党委巡察工作座谈会，印发《关于推进市（地）、县（市、区）巡察工作的意见》，把哈尔滨、齐齐哈尔、佳木斯、七台河作为试点，积极推进市县巡察工作。2016年12月26日，黑龙江省编委印发《关于设立市县党委巡察工作机构的通知》，文件规定，市县两级党委巡察工作领导小组下设办公室，为其日常办事机构，设在同级纪委，领导班子职数原则上1—2职；哈尔滨市设巡察组5个，较大的6个省辖市4个，其他的3个；较大县（市）3个……

2017年6月22日，黑龙江省委巡视工作领导小组按照省委要求，印发《关于全面推进市县巡察工作的通知》，市县巡察全覆盖成为省委重大决策部署。

2017年7月，中央办公厅印发《关于市县党委建立巡察制度的意见》后，省委巡视工作领导小组开始研究制定实施意见，并结合学习贯彻新修改的《中国共产党巡视工作条例》，安排省委巡视办负责人到市（地）宣讲，并在《黑龙江日报》和省纪委监察厅网站开辟专版专栏，刊登省委巡视工作领导小组成员及部分省委巡视组组长、市委书记、市纪委书记等12名领导干部的体会文章，营造了推动市县巡察工作的浓厚舆论氛围。

2017年9月，全国巡察工作座谈会在湖南长沙召开后，黑龙江省委巡视工作领导小组深入贯彻中央部署要求和会议精神，立即对全省市县巡察工作开展情况进行全面督导。

从2017年9月初开始，黑龙江省委巡视办主任、副主任分别带队，组成两个督导组，围绕巡察工作组织领导、巡察机构建设、深化政治巡察、巡察成果运用、后勤保障5个方面，对市县进行检查指导。

黑河和大兴安岭是两个督导组的第一站。督导组进驻当天就分头听取巡察工作领导小组工作汇报、召开巡察干部和相关部门座谈会、个别谈话、问卷调查、查阅相关材料、实地走访，“翻箱倒柜”地查找巡察工作中需要改进和加强的问题。“规范化程度不高、巡察干部配备不合理、工作方法不灵活、巡察移交问题线索处置不及时、有关部门支持配合不到位……”一些问题在反馈意见中被一针见血地指出。

督导组每到一个市（地），都有针对性地开展专题辅导，帮助各级领导干部澄清模糊认识，提高政治站位，改进工作方法，推动工作落实。

“一手抓培训、一手抓督导”已成为推动市县巡察工作的常态化措施，巡察利剑直接插向基层，震慑作用凸显。

截至 2017 年 10 月，黑龙江省各市县编制部门正式批复建立巡察办 145 个、巡察组 307 个，核定巡察干部编制 1165 人；13 个市（地）、132 个县（市、区）都成立了党委巡察工作领导小组和巡察办，已配备专职巡察干部 525 人，组建巡察组组长库 2842 人，人才库 8828 人。哈尔滨市 18 个县（市、区）均成立了巡察工作领导小组及办公室，五常、尚志、宾县、巴彦设立 3 个巡察组，其他县（市、区）设立 2 个巡察组，共配备专职巡察干部 119 人。

从全国范围看，各省区市把市县巡察纳入巡视工作“一盘棋”，在制定整体规划、提出总体要求、强化组织协调等方面积极探索，层层传导压力、加强上下联动，为市县深化巡察工作提供保障。在深入推进市县巡察工作过程中，一定要把各方巡察工作责任落到实处，特别是市县党委的主体责任、巡察工作领导小组组织实施责任，还有巡察办统筹协调、指导督导、服务保障的职能。

市县巡察工作推开后，从构建巡视巡察上下联动监督网络格局出发，须进一步规范发展。十九届中央纪委三次全会提出“坚持和完善党中央统一领导、分级负责的巡视巡察领导体制，研究制定关于建立巡视巡察上下联动监督网的实施意见，加强对省区市巡视巡察工作的领导和指导督导，推动全面从严治党在基层见到实效……建立巡视巡察工作约谈、下级巡视巡察机构定期向上一级巡视巡察机构报告工作制度，健全完善各级巡视巡察办公室职能”。

二、党委（党组）承担巡察工作主体责任

习近平总书记多次强调，抓好巡视巡察工作是履行全面从严治党主体责任的具体化。《中国共产党巡视工作条例》第二条规定“开展巡视巡察工作的党组织承担巡视巡察工作的主体责任”。《中央巡视工作规划（2018—2022年）》《关于市县党委建立巡察制度的意见》《关于加强巡视巡察上下联动的意见》等制度中也有相关规定：党委（党组）承担本地区、本单位巡察工作主体责任，党委（党组）书记是第一责任人。

强调党委（党组）承担本地区、本单位巡察工作主体责任与党委（党组）承担巡视工作主体责任的要求是一脉相承的。履行巡察工作主体责任，是党委（党组）书记政治能力和政治水平的重要体现，也是做到“两个维护”的具体行动。党委（党组）要坚决贯彻落实党中央和省、自治区、直辖市党委决策部署，加强对本地区、本单位巡察工作的组织领导，及时制定工作规划和具体措施，定期研究工作，解决突出矛盾和困难，在机构、人员、经费、物质等方面提供保障。对开展巡察工作不力、成效不明显的，要追究党委（党组）和巡察工作领导小组主要负责人的责任。

2019年5月21日，全国市县巡察工作推进会对落实巡察工作主体责任提出了非常明确具体的要求。中央巡视办专门协调中共中央党校（国家行政学院），还有浦东、井冈山、延安干部学院，把巡察纳入干部培训的重要内容，切实把主体责任传导遍。

党委（党组）不发力，巡察就无能为力。比如，从调研和日常了解的情况看，一些地方和单位的党委（党组）还存在主体责任落实“层层递减”现象。有的对巡察工作认识不到位，认为巡察是纪委（纪检部门）、巡察办的事，任务一交了之，重视支持不够；有的对自身承担的政治责任理解不够全面、履职不够充分；有的对一些体制机制和基

础建设问题态度不积极、研究不深入、解决不彻底，听取汇报不够及时、充分；有的对相关部门支持配合提要求多、抓落实少，不能有效跟进督促。同时，有的地方纪委（纪检部门）还把巡察办看作内设处室，甚至把巡察组排在了内设处室后面，给巡察办、巡察组开展工作带来了不少障碍。要想解决这些问题，就要督促推动党委（党组）加强规划部署，制订工作计划，完善具体措施，用好巡察工作这一管党治党的重要平台和载体，党委（党组）必须认真履行好巡察工作主体责任。从工作实践看，党委（党组）定期研究巡察工作、听取巡察情况汇报，有利于把握本地区、本单位政治生态特点、工作难点和群众期盼，研究制定工作规划、年度计划和阶段性工作安排，比如，辽宁省各地建立实施了党委书记听取巡察汇报材料、工作规划、计划方案报备及定期报告工作等制度；在内蒙古自治区乌海市，每轮巡察前，市委都会围绕全市中心工作和群众期盼划定巡察范围。

巡察不是纪委（纪检部门）的巡察，而是党委（党组）的巡察。党委（党组）落实主体责任、党委（党组）书记落实第一责任人责任，关键要在加强领导、把准定位、提升质量、用好成果、夯实基础等方面下功夫。具体要做好以下五个方面工作。

一是认真学习贯彻党中央关于巡视巡察工作的新部署、新要求。各级党委（党组）要把巡视巡察作为加强监督、推进全面从严治党，特别是发现问题的有效制度，将这把利剑牢牢握在手上，自觉深入学习中央关于巡视巡察工作的新部署、新要求，并结合本地区、本单位实际提出具体落实举措。

二是把握政治巡视职能的定位。党委（党组）落实巡察主体责任的重要职责之一是把准政治巡察方向不偏移。目前，有的地区、单位的政治巡察定位有偏差，“把巡察当个筐，啥都往里装”。虽然巡察的作用发挥得很好，但也不能包打天下。巡察是政治监督，是再监督，不能代替相关部门的业务和职能职责。虽然现在监督检查很多，但是巡视巡察的政治定位是别的监督不可取代的。所以，党委（党组）要切实把准政治方向，坚定不移深化政治巡察，防止把一些职能部门的业务检查任务交给巡察，导致巡察定位发散、偏移等问题。

三是认真听取巡察汇报。听巡察情况汇报是党委（党组）履行全面从严治党主体责任非常重要的内容。党委（党组）书记听巡察汇报不仅是形式，更是政治态度和政治责任，也是其重视巡察与否的直接表现。各级党委（党组）书记在听取巡察汇报时要立场鲜明，直接点人、点事、点问题，提出整改要求和处理意见。

四是抓好巡察整改成果运用。中央巡视整改取得了明显成效，根本得益于党中央高度重视。巡察整改不到位，巡察就是稻草人。整改解决问题，比发现问题更重要。各级党委（党组）要主动向党中央看齐，切实把巡察成果落实落细落到位。

五是配强巡察机构队伍。加强巡察机构队伍建设，是党委（党组）履行主体责任的直接体现，要真正把巡察办作为党委（党组）工作机关来建设，配强巡察办、巡察组负责同志，优化巡察干部结构，提升巡察队伍的凝聚力、战斗力。

中共中央办公厅印发的《关于加强巡视巡察上下联动的意见》对巡视巡察工作主体责任提出了具体要求和刚性约束。党委（党组）要把巡视巡察工作作为落实全面从严治党主体责任的重要抓手，列入年度工作要点，加强组织领导；党委（党组）书记要担起第一责任人责任，做到重要工作亲自部署、重大问题亲自过问、重要环节亲自协调、重要案件亲自督办；其他班子成员要履行“一岗双责”，结合分管领域和部门职能，重视支持巡视巡察工作，抓好整改落实和成果运用；党委（党组）要召开会议统筹谋划巡视巡察工作，定期听取巡视巡察综合情况、整改落实情况和年度工作汇报，研究决定重要事项；地方各级党委（党组）书记专题会要及时、充分听取每轮巡视巡察情况汇报，对重点人、重点事、重点问题和整改工作旗帜鲜明提出意见；巡视巡察工作领导小组要落实组织实施责任，完善工作机制，明确成员职责分工，及时听取巡视巡察情况汇报，研究有关事项，抓好工作落实。

典型案例

湖北省襄阳市委落实巡察主体责任①

2016年以来，襄阳市委始终坚持政治站位，高度重视巡察工作，将其作为落实管党治党政治责任的重要抓手，纳入全市党的建设总体布局之中，积极稳妥推进。市委常委会先后4次召开专题会议，研究部署巡察工作；市委书记先后3次主持专题会听取巡察工作汇报，3次作出重要批示；市委巡察工作领导小组先后5次听取巡察工作重要事项汇报，解决实际问题。市委、市政府在机构人员、经费保障、办公条件等方面都给予全方位的支持，建立由30名党员领导干部组成的巡察组组长库，核定巡察办行政编制14人，成立7个巡察组。9个县（市、区）党委均按要求成立了巡察机构，共成立巡察组39个，核定行政编制89人，每个县（市、区）9—12人。市县党委主体责任层层压实、巡察工作上下联动网络格局基本形成。

中建二局党委夯实巡察主体责任②

中建二局党委始终把开展巡视巡察工作主体责任扛在肩上，牢牢把握政治巡察内涵要求，通过党委会“第一议题”、理论中心组学习等方式，及时学习习近平总书记关于巡视工作重要论述、上级关于巡视巡察工作的精神，进一步提高了政治站位和政治自觉。局党委积极发挥领导组织作用，2020年先后4次研究巡察工作，为巡察工作谋篇定向。党委书记在年度工作会议、党风廉政建设和反腐败工作会议上对巡察工作亲自部署，及时听取每轮巡察工作汇报，对共性问题安排部署整改工作，对个性问题提出意见。将巡察工作纳入年度党建工作要点和党建工作责任制考核，进一步压

① 《市委书记任组长 巡察“利剑”更锋芒》，襄阳市纪检监察网2017年10月9日。

② 根据对中建二局党委巡察办的书面调研资料整理。

紧压实巡察工作主体责任。

结合中建二局工作实际，不断完善巡察工作领导小组，先后3次对巡察工作领导小组成员进行调整，明确巡察工作领导小组成员数量，保证巡察工作领导小组结构合理，将纪检、组织人事等发挥日常监督作用的部门负责人纳入领导小组，确保巡察工作领导小组可以充分发挥协调作用，运转高效。巡察工作领导小组成员靠前指挥，主动担当，积极作为，亲自安排部署，对巡察工作质量全程把关，2020年以来局巡察工作领导小组专题研究巡察工作和听取巡察工作汇报7次，确保了巡察工作方向不偏离、任务不走样。

资料链接

巡视是党委（党组）全面从严治党主体责任的具体化①

由于历史和人员构成等，在很多人印象中，巡视组是纪委和组织部门派出的。尽管2009年7月颁布的《中国共产党巡视工作条例（试行）》规定“党的中央和省、自治区、直辖市委员会实行巡视制度”，并于同年12月将“中央纪委、中央组织部巡视组”更名为“中央巡视组”，但一直未能纠正干部群众的错觉。党的十八大后，中央特别强调巡视是党委（党组）的巡视，不是纪委的巡视，也不是组织部门的巡视，是上级党组织对下级党组织进行的监督。党委（党组）承担巡视工作主体责任，党委（党组）书记是第一责任人。党委（党组）要站在统筹推进“五位一体”总体布局和协调推进“四个全面”战略布局的高度谋划部署、组织开展巡视工作，切实用好巡视成果，将巡视作为全面从严治党的重要抓手。

巡视是党委（党组）主体责任的具体化。习近平总书记在听取巡视工作汇报时多次强调，管党治党关键要强化责任、担当，他要求各级党组织要把管党治党责任作为根本职责立起来，把中央关于全面从严治党的战略

① 参见《发挥巡视利剑作用、助力全面从严治党之一 中央巡视组体现党中央的权威》，中央纪委国家监委网2016年1月3日；《锻造巡视监督利剑 探索自我净化路径 推动全面从严治党向纵深发展——党的十八大以来中央巡视工作综述》，《人民日报》2017年9月29日。

部署落到实处。党的十八大以来，习近平总书记始终把巡视这把利剑牢牢抓在手上。中央政治局常委会听取每一轮巡视情况汇报，总书记在中央政治局会议和中央政治局常委会会议上发表几十次重要讲话，在中央全会和中央纪委全会上多次对巡视工作作出重要论述，对加强和改善巡视工作作出一系列决策和重大部署，确立中央巡视工作方针，决定实现一届任期巡视全覆盖，明确政治巡视定位，为巡视工作提供了强大思想武器和行动指南。中央政治局常委会会议听取每一轮巡视情况汇报，中央政治局会议分别审议巡视省区市、中央企业、中央和国家机关、中央政法单位、意识形态单位、中管高校的专题报告。习近平总书记每次都详细审阅巡视报告，发表重要讲话，全面系统阐述巡视任务，对发现的问题有针对性地评判，对落实整改责任、运用巡视成果作出指示，为巡视工作在坚持中深化指明方向。

实践证明，只要党委（党组）重视，特别是书记重视，那么巡视巡察工作就一定会有权威，就会有效果！“老大难，老大一抓就不难。”不论什么事情，如果书记重视，亲自抓，就不难，巡视巡察工作也是如此！各级党委（党组）要提高政治站位，强化政治担当，把管党治党作为最根本的职责立起来，自觉向以习近平同志为核心的党中央看齐，认真履行全面从严治党的政治责任。把巡视巡察工作放在管党治党的大局中来谋划部署，加强组织领导和统筹协调，完善工作机制，规范机构和队伍建设。特别是党委（党组）书记作为第一责任人，要把巡视巡察工作作为分内之事，尽职尽责抓在手上，对重要工作要亲自部署、重大问题要亲自过问、重要环节要亲自协调、重要案件要亲自督办。

第三节　巡察队伍建设

巡察工作人员是巡察工作的具体承担者。巡察工作人员的政治素质、思想水准、业务能力、身体状况等因素直接影响着巡察工作的质量。开展巡察工作的党组织要高度重视巡察队伍建设，打造“巡察铁军”。

一、巡察队伍建设的相关要求

开展巡察工作的党组织要把巡察干部队伍建设摆在更加突出位置，按照“专兼结合”要求，突出政治标准，选优配强巡察工作人员。根据《中国共产党巡视工作条例》等制度要求，巡察工作人员应当具备下列条件：

1. 理想信念坚定，对党忠诚，在思想上政治上行动上同党中央保持高度一致；

2. 坚持原则，敢于担当，依法办事，公道正派，清正廉洁；

3. 遵守党的纪律，严守党的秘密；

4. 熟悉党务工作和相关政策法规，具有较强的发现问题、沟通协调、文字综合等能力；

5. 身体健康，能胜任工作要求。

选配巡察工作人员应当严格标准条件，对不适合从事巡察工作的人员，应当及时予以调整。巡察工作人员应当按照规定进行轮岗交流。给巡察工作人员安排巡察任务需遵循任职回避、地域回避、公务回避等原则。

各地党委和巡察机构要加强巡察干部队伍建设。严格巡察干部标准条件，切实把忠诚干净担当的优秀干部选配到巡察队伍中，防止照顾性安排。建立完善巡察组组长库、巡察干部人才库。加强巡察干部教育、管理和监督，畅通巡察干部晋升、交流渠道，把巡察岗位作为培养锻炼干部的重要平台，建立健全退出机制，对不适合从事巡察工作的人员，要及时予以调整。

二、建立巡察组组长库和人才库

巡察工作的全面推进和高质量发展，必须依靠一支党性坚强、作风正派、担当作为、素质过硬的巡察干部队伍。在机构和编制十分紧张的情况下，各级党组织要采取内部调剂、盘活存量等方式，尽可能为巡察办、巡察组配备一定数量专职人员，为巡察工作顺利开展奠定组织基础。由于编制有限、人才紧缺，巡察工作主要依靠临时抽调干部开展，队伍专职化比率低，一方面，巡察办要建立巡察人才库，严把入口关，把能力较强、素质过硬的优秀干部选拔到人才库，为巡察人员提供稳定的来源保障；另一方面，要优化巡察队伍的专业结构，发挥有关部门专业优势，更好形成监督合力。开展巡察工作的党委（党组）要选拔一些政治坚定、公道正派的领导充实进组长库，把巡察组组长岗位作为培养干部、锻炼干部、考察干部的重要平台，防止照顾性安排。

典型案例

河南省鹤壁市为巡察组配备和聘请专业人员[①]

河南省鹤壁市突出“以专巡专”，不仅为巡察组配备审计、财务等专业人员，还根据需要聘请外地或第三方机构专业人员对专项问题进行深入了解，如巡察市水利局时聘请工程造价咨询机构对全市水利工程项目进行审核，巡察市卫计委时专门聘请外地医疗行业人士对医院的病例、处方情况进行抽查，发现了不少有价值的问题线索。

广西壮族自治区北海市铁山港区：探索驻巡结合模式增强监督合力[②]

巡察是短期重点监督，派驻是长期常态监督。将巡察和派驻结合起来，两者相互协作配合，各派驻纪检监察组平时强化“责任田”里的监督执纪

① 《河南建立市、县两级党委巡察制度 延伸监督触角 巡察剑指“苍蝇式”贪腐》，《人民日报》2016年5月17日。

② 《广西铁山港：探索驻巡结合模式 增强监督合力》，中央纪委国家监委网2018年12月12日。

问责职责，发挥好“驻”的优势；区委开展巡察时，按需抽调派驻纪检组人员组成核心力量开展巡察工作，强化“巡”的震慑。

“作为一名派驻干部，参与巡察工作，我在实战中得到磨炼，对执纪监督工作经历了从陌生到熟悉的过程，深化了对所监督单位的干部队伍建设以及政治生态的认识，对下一步开展派驻监督工作信心满满。”一名参加巡察工作的派驻干部如是说。加强派驻与巡察的联系和交流，让派驻机构、巡察办各负其责，又能协同配合，互相搭台和补台，形成监督合力。

湖北省宜城市：调整优化巡察组组长库和人才库①

2019年6月，湖北省宜城市委为高质量推进巡察工作，提高巡察中发现问题的能力，分别调整优化了巡察组组长库和人才库，确保一届任期内巡察工作全覆盖。优化组长库人员结构。摸清现有组长库人员个人履历、本人意愿、性格特点等基本情况，对组长库人员结构进行优化，将18个不适合参与巡察工作的巡察组组长和副组长调整出组长库，并将具有纪检监察、组织人事工作经验的25名优秀领导干部任命为组长、副组长，组长库人员由原来的40人增加到59人。重新组建巡察人才库。各单位按照巡察办要求重新推荐人才库人员，入库人员需理想信念坚定、清正廉洁、敢于担当，具有纪检、组织、财务、审计、政法等工作经验，并要有较强的发现问题、沟通协调的能力。经过单位推荐、资格审查、巡察工作领导小组审定等程序，将120位符合条件的干部纳入巡察人才库。实行“两库”动态管理。在开展每轮巡察前，市委巡察办从“两库”中随机抽取人员组成巡察组，实行一次一授权，并举行专题培训班；在巡察工作期间，实行集中食宿办公，巡察办每周对巡察组食宿办公情况进行抽查，并将检查情况纳入巡察组考核内容；每轮巡察结束后，适时对巡察组人员进行考核评价。

组织巡察工作时，巡察办要结合实际情况编排巡察组，实现“三个不固定，一次一授权”，即巡察组的组长不固定，巡察组的巡察对象

① 《优化“两库”建设 确保巡察工作高质量推进》，楚都宜城网2019年6月17日。

不固定，巡察组与巡察对象的关系也不固定，巡察组组长一次一授权。

典型案例

河北省唐山市曹妃甸区巡察组“4+N”人员配备模式[①]

2017年，河北省唐山市曹妃甸区按照政治可靠、素质过硬、结构合理、作风优良的选人用人原则，在全区范围内选调精干力量建立巡察人才库，包括49名正科级以上干部和53名纪检、组织、财政、审计等部门专业人员。根据被巡察单位的特点，采取“一次一组建、一次一授权”的模式组建巡察组。每个巡察组人员配备采取“4+N”模式，“4”为抽调人员，“N”为根据工作需要从第三方社会机构聘请的财务、审计等专业人才，保证巡察工作更加深入、公正和有效。

资料链接

三个不固定，一次一授权[②]

“三个不固定，一次一授权”是党的十八大以来，中央巡视工作的重大创新。所谓“三个不固定”，指的是中央巡视组的“组长不固定，巡视对象不固定，巡视组与巡视对象的关系也不固定”。“一次一授权”，是指中央巡视组也不再有地方、企业和金融的专门划分，巡视对象根据每一轮的任务情况确定。

党的十八大以前，中央巡视组分为地方巡视组、金融巡视组、企业巡视组，每个组有各自固定的“责任区”，组长一般任期五年。这导致有的巡视组与被巡视单位发生利益关联。习近平总书记在十八届中央政治局常委会审议《关于中央巡视工作领导小组第一次会议研究部署巡视工作情况的报告》时指出“巡视组组长作为‘钦差大臣’，也不是‘铁帽子’，建立组长库的办法很好，组长库人选有刚离开工作岗位的，也有现职的，一次一

① 根据对河北省唐山市曹妃甸区党委巡察办的书面调研资料整理。

② 参见《王瑛：十八大后巡视实行“三个不固定”组长不再是“铁帽子”》，人民网2014年11月14日。

授权，谁参加巡视不固定，巡视什么地区和单位也不固定，这次到省（区、市）巡视，下次到企业金融单位巡视，这个办法还可以继续探索，也要完善回避制度”。

“三个不固定”的目的在于最大限度防止巡视工作受到干扰和影响。党的十八大以后，党中央从现职和刚离开工作岗位的省部级干部中组建巡视组组长库，实行“三个不固定，一次一授权”，执行严格的回避制度，以保证巡视组独立、客观地开展工作，充分发挥巡视的监督作用。同时，还选了一些省部级后备干部担任中央巡视组副组长，在巡视过程中接受锻炼和教育，也接受组织考验。

实施年度工作鉴定。巡察办对每年参加巡察工作时间满6个月以上的抽调干部进行工作鉴定，鉴定情况通报所在党组织和主要负责人，并存入干部个人档案，年底考核中增加优秀份额，激发干部参与巡察工作的积极性和干事创业的新活力。

建立考评激励机制。坚持严管和厚爱结合，激励和约束并重，加强对巡察干部的监督管理，建立完善巡察抽调干部约束和激励机制。选派巡察干部的考核由巡察办统筹报巡察工作领导小组审定，对在巡察工作中敢于监督、善于监督、表现优秀、业绩突出的巡察干部，每年在评先表模、提拔使用、交流重用、公务员职级并行等方面予以优先考虑，并明确年度考核、公务员职级并行不占用被借调单位名额，以正向考评激励让每一名巡察干部都能感受到归属感、获得感、关怀感，给抽调干部吃下“定心丸”，促使抽调干部在巡察工作中充分发挥能动性、勇于担当作为，激发工作的动力和活力，为更好发挥巡察利剑作用提供组织保障。

典型案例

海南省海口市：干部在巡察机构挂职视同基层工作经历[①]

2018年海南省海口市纪委监委与市委组织部联合印发《海口市关于选派优秀干部到市委巡察机构挂职锻炼的暂行办法》，明确干部在巡察机构挂职视同基层工作经历，在全市范围内选派6名财务、审计、法律等相关专业的优秀干部，从2018年4月起正式到市委巡察机构挂职锻炼。

湖南省张家界市：巡察工作探索考评激励机制激发干部动力活力[②]

2020年9月，张家界市对标对表中央和省委巡视，结合市委巡察工作规范化建设年工作安排，不断完善制度机制，出台了《张家界市委巡察抽调干部管理办法》（以下简称《管理办法》），对全市巡察人才库进行调整完善，突出机构保障、夯实队伍基础、推动巡察高质量发展，按照政治巡察“三个聚焦”的工作要求，重新调整优化巡察人才库，打造了纪检监察、组织人事、财政审计、意识形态、行政政法、年轻干部“六大板块”的巡察人才库。《管理办法》对巡察抽调干部的纳入、抽调、管理和考评等事项都进行了明确。同时规定，每轮巡察结束时，对抽调参与巡察的干部出具巡察期间工作鉴定，由巡察组组长、巡察办签署鉴定意见，存入干部个人档案。通过建立完善巡察抽调干部约束和激励机制，能够有效破解巡察干部抽调难、评价滞后的问题，既为组织部门发现、培养、选拔干部提供重要依据，也倒逼抽调干部在巡察过程中充分发挥能动性、勇于担当作为。

2020年10月，在张家界七届市委第十二轮巡察撤点前，由市委巡察办相关负责人带队，深入各个巡察组，与巡察组员们一一见面座谈了解情况，并就本轮各组抽调人员的总体情况听取组领导意见。抽调的年轻干部

① 《海南海口：干部在巡察机构挂职视同基层工作经历》，中央纪委国家监委网2018年12月24日。

② 《张家界：巡察工作探索考评激励机制激发干部动力活力》，张家界廉政网2020年10月27日。

在交流中表示："我觉得参加一轮巡察能让干部在短时间获得迅速成长，我们查找别人存在问题的过程，更是对标对表自我提高的过程。"之后，市委巡察办根据各组推荐意见，对本轮巡察抽调的35名科级及以下干部，逐一作出工作鉴定，对在巡察工作中表现突出的，按照30%比例评定优秀等次，并根据干部管理权限，向市区县委组织部门和抽调干部所在单位党组反馈考评鉴定结果，作为今后干部选任、评优的重要参考。

中建二局优化巡察队伍建设①

中建二局在巡察干部队伍建设上，紧扣中建集团"巡视巡察质效深化年"要求，优化队伍建设，丰富培训方式，持续抓好巡察队伍建设。创新采用"请进来"与"走出去"相结合、"送培训下基层"等模式，拓展学习途径。加强开展对标学习，赴优秀单位就巡察工作进行深入交流，拓展思路促提升。每轮巡察前邀请集团、局及局属二三级单位四个层级优秀讲师对巡察专员就如何把握政治巡察定位开展培训。及时完善局巡察人才库，遴选局级人才库152人，根据工作需要和人员条件从巡察人才库中抽取人员合理搭配组成巡察组，做到"人岗相适、人事相宜"。2017年以来，对巡察中表现突出的42名干部提拔使用，正向激励干部担当作为，充分发挥了熔炉作用。

资料链接

中央巡视"专兼结合"、"模块化"管理的队伍组建模式②

巡视要求很高，需要具有不同业务背景的干部参与，共同协作。中央巡视办探索出"专兼结合"、"模块化"管理的巡视队伍组建模式，每个中央巡视组的成员由中央纪委、中央组织部、省区市纪委、中央纪委派驻纪

① 根据对中建二局党委巡察办的书面调研资料整理。

② 参见《他们这样开展工作》，《中国纪检监察报》2017年4月13日。

检组、审计等方面的人员组成，并根据巡视对象配备财政、国资委监事会、金融监管、教育等系统的人员，体现了专业性、结构性、衔接性。比如中央第十二轮巡视中管高校时，为调查了解高校在落实意识形态责任制方面存在的问题，专门选派宣传、教育系统的干部参加巡视。巡视期间，各巡视组还会根据不同的任务成立专项小组，将任务细化落实到人，责任分配到人，让专业的人干专业的事。

三、加强对巡察干部的教育和培训

巡察干部能力建设，需要从加强政治培训和业务培训入手，根据巡察任务和巡察对象的特点，有针对性地开展政治理论素养提升和业务培训，着力解决巡察干部不会监督、不善监督等履职能力不强的问题。

省一级巡视组可以抽调市县巡察干部到省委巡视组以干代训。比如，安徽省把巡察干部纳入巡视人才库，作为巡视后备军。从 2015 年开始，安徽省每轮巡视都抽调了大批巡察干部参加，在巡视实践中，向巡察干部手把手地传经验、教诀窍。通过以干代训，培养锻炼了一批对党忠诚、善于监督的巡察干部。

各级巡视、巡察机构还可以组织专题培训，采用日常教育、专题教育相结合的方式不断提高巡察干部能力和素质。比如，河南省开封市把巡察干部常态化培训纳入巡察工作统筹考虑，每批巡察前开展巡前培训，重点讲授巡视巡察工作的新精神新要求和具体工作方法、巡察意义、巡察干部职责、纪律要求等内容，还邀请经验丰富的市县巡察组组长在培训时介绍巡察经验。

典型案例

河南省三门峡市陕州区：设立“巡察讲堂”补齐业务短板①

2018年以来，河南省三门峡市陕州区把狠抓巡察队伍建设、提升巡察干部业务水平贯穿巡察工作之中，实行学干融合、以学促干工作机制，着力打造业务精、能力强、素质硬的巡察“尖兵”。

把学习培训作为提升巡察干部素质的基础。坚持雷打不动学习制，积极组织巡察干部深入学习党章党规党纪，提升巡察干部理论素养。定期邀请审计、财务、工程、招投标等专业人员讲程序、讲规范，增强巡察干部分析问题、发现线索能力，解决巡察干部“本领恐慌”问题。

交流研讨，补齐巡察业务短板。设立“巡察讲堂”，每轮巡察启动前，组织开展巡察工作研讨交流，巡察干部交流做法、互通工作，针对巡察过程中信访接待、问题摸排、线索移交等重要环节，交流学习，分享经验，为巡察工作开展奠定基础。

轮岗锻炼，融合提升巡察本领。出台《区委巡察机构工作人员管理办法》，巡察干部分批次在巡察办、巡察组之间进行轮岗锻炼，增强巡察干部综合协调、问题处置等能力。巡察组结合信访接待、工程财务核查、报告撰写等任务需要，在协作配合基础上，按照人员不固定、职责不固定原则，坚持一轮一分工、一轮一定岗，力求巡察干部在角色转换中打好巡察工作“基本功”，成为巡察工作“多面手”。

黑龙江省扎实开展市县巡察干部培训②

黑龙江第一、二期全省巡察干部培训班在2017年7月和9月如期开班。为期5天的培训设计7次专题辅导、2次大会交流、2次分组座谈研讨，1次应知应会理论测试，255名市县巡察办负责人及部分巡察组组长接受了1次从理论到实践的系统培训。

培训中，黑龙江省委巡视办负责人和省委巡视组组长深入浅出、娓娓

① 《河南陕州：设立“巡察讲堂”补齐业务短板》，中央纪委国家监委网2018年11月15日。
② 《培训督导“双轮驱动”力促巡察利剑直插基层》，《黑龙江日报》2017年10月16日。

道来的讲解，紧密结合工作实践，使巡察干部加深了对政治巡察的理解和认识，提高了对巡察方式方法灵活应用的能力。

哈尔滨、齐齐哈尔、双鸭山、黑河、伊春、泰来等8个单位在培训班上交流的经验，为市县破解巡察工作面临的“人情社会”“熟人社会”困扰等问题提供了借鉴和参考。

四、强化对巡察干部的监督管理

巡察工作对干部要求很高，要教育引导巡察干部严守党的政治纪律和政治规矩，做到忠诚忠实；严守廉洁纪律、保密纪律，认真落实中央八项规定精神，做到干净干事；严格依法依规开展工作，坚持原则、敢于碰硬，做到担当担责。要建立巡察组党组织，建立组务会制度，组长办公会制度。要加强对巡察干部思想、工作、作风的了解，对不太适合巡察工作岗位的巡察干部要及时调整，表现优秀的巡察干部要及时交流，要选择一些新生力量及时补充巡察人才库，不断提高巡察干部的整体素质和战斗力。比如，福建省三明市制定《三明市县党委巡察机构人员管理办法（试行）》，实行县（市、区）巡察机构人员配备调整备案制，严把进人关，先后对拟调入县（市、区）巡察机构3名人选进行调整，还下发《关于加强巡察抽调干部管理的十条意见》《巡察工作人员“十个不准”》，将巡察工作人员纳入纪检监察干部监督范畴。

第三章

巡察监督对象

党的十八届三中全会审议通过的《中共中央关于全面深化改革若干重大问题的决定》，提出了“对地方、部门、企事业单位巡视全覆盖”的目标。巡视全覆盖是党中央作出的决定和承诺，是必须完成的“硬任务”。只有全覆盖，才能零容忍。全覆盖要求要贯穿到巡视巡察监督的各个层面，形成全链条，上下联动，遏制腐败蔓延势头。

第一节　巡察监督的对象及重点

巡察是上级党组织对下级党组织的监督。开展巡察工作的党组织根据其组织架构和干部管理权限确定巡察监督的对象和范围。在确保巡察全覆盖的基础上，巡察还要突出重点监督对象。

一、巡察监督的对象范围

党的市（地、州、盟）和县（市、区、旗）、中央部委和中央国家机关部门党组（党委）所属单位、省直机关、各级党委（党组）管理的企业、高校等党组织[①]开展巡察监督的对象是其所属地区、单位党组织领导班子及其成员。其中，市县巡察的对象和范围有专门的制度规定，其他党组织开展巡察监督的对象范围需根据其组织架构而定。

① 根据《关于中央部委、中央国家机关部门党组（党委）开展巡视工作的指导意见（试行）》有关规定，中管企业、中管金融企业党组（党委），党委书记和校长列入中央管理的高校党委可参照该意见，建立巡视巡察制度，开展巡视巡察工作。

根据党章、《中国共产党巡视工作条例》和《关于市县党委建立巡察制度的意见》，按照全覆盖要求，市县党委管理的党组织领导班子及其成员都应纳入市县巡察监督范围。

市委巡察范围和对象包括：市委工作部门领导班子及其成员，政府部门、人民团体党组织领导班子及其成员，市管国有企业、事业单位党组织领导班子及其成员。

需要指出的是，县（市、区、旗）党组织领导班子及其成员属于省区市党委巡视的对象。这是由县在国家政权结构中的地位决定的。县（市、区、旗）在党的组织结构中，处于承上启下的重要地位，是国家长治久安的重要基础。习近平总书记曾指出，如果把国家喻为一张网，全国三千多个县就像这张网上的纽结。“纽结”松动，国家政局就会发生动荡；“纽结”牢靠，国家政局就稳定。[1]“郡县治，天下安”，对县（市、区、旗）党委的监督尤其要严，故由省区市党委派出巡视组对其开展巡视监督。

县委巡察范围和对象包括：乡镇（街道）党（工）委领导班子及其成员，县委工作部门领导班子及其成员，政府部门、人民团体党组织领导班子及其成员，县管国有企业、事业单位党组织领导班子及其成员，村、社区党支部。

市县党委巡察对象所属党组织领导班子及其成员可以纳入巡察监督范围。

全覆盖是党的十八大以来党中央对巡视巡察工作作出的重大战略部署，是硬任务、硬指标，必须不折不扣落实。按照全覆盖要求，行政机构改革后，各市县党委要重新确定巡察范围和对象，确立巡察对象数量。

在确保对重点监督对象巡察监督全覆盖的基础上，按照层级领导的

① 习近平：《摆脱贫困》，福建人民出版社 1992 年版，第 31—32 页。

原则，巡视巡察对象可以适当延伸。省区市巡视机构可以对市县巡察对象开展专项巡视；市级巡察机构可以对县级巡察对象开展提级巡察。

实践中，有的省为提升监督效果，对市纪委监委机关和市委组织部，由省委巡视组在巡视设区市时一并提级巡视。对县级纪检监察机关和组织部，在省委巡视组巡视市县市区时，由相关市委派出巡察组对其开展联动巡察。对市县两级法院和检察院党组领导班子及其成员（不包含主要负责人）的巡察，由市县党委组织开展，纳入市县巡察全覆盖范围。对开发区的巡察，原则上按照党组织隶属关系和干部管理权限开展。开发区党工委由哪一级党委派出，就属于哪一级党委的巡察对象，做到分级负责，应巡尽巡。针对开发区主要负责人大多“高配”的实际，可以统筹市县巡察力量，综合运用直接巡察、提级巡察、授权巡察等方式，提升监督效果。比如，对党工委由市级派出，但“一把手”是省管干部的开发区，省级巡视机构可以提级巡视，也可以在巡视该市时，由市委组建巡察组对开发区进行联动巡察。对于宣传部、统战部、政法委等党委常委担任“一把手”的部门以及其他主要负责人“高配”单位可以按党组织隶属关系，由市县党委直接巡察，也可以采取上级党委提级巡察、上下联动一体巡察、统一组织交叉巡察等方式，破除人情干扰，确保巡察实效。[①]

二、巡察监督的重点对象

巡察监督的重点对象主要是被巡察党组织领导班子及其成员。这是由领导班子及其成员在党的建设全局中的地位和作用决定的，体现执政党的建设规律。首先，各地各部门党组织领导班子是各级党组织的领导核心，既是本地区本部门事务的最高决策机构，也是中央决策部署的执行机构。不仅对本地区本部门党的建设和各项工作具有决定

① 中央巡视工作领导小组：《市县巡察工作》，中国方正出版社2022年版，第49—50页。

性作用，而且对党和国家事业发展全局有重大影响。党组织领导班子承担党风廉政建设的主体责任，是本地区本部门落实全面从严治党要求的“火车头”。其次，领导班子成员是本地区本部门经济社会发展的领导者和组织者，是制定重大决策的参与者，掌握着重要的权力，如果发生违纪违法问题会严重损害党和国家的事业，影响当地政治、经济和社会发展。作为党员干部队伍的“领头羊”和治国理政的骨干力量，领导班子成员的一言一行、一举一动直接影响党员干部队伍的理想信念和价值取向，影响人民群众对党和社会主义事业的信心，是全面从严治党的“关键少数”。可以说，党的形象就体现在党员领导干部身上。抓住了这个“关键少数”，把领导班子成员这个重要群体建设好、监督好，党的事业健康发展就有了根本保证，就能发挥以上率下、示范引导作用，形成“一级做给一级看、一级带着一级干”的良好局面，营造出风清气正、清正廉洁的良好环境。

巡察工作要突出重点监督对象。在实际工作中，要盯住重点人，即政治问题和腐败问题交织；不收手、不收敛，问题线索反映集中、群众反映强烈；现在重要岗位而且还可能提拔使用的，三种情况同时具备的是重中之重，以震慑“关键少数”促进大多数紧张起来。重点人既包括领导干部，也包括普通干部，特别是下一步要提拔使用的干部。反腐败要向这三类人聚焦，是中央提出减少腐败存量、遏制腐败增量的重要举措和政策。巡察工作要牢牢把握这一重要原则和政策，在强化对被巡察党组织领导班子及其成员普遍监督的基础上，切实对这三类人重点监督。

在巡察监督过程中，还要重点监督被巡察党组织领导班子主要负责人。在党组织领导班子中，主要负责人是主持本地区、本单位全面工作并承担主要责任的领导，是党的队伍的中坚力量，在班子中处于核心地位，一旦失去监督、出现问题，造成的影响和损失会更大。监督好领导班子主要负责人，对于管理好这个地方或单位领导班子和领导干部，顺利推进这个地方或单位的工作，有着十分重要的意义。当前，对各级党组织主要负责人的监督仍是薄弱环节。在查处的腐败分子中，“一把手”比例居高不下。2021 年 3 月，中共中央出台的《关于加强对“一把手”和领导班子监督的意见》规定，巡视巡察工作要紧盯“一把手”，及时发现问题。党委（党组）要坚持“发现问题、形成震慑，推动改革、促进发展”的巡视工作方针，坚守政治巡视定位，查找纠正政治偏差。巡视巡察组应当把被巡视巡察党组织“一把手”作为监督重点，进驻前向纪检机关、组织部门深入了解情况。巡视巡察谈话应当将“一把手”工作、生活情况作为必谈内容，对反映的重要问题深入了解。巡视巡察报告应当将“一把手”履行第一责任人职责和廉洁自律情况单独列出，提出明确意见和整改要求。该意见还要求把“三重一大”决策制度执行情况作为巡视巡察的重要内容，发现“一把手”违反决策程序的问题，应当及时提出意见，对纠正不力的要向上级纪委、派出机关反映。因此，在对党组织领导班子成员的巡察监督中，必须将党组织主要负责人作为监督重点。同时，巡察也要对被巡察地区（单位）的普通党员干部开展监督。因为巡察已经是最后一个层级，要将巡视巡察监督全覆盖、无死角的效力充分发挥。

三、被巡察党组织配合巡察工作

被巡察党组织要增强自觉接受监督意识，全面、客观、真实地向巡察组报告情况、提供资料，协助配合巡察组开展工作，鼓励、支持党员、干部和群众向巡察组如实反映情况和问题。对拒绝提供支持配合、隐瞒或故意提供虚假情况、干扰和阻挠巡察工作、打击报复反映问题干部群众、整改不力和拒不整改的，依据相关规定严肃追责。《中国共产党纪律处分条例》第五十五条规定：“干扰巡视巡察工作或者不落实巡视巡察整改要求，情节较轻的，给予警告或者严重警告处分；情节较重的，给予撤销党内职务或者留党察看处分；情节严重的，给予开除党籍处分。”

第二节　一届任期巡察全覆盖

《中国共产党巡视工作条例》第二条和党章第十四条对“一届任期内巡视全覆盖”作出明确规定，使得巡视监督成为常态。对标巡视，巡察也有一届任期全覆盖的要求。

一、任务与要求

目前，横向到边、纵向到底的巡视巡察全覆盖格局基本形成。在中国共产党的组织体系中，各级党组织都纳入到了巡视巡察监督体系中，基本上做到了监督无空白，巡视巡察无死角。全覆盖是硬任务，一届任期是时间表。一届任期是指党的中央委员会的任期，一般为五年。各地区、各单位要结合所在地方和单位党委任期按照计划有条不紊地开展巡察工作，在换届之前完成巡察全覆盖的任务。

党组织建立到哪里，巡视巡察监督就跟进到哪里。《中央巡视工作规划（2018—2022 年）》按照党章和《中国共产党巡视工作条例》要求，对中央巡视、省区市巡视、中央单位巡视、市县巡察全覆盖分别提出要求。各级党组织要把完成一届任期巡视巡察全覆盖任务作为落实全面从严治党要求的政治任务，对所管理的地方、部门、企事业单位党组织进行全部扫描，不留盲区、不留死角。中央巡视办加强对推进巡视巡察全覆盖的统筹指导，适时对全覆盖任务完成情况开展督促检查，确保如期兑现党中央作出的政治承诺。

二、全覆盖的路径与方法

部署巡察工作，党委（党组）要创新组织形式，坚持常规巡察和专项巡察相结合、上级统筹和自主巡察相结合、板块轮动和系统联动相结合，在一届任期内对所管理的地方、部门、企事业单位党组织全面巡察，实现巡察全覆盖。

（一）常规巡察与专项巡察相结合

常规巡察是参照常规巡视的做法，根据政治巡察要求对照领导班子情况进行全面检查。

专项巡察是参照专项巡视的做法，聚焦全面从严治党中的某些重点问题，紧盯重点人、重点事、重点问题开展巡察监督，以加快巡察全覆盖步伐、加强党风廉政建设和反腐败斗争，促进全面从严治党。相对于常规巡察而言，专项巡察定位更加聚焦、内容更加深化、形式更加多样，机动性和威慑性更强。

专项巡察对象以部门、企事业单位为主，强化对被巡察党组织领导班子及其成员特别是主要负责人的监督，对地方的“回头看”也以专项巡察为主。各级党组织研究确定专项巡察对象，要围绕一届任期内对所有巡察对象全覆盖要求，摸清专项巡察对象底数，科学制定总体规划和阶段性计划，区分领域性质，划分行业类别，分清轻重缓急，统筹安排批次，既确保工作进度，又确保巡察质量。组织开展专项巡察，要紧密结合实际探索创新，根据目标任务机动灵活安排。一是“巡查式”，主要针对同领域、同行业巡察对象，采取“一托二”“一托三”等方式，同类同步安排，分批集中汇报。二是“点穴式”，主要针对一件事、一个人、一个下属单位、一个工程项目、一笔专项经费，派出精干人员，迅速搞清问题。三是“回访式”，主要针对已巡察过的地区（单位）开展“回头看”，对难以发现的问题“再发现”，对尚未深入了解的问题“再了解”，对整改不力的推动“再整改”，持续形成“再震慑”。专项巡察的内容更加聚焦，程序更加简化，方式更加灵活，威慑力更强。比如，河南省信阳市商城县开展脱贫攻坚、水污染防治专项巡察时，将常规巡察过的部分单位再次纳入，出其不意，收到了良好效果。

着力提升专项巡察质量。专项巡察的要害在“专”。要坚持问题导向，把握专项巡察特点，始终专注于目标和重点，突出专项巡察的针对性、实效性，切实增强专项巡察的机动性和威慑力。

首先，要充分准备、选准专项问题。根据派出巡察组的党组织工作要求以及上级交办、领导批办事项，纪检监察、组织人事等方面建议，可以初步选出重点关注的问题。强化巡察前的情况准备，认真听取有关方面情况通报，多渠道搜集掌握信息，有效运用大数据管理等方法，紧密结合历史文化特点、社会反映的热点和廉洁风险点，逐步筛选出关键信息，加强分析研判，确定主攻方向。坚持实事求是，带题不定题、巡中来选题，根据巡察深入了解的情况，把专项聚焦在群众反映强烈的突出问题和带有普遍性、倾向性的重大问题上。

其次，要精准发现、客观反映问题。专项就是方向，问题就是指向。巡察中必须紧扣专项、直奔主题，选准切入点、抓住侧重点、突破关键点，着力于一至两个最突出的问题深入了解、摸清搞透，避免面面俱到、平均用力。充分运用《中国共产党巡视工作条例》规定的工作方式和权限，结合所在地区和单位实际，从细节入手，查找漏洞、发现隐情、印证判断，实现精准发现问题、定点突破线索。强化大局意识，运用辩证唯物主义和历史唯物主义的立场、观点和方法，对照纪律、辨别是非，深入分析、研究对策，客观准确报告巡察情况。

再次，要注重立行立改、强化震慑效应。既要注重巡察后的全面整改，更要注重即知即改、立行立改，做到抓早抓小、惩前毖后、治病救人。巡察中，对能够及时纠正的违反党的纪律、违反中央八项规定精神和“四风”问题特别是顶风违纪的问题，责成被巡察党组织及时警醒，加强警示教育，开展专项治理，迅速整改落实。督促被巡察党组织切实担负起主体责任，真正从严从实管党治党。

最后，要用好专项巡察成果。要从政治全局上考量专项巡察任务，正确处理“专项任务”与政治巡察的关系，善于从具体问题中发现腐败、作风、纪律、选人用人等方面共性问题，透过现象看本质，由表及里、以小见大、见微知著。针对被巡察地区（单位）普遍性、倾向性和其他重大问题形成专题报告，着眼于全面深化改革总目标，深入研究问题症结，认真寻找弊端根源，从完善体制机制、加强监督管理上，提出针对性、操作性强的意见建议，为统筹推进“五位一体”总体布局和协调推进“四个全面”战略布局、完善治理体系和治理能力现代化提供决策参考。

典型案例

湖南省宁乡市开展信访专项巡察①

2019年6月，宁乡市委对市人民法院、市自然资源局、坝塘镇、白马桥街道等4个信访问题突出的单位开展了信访专项巡察，发现并推动解决了一批信访突出问题，推进4个被巡察单位形成规范化长效化信访工作机制，人民群众满意度和获得感不断提升。为巩固落实信访专项巡察问题整改，2020年6月至2020年8月，宁乡市坝塘镇开展了180余场屋场会，干群同坐聊家常、解难题、化矛盾。

倾听群众呼声　有效化解信访矛盾

“今天能够解决我多年来的信访问题，真的是感谢党的好政策，感谢你们尽心尽力帮助我。”在宁乡市自然资源局召开的阳光答复会现场，李某表达了内心的感受。针对宁乡市委巡察组反馈的“信访问题持续突出”等问题，该局建机制、压责任、清源头、化积案，全力推进信访问题整改，成功化解一批信访积案。同时通过开展“信访问题集中化解月”活动，全系统信访总量同比下降40%，群众对该局工作满意度大幅提升。

这一轮专项巡察，共发现信访工作中的突出问题22个，已全部整改到位。4个被巡察单位以整改为契机，通过完善信访工作机制等措施，坚决改善巡察反映信访突出“老大难”问题。现在信访工作机制更加完善了，群众信访的渠道更加畅通了。随着群众满意度的提升，信访总量大幅下降。

截至2020年上半年，白马桥街道、坝塘镇信访总量都保持在个位数，巡察交办信访件49个，目前已办结41个。

① 《信访专项巡察过后，路灯装好了、水道疏通了、路面补平了……》，清廉长沙网2020年8月11日。

注重立行立改　及时解决难点问题

“支巷的路灯装好了、堵塞的水道疏通了、破损的路面补平了……”白马桥街道的群众切实感受到了巡察带来的幸福感。

巡察期间，白马桥街道启动了“百名干部联百组、化解矛盾促发展”信访主题活动，在巡察组的指导下按照“领导联社区、社区干部联片、机关干部联组（小区）”的工作机制，132 名联组（小区）干部对辖区内 132 个居民小组（小区）进行全面走访，以解决问题为导向，抓住群众最关心的热点难点问题，深入一线与群众零距离交流。活动共收集意见建议 300 多条，摸排出 70 多个问题，大部分得到妥善解决。对巡察中发现的问题立行立改，对巡察反馈的问题真抓真改，才能确保整改见实效。据统计，这一轮专项巡察 4 个单位共反馈问题 58 个，细化整改任务 212 个，截至目前已整改到位 208 个，整改率达到 98%。

推动整章建制　促进形成长效机制

“主债务人下落不明，20 多名担保人为什么只有我承担连带清偿责任？”杨某因为一次担保被列为被执行人而多次上访。巡察组将该问题交办给宁乡市人民法院党组后，法院切实扛起主体责任，通过不懈努力和一系列措施，最终促使所有担保人共同履行了相应的承担份额。自落实巡察整改工作以来，该市人民法院以问题整改作为建立健全长效机制的契机，修订完善制度 32 项，通过强化巩固和运用整改成果，为推进法院高质效工作提供制度保障。同时通过巡察整改推动 4 个被巡察单位共建立健全 43 项规章制度，有效促进被巡察单位举一反三、整章建制。

自 2020 年以来，宁乡市委专项巡察持续推进整改工作，层层传导压力、层层压实责任，坚决推动全市各级党组织和党员干部把信访工作的决策部署落到实处，开创信访工作新局面，有效维护社会和谐稳定。据统计，2022 年 1 至 6 月全市 278 个村（社区）中有 175 个村（社区）实现“零信访”，全市纪检监察机关收到的信访举报较去年同期下降 20%。

（二）上级统筹与自主巡察相结合

上级巡视巡察机构对下级巡视巡察机构行使领导职能，上级巡视巡察机构可以统筹安排下级巡察工作，下级巡察机构也可以发挥自主性，开展巡察工作。

以市县巡察为例。有的地方采取市县统筹的方式，市委巡察工作领导小组统筹安排巡察工作，统一调动市和县区的巡察力量，开展交叉巡察。有的地方，各市县根据自身情况，选择巡察对象，自主开展巡察。市县统筹既是中央和省区市对市县巡察工作的安排部署，也是解决县级巡察“熟人社会”人情干扰的现实需要。在实践中，可以在巡察力量调配、巡察组编定、巡察任务部署、巡察信息资源、巡察人员管理、巡察队伍建设等方面统筹安排。

市县党委在开展巡察时，要将市县统筹和自主巡察相结合，既发挥市级统筹的权威性，又要给各县区党委开展巡察工作一定的独立性和自主性。

典型案例

山西省阳泉市市县统筹、上下联动发挥巡察利剑作用①

2018年以来，阳泉市按照中央、省委“县力量、市统筹”的安排部署，在山西省率先出台了《关于推进市县巡察统筹工作的实施办法》，并于4月至7月开展了首轮市县统筹巡察。市县两级共派出巡察组24个，巡察党组织77个，共发现问题1082个，市县巡察质量和效果全面提升，巡察利剑震慑作用得到进一步发挥。

突出“五个变化” 做实统筹联动

市委巡察工作领导小组、市委巡察办针对市县巡察特别是县级巡察中暴露出的巡察干部碍于熟人，抹不开情面，不敢坚持原则，甚至跑风漏气；被巡察单位千方百计通过熟人与巡察人员套近乎，希望“手下留情”；一些干部群众碍于熟人关系反映问题有顾虑，对巡察信任度不高，不愿不敢主

① 张喜明、薄红贞：《市县统筹 上下联动 巡察利剑作用充分发挥——我市市县巡察系列报道之一》，《阳泉日报》2018年12月4日。

动反映情况等现象，从程序、方法、内容、人员质量等多方面入手，做实“五个变化”，有效解决了人情干扰、“熟人社会”造成的不愿巡、不敢巡、不会巡的问题，全面提升了市县巡察质量。

一是巡察力量变为市级统筹调配。以各县（区）巡察组组长库、巡察人员库、专业人员库为基础，统筹建立了包括 80 名组长、165 名专业人员和 317 名巡察工作人员的市县两级“三大库”，实现力量融合、统筹调配。

二是县（区）巡察组变为市级统一编定。巡察组由市委巡察办统一混合编定，除副组长和 1 名工作人员从本地产生外，其他成员皆从异地产生。

三是巡察全覆盖任务变为市县两级同步推进。由市委巡察工作领导小组统筹谋划，协调县（区）委巡察工作步调一致，确保完成一届任期内巡察全覆盖任务。

四是市县巡察信息和资源由孤立变为共享。市县巡察机构上下之间、同级之间进一步加大沟通协调力度，在遵守保密规定的基础上确保信息互通、资源共享，形成叠加效应，扩大震慑效果。

五是巡察人员管理变为双重监管。巡察组和巡察人员由市县两级双重管理，便于统一考核口径，客观、真实地对巡察人员现实表现进行鉴定，强化巡察队伍建设。

在做实“五个变化”的基础上，市委巡察工作领导小组、市委巡察办坚持每一轮巡察工作开始前，市级统一动员、统一培训；每一轮巡察工作实施中，市县两级均成立巡察业务指导组，加强对巡察工作的督导、指导，对出现的情况、问题统一研判、及时解决；每一轮巡察工作结束后，市委书记专题会议、市委巡察工作领导小组及时听取巡察工作情况汇报、提出整改意见建议，推动了市县巡察工作的整体提升。

城区环卫处的一名同志就是市县统筹工作的实践者，他曾在市级混合编组时，被编入盂县巡察组担任组长。他介绍，盂县本地方言很有特色，巡察组人员一开口，干部群众就能轻易分辨出是本县人还是外县人，此前一些人碍于人情、面子，或怕受到打击报复而有所顾虑，听到上级派来了县外的工作人员，往往就更愿意主动反映情况或提供线索，巡察成效自然也就更好。

坚持“五个不变”　做实一体推进

“建立巡视巡察上下联动的监督网”是党的十九大作出的重大部署，也是山西省委的一项重点工作。在推进市县巡察统筹工作中，市委巡察工作领导小组、市委巡察办立足“基层地域小，人情干扰重”的实际情况，通过统筹联动、混合编组等方式破解“熟人社会”给巡察带来的干扰，让“生面孔”带来“新成效”，又坚持“五个不变”，始终把准巡察工作定位，厘清巡察工作职责，推动了市县巡察工作的高效开展。

一是坚持目标任务不变。聚焦政治巡察，坚持以“两个维护”为根本政治任务，紧盯“六个围绕、一个加强”巡察工作重点，着力发现党的政治建设、思想建设、组织建设、作风建设、纪律建设和夺取反腐败斗争压倒性胜利方面的问题，推动全面从严治党向纵深发展。

二是坚持主体责任不变。市县巡察统筹后，各县（区）委仍然承担本级巡察工作的主体责任，巡察组由开展巡察的县（区）委派出，对其负责并报告工作。

三是巡察方式权限不变。严格按照《中国共产党巡视工作条例》和省委《实施办法》规定的巡察方式和权限完成每轮巡察。

四是巡察对象内容不变。按照一届任期巡察全覆盖任务要求和对象，稳步推进巡察工作。

五是巡察后勤保障不变。仍然由开展巡察的县（区）委负责对办公设备、车辆、经费等进行保障，确保巡察工作顺利开展。

在做实“五个不变”的基础上，市委巡察工作领导小组、市委巡察办制定了巡察人员考核管理机制，与市县两级组织部门共同建立了优秀年轻干部参加巡察制度，构建了“闭环式”巡察统筹运行架构。同时，坚持以市县一体、板块轮动、对口联动、上下贯通的形式，市县两级坚持每一个轮次对同一领域、同一系统、同一行业开展同步巡察，把巡察利剑直插到基层，延伸到乡镇、街道，加大惩治群众身边腐败问题的力度，助力打通全面从严治党“最后一公里”。

（三）板块轮动与系统联动相结合

板块轮动是指以一定关联方式，对巡察对象进行分类分块，实行分类巡察、板块巡察，既发现突出的个性问题，又发现普遍存在的共性问题。巡察工作中，注重把巡察对象放在所处行业、所处板块来研究，收集相关情况，发现共性问题，分析问题根源，提出意见建议。系统联动是市县统筹的一种方式。市委在部署巡察工作时，市县两级按照“板块对口”的原则，安排巡察对象同步联动巡察。板块巡察和系统联动相结合，能够发现并推动解决被巡察对象的突出共性问题。

典型案例

安徽省滁州市：
“模块链”式巡察探索监督向基层延伸的有效途径①

滁州市开展市县巡察工作以来，紧密结合地区实际，对标对表上级工作要求，创新开展了“板块组合，专项击破；精准靶向，重点延伸；上下联动，全面覆盖”的“模块链”式巡察，探索出了巡察向基层、一线和群众身边延伸的有效途径，进一步推动全面从严治党在基层见到实效。

“板块组合 + 专项击破”搭起社会治理“晴雨表”。滁州市委认真贯彻落实中央和省委巡视工作规划精神，坚持以人民为中心，用板块轮动和专项巡察相结合的巡察方式，梳理分析群众诉求“晴雨表”，实现巡察一个板块、改善一个行业的总目标，在推动改革、促进发展中发挥了重要作用。2017 年以来，针对群众关心的“看病难”“上学难”“环境差”等问题，对医疗卫生系统、教育系统、人防系统和环保领域进行“板块式”专项巡察，严格把巡察对象放在所处行业和板块中研判，发现共性问题，分析问题根源，相互借鉴工作经验，推动系统整改和板块共性问题的专项治理，推动解决群众反映强烈的突出问题，取得明显成效。在对医疗卫生系统的“板块式”巡察中，市一院党委副书记、副院长等部分医院干部职工接受立案审查，全市医疗行业人民群众满意度由巡察前的不到 85% 提升至 95% 以上。三年来，全市信访总量同比下降，板块式专项巡察推动社会治理水平提高的优势进一步放大。

① 《滁州：“模块链”式巡察探索监督向基层延伸的有效途径》，安徽省纪委监委网 2020 年 6 月 20 日。

“精准靶向＋重点延伸”擦亮发现问题“探照灯”。村级党组织点多分散，把监督触角和“探照灯”延伸到每个“神经末梢”，解决人民群众的痛点和难点问题是市县巡察的重要课题。在2018年完成对123个建档立卡贫困村巡察全覆盖的经验基础上，滁州市委深入落实“党组织建到哪里，巡视巡察就跟进到哪里”要求，制定对村级党组织巡察实施办法，严格执行精准靶向＋重点攻坚标准，要求各县（市、区）党委对所有村（社区）党组织开展巡察，变“单个体检”为“批量扫描”。在精准靶向上，探索出“1+5+N”对村（社区）巡察体系。即聚焦1个核心，围绕“12345”巡察工作法，在全面贯彻政治巡察要求的前提下，注重从村（社区）特点入手，细化“N”个对村（社区）巡察监督重点内容，有力推动巡察发现问题“看得见、说得清”，整改成效“抓得起、好检查”。在重点延伸上，市县巡察因地制宜、分类施策，统筹采取常规巡、专项巡、机动巡、提级巡、交叉巡等方式完成巡察任务，确保不漏一村、不少一户。滁州市为消除村级巡察“盲点”，对市属2个开发园区所属16个村（社区）采取提级直巡方式进行巡察；定远县针对巡察进度慢，村（社区）多的特点，对258个村（社区）采取了异地交叉、统筹安排、多轮推进方式进行巡察。截至2020年6月，全市完成1226个村（社区）巡察全覆盖，共发现各类突出问题14619个。

“上下联动＋全面覆盖”架起党群之间“连心桥”。市县巡察直接面对基层群众，聚焦群众最关心的现实问题，事关群众获得感。经过五年多探索实践，滁州市已基本形成“上下联动，全面覆盖”监督体系，巡察质量整体提升。近日，市委第八轮巡察运用“大组带小组”方式，组建3个巡察大组，下设16个巡察小组。大组组长由市委巡察组组长担任，小组人员由各县（市、区）党委组建，由市委巡察办统筹调配，市县之间上下联动，各组之间左右协同，形成市县联动“一盘棋”格局。大组以“区块化”确定巡察对象，“集中式”动员部署，“综合性”撰写巡察报告的形式，领导指导小组对乡镇党委进行巡察全覆盖，重点聚焦基层贯彻落实党的路线方针政策和党中央决策部署情况，群众身边腐败和不正之风和基层党组织软弱涣散、组织力欠缺等问题，确保党的“神经末梢”发挥服务群众、联系群众的作用，真正成为推动基层经济社会发展的坚强战斗堡垒，让人民群众在全面从严治党中不断增强获得感。

资料链接

中央巡视战术组合创新实现全覆盖目标①

为了实现全覆盖的目标，党的十八大以来，中央巡视组创新了诸多方式。2013 年，巡视突出重点，改变了过去巡视内容比较宽泛的做法，聚焦“一个中心，四个着力”发现问题，形成震慑。实行“三个不固定”，即巡视组组长不固定、巡视地区和单位不固定、巡视组与巡视对象的关系不固定，打破利益关联。巡视组的数量从第一轮的 10 个增加到第三轮的 13 个，再到第八轮的 15 个；每个巡视组巡视的党组织数量从原来的一对一增加到了第六轮的“一托二”乃至第八轮的“一托三”，巡视效率大大提高，使得巡视在数量翻番的同时力度不减，巡视覆盖面持续扩大。

板块轮动，扎实推进。中央巡视组大胆探索新思路、新方式、新打法，通过“板块轮动”，一个板块、一个板块覆盖，先后对地方、央企、金融、中央部门、中管高校等领域集中完成巡视全覆盖，实现同频共振、同向发力、扎实推进全覆盖。

常规巡视与专项巡视相结合。党的十八大后，中央对巡视工作的组织方式进行了重大创新，尤其是围绕“全覆盖”目标实施常规巡视与专项巡视相结合。常规巡视是对照政治巡视要求，对被巡视党组织进行全面政治体检。专项巡视要根据党中央重大部署和人民群众普遍反映强烈的问题，科学确定专项任务，着力推动解决突出共性问题。与常规巡视对照领导班子情况进行全面检查不同，专项巡视在内容上更加聚焦、在程序上更加简化、在方式上更加灵活，巡视组闻风而动，出其不意，在效果上更具威慑。中央巡视工作领导小组在安排巡视任务上，突出“常专结合”，常规巡视主要针对地方，专项巡视主要针对中央国家机关和中管企事业单位。2014 年 3 月启动的中央第三轮巡视对科技部、复旦大学、中粮集团开展了专项巡视，以问题为导向，形式更为灵活，哪里问题多、就往哪里投入更多监督

① 参见《一届任期内中央巡视全覆盖，是怎么实现的？》，中央纪委国家监委网 2017 年 6 月 10 日；《十八届中央巡视实现全覆盖》，《人民日报》2017 年 6 月 23 日；《十九届中央首轮巡视的 N 个“第一次”》，中央纪委国家监委网 2018 年 7 月 22 日；《十九届中央第九轮巡视对象公布》，新华网 2022 年 3 月 23 日。

力量。在多轮试点的基础上，2015年的中央第六轮巡视全面推开专项巡视。

开展“点穴式巡视”。针对一个下属单位坚持以下看上、窥斑见豹，发现上级单位党组织存在的突出问题。如2015年中央第七轮巡视，对中共中央办公厅这种位高权重、体量庞大、涉密级别高的单位，选择其下属的中央直属机关事务管理局进行“点穴式”巡视。

推出巡视“回头看”。主要针对一届任期内已经巡视过的地区和单位，按照政治巡视要求“开展回头看，杀个回马枪”，看巡视整改情况，针对具体问题形成有力再震慑，又发现新问题并巩固全覆盖成果。2016年至2017年，中央巡视组推出巡视“回头看”，先后对16个省区市杀出“回马枪”，占31个省区市和新疆生产建设兵团总量的一半，不仅检查上一轮巡视发现的问题是否整改到位，还查找新的问题线索，强化问题导向，起到强烈震慑作用。

试点“机动式巡视”。根据实际需要动态、机动地选定巡视任务，哪里问题反映最为突出就巡哪里，就像“游动哨”和公安“110”，有备而去、目标明确。“机动式”巡视体现“小队伍、短平快、游动哨”的优势，更加机动灵活，奔着具体问题去，发挥反腐“巡警”“尖兵”作用，推动解决制约影响全局的突出个性问题。2017年，第十二轮中央巡视选择中央网络安全和信息化领导小组办公室、国务院扶贫开发领导小组办公室、中国铁路总公司、中国船舶重工集团公司4家中央部门和央企试点开展“机动式”巡视，更加机动灵活，发挥“流动哨”的作用，发现“灯下黑”问题，形成有力震慑。

十八届中央共组织开展12轮巡视，巡视277个单位党组织，对16个省区市开展“回头看”、对4个中央单位进行“机动式”巡视；31个省区市和新疆生产建设兵团党委顺利完成对8362个地方、部门、企事业单位党组织全面巡视任务。在党的历史上，这是第一次完成一届任期巡视全覆盖目标，兑现了政治承诺，形成了全面从严治党的强大态势。

十九届中央巡视打破十八届中央巡视“板块轮动”的惯例，巡视对象穿插组合安排。第一轮中央巡视30个被巡视对象中既有地方，也有中央国家机关，还有中央企业。值得一提的是，这一轮巡视还根据《中国共产党巡视工作条例》，首次把被巡视地区的副省级城市党委和人大常委会、政府、政协党组主要负责人，一并纳入巡视范围。这一轮巡视不以巡视对象上一次被巡视的“时间远近”为标准，比如，此轮被巡视的河南、住房和城乡建设部，均为2016年十八届中央第十轮巡视的对象。其中，河南已是4年内第三次被中央巡视，可谓出其不意。这也充分说明了巡视不是“一巡了事”，要确保震慑常在。在巡视方式上，这一轮巡视虽然沿用十八届中央专项巡视“一托二”的做法，但仍采取常规巡视的方式，时间则由2个月延长至3个月。常规巡视“打头阵”，专项巡视、“机动式”巡视、“回头看”择机而动，十九届中央巡视的战术组合变化多端。

开展脱贫攻坚专项巡视。十九届中央第二轮巡视对13个省、自治区、直辖市（内蒙古、吉林、安徽、江西、湖北、广西、重庆、云南、西藏、陕西、甘肃、青海、新疆），11个中央和国家机关单位（国家发展和改革委员会、教育部、民政部、财政部、人力资源和社会保障部、住房和城乡建设部、交通运输部、水利部、农业农村部、国家卫生健康委员会、国务院扶贫开发领导小组办公室），以及2家中管企业（中国农业发展银行、中国农业银行股份有限公司）共26个地方、单位党组织开展脱贫攻坚专项巡视。作为中央巡视组针对脱贫攻坚展开的首次专项巡视，这次“政治体检”深入查找脱贫攻坚中普遍性、倾向性问题，体现了中央巡视更细致、更灵活、更精准的特点。

2022年3月，十九届中央第九轮巡视对中央纪委国家监委机关、中央办公厅、中央组织部、中央政策研究室、中央全面深化改革委员会办公室、中央国家安全委员会办公室、中央军民融合发展委员会办公室、中央财经委员会办公室、中央保密委员会办公室；国务院办公厅、国家发展和改革委员会、国家安全部、民政部、人力资源和社会保障部、交通运输部、退役军人事务部、国家税务总局、国务院港澳事务办公室、国务院研究室、国家粮食和物资储备局、国家铁路局、中国民用航空局、国家邮政局；全国社会保障基金理事会、中国工程物理研究院、中国国家铁路集团有限公司等单位党组织开展巡视。其中12家单位党组织是首次接受中央巡视，进一步深化和拓展了巡视全覆盖范围。党中央以全覆盖、零容忍的实际行动充分发挥了巡视在党的自我革命中的重要作用，不断提升党发现和解决自身问题的能力。

进入新时代，中央每轮巡视都有创新，从常规巡视到专项巡视，从回头看到集中巡视，从板块轮动到穿插组合安排，巡视工作的方式越来越灵活，针对性、实效性也在不断增强。

三、提高全覆盖质量

党组织建立到哪里，巡视巡察监督就跟进到哪里。《中央巡视工作规划（2018—2022 年）》对巡视巡察全覆盖任务作出具体部署，强调要科学谋划、统筹安排、创新方式，坚决保质保量完成任务。

坚持有形覆盖和有效覆盖相统一。安排巡察任务时，要坚决防止安排全覆盖任务不科学、力量配备不合理、赶进度、轻质量、工作浮在表面、发现问题质量不高等形式主义问题。全覆盖既要有空间上的要求，也要有质量上的要求。空间上的要求，是指党组织建立到哪里，巡察监督就跟进到哪里。质量上的要求，是指巡察不能为了全覆盖而全覆盖，要不断深化全覆盖质量，在“深、准、透、实”上下功夫，做到政治巡察要深，发现问题要准，分析问题要透，整改问题要实。

提高全覆盖质量有三个方面的要求。

一是坚持问题导向。巡察要坚持发现问题、形成震慑，对党组织和党员干部进行全面政治体检，发挥问题导向作用。问题导向鲜明，监督才能精准。要着力发现和推动解决人民群众反映强烈、侵蚀党的执政基础的突出问题，人民群众反对什么、痛恨什么，就重点巡察什么、纠正什么。要紧扣被巡察党组织职责，紧盯领导班子和“关键少数”，注重以上看下、由表及里、以点看面，透过现象抓住问题本质。

二是坚持实事求是。发现和报告问题要如实客观，有一说一、有二说二，是什么问题就反映什么问题，不能随意放大或缩小，更不能歪曲、隐瞒和捏造。要具体问题具体分析，对发现的问题精准研判，确定哪些是存量、哪些是增量，哪些是显性问题、哪些是隐性问题，哪些是政治问题、哪些是其他问题，哪些要进一步了解关注、哪些要参考掌握。要区分问题的性质，严格按照“三个区分开来”要求，把先行先试出现的失误错误、推进发展中的无意过失，与明知故犯、我行我素、谋取私利的违纪违法行为区别开来。为落实巡视实事求是的原则，避免巡视报告中出现问题底稿支撑材料不完整、关键信息不明确、难以追溯核实等情况，中央巡视办研究制定了《巡视报告问题底稿管理办法（试行）》，要求凡是写进报告的问题都要有具体的人和事作支撑，特别是对重大问题的定性判断，既要有面上情况的总体分析，又要有典型事例和数据支撑。巡察也要照此实行巡察报告底稿制度。

三是坚持依规依纪依法。这是新时代巡视巡察工作的内在要求和鲜明特征，必须贯穿巡视巡察工作始终，一言一行、一举一动都要合规、合纪、合法。现在社会上对巡视巡察高度关注，一旦出现违规违纪违法行为，很容易引起炒作，造成恶劣影响。要善于运用法治思维和法治方式，严格按照党章、《中国共产党巡视工作条例》、巡察组工作规则办事，严守职责边界，严禁超越权限，坚决执行“不干预被巡察地区（单位）正常工作、不履行执纪审查职责”的要求，不缺位、不越位、不错位，确保巡察工作健康有序开展。

巡察不仅要发现问题、形成震慑，还要通过巡察把管党治党的理念、责任和压力传导下去，通过问题倒查责任，强化整改落实，发挥压力责任传导作用，推动落实管党治党责任全覆盖，使巡察全覆盖的效果更明显、成效更大。通过巡察，促使被巡察党组织做到增强党的意识、严明党的纪律全覆盖，发挥党性教育作用。否则，巡察组在的时候有震慑、警示、约束作用，巡察组走了以后又回到老样子，没有从根上解决思想问题和责任问题，巡察监督效果就会打折扣，起不到实质作用。

因此，必须高质量推进巡视巡察全覆盖，推动党内监督常态化制度化，让党员干部习惯在受监督和约束的环境中工作生活，促进形成不敢腐、不能腐、不想腐的体制机制。

典型案例

浙江省丽水市莲都区：
“十招”打造“清廉之都”巡察金字招牌①

浙江省丽水市莲都区自2017年全面启动区委巡察工作以来，力求在探索中实践，在实践中创新，以“十招”组合拳做细做实巡前、巡中、巡后“三篇文章”，擦亮巡察利剑，打造“清廉之都”巡察品牌。截至2019年6月，完成五轮40家单位党组织的巡察，发现问题1188个，完成整改1151个。全区政治生态不断向好，群众信任度满意度不断提高。

一招“照方抓药”未巡先改。将巡察发现的共性突出问题梳理成10项问题清单，在全区通报。各单位对照清单自查自纠，堵塞漏洞，同类问题自查后仍不及时整改而被巡察发现的，将从重处理。

二招“量体裁衣”精准研判。联合纪检、组织、政法、审计、财政、信访等单位组成协作小组，协同派驻机构集中分析研判被巡单位党组存在的风险点和苗头性、倾向性问题，精准画像，定制方案。

三招“巡情地图”分类施巡。巡前充分征求区领导、“两代表一委员”意见，结合日常监督发现的问题，综合参考各单位政治生态状况、主体责任落实情况、涉纪信访等问题，绘制单位和村（居）两张“巡情地图”，并以地图为导航，列出区直单位“重点巡察名录”，将全区240个村（居）划分为重点关注村、专项检查村和一般村三大类，分类、分层、分批推进巡察。

四招巡纪联动打开“绿色通道”。选派执纪审查骨干力量全程参与巡察，对可查性强的问题线索提前介入核查；对具备转立案和初核标准的问题线索，第一时间提交区纪委，开通汇报、移交、审查、审理一站式“绿色通道”。如巡察区环卫局时发现车队管理方面存在廉政风险，执纪审查人员在巡察结束后加入专项审计队伍，开展初核工作，后对该局3名人员采取留置措施。

① 《丽水莲都：“十招”组合拳 打造“清廉之都”巡察金字招牌》，浙江省纪委监委网2019年9月3日。

五招巡派结合架起“互通桥梁”。巡察组与派驻机构和乡镇（街道）纪（工）委优势互补、高效联动，在延伸调查、快查快处等方面通力合作。如莲都区首例留置案件，就是根据派驻纪检监察组提供的问题线索，在驻点巡察时密切协作配合快速查办的成果。

六招书面函询督促“边巡边询”。针对巡察中无法简单核实的问题，巡察组向被巡单位发放问题函询单，要求限期核实后书面说明，提升巡察的严肃性与严谨性。函询的问题均被列入问题整改清单。

七招三色交办“提效率”。将问题线索根据轻重缓急，分别标记“红、黄、蓝”三色，分类移交至区纪委纪检监察室。办理情况与年度考核及评先评优挂钩，纪检监察室每周向巡察办报告查办进度，巡察办每月向区委巡察工作领导小组报送督办专报，实现问题线索迅速移交、即时查办、按期督办。

八招四向反馈“促担当”。巡察反馈意见同步反馈至被巡察单位党组织、相应派驻纪检监察机构、协作片纪检监察室以及分管区领导，定期听取问题整改情况汇报，督促被巡察单位整改到位。

九招回访督办“抓落实”。按照“谁巡察、谁回访”要求，采取实地走访、检查台账的方式不定期回访督查，对已整改问题进行“回头看”，对未办结问题再次督办，确保巡察整改彻底、到位。

十招考核倒逼“强责任”。将巡察整改监督责任落实情况列入派驻纪检监察组年度考核；对专职巡察人员推行积分制考核，考核结果与年终奖金和评先评优挂钩；在主体责任考核中，单列纪检监察倒扣分，对被巡察单位党组整改不到位的，细化指标，量化考核。

第三节　破解“熟人社会”监督难题

“地域小、人头熟，巡不深、察不透……”如何绕开“熟人社会”人情干扰，是基层巡察工作必须破解的“难题”。开展巡察工作，需要从加强教育引导、健全工作规程、完善制度机制等方面进行探索研究，破解“熟人社会”监督难题。

一、“熟人社会”及其影响

“熟人”的意思是，人与人之间“因经常接触而知道得清楚或有较深的印象”。社会上的熟人则泛指“由于共同物质条件而互相联系起来的人群”。“熟人社会”，通俗地讲就是“小圈子”社会。

“熟人社会”强调的是人治而不是法治，办事大多凭人与人之间关系的生疏程度、感情深浅程度，关系越亲密就越有可能被中心成员用来实现其目标。背景和关系是“熟人社会”的典型特征。“熟人社会”中，责、权、利的界线较为模糊，他人的权利容易被侵犯，在公共事务中则容易发生论资排辈、任人唯亲、徇私舞弊等。所以有人把“熟人社会”亦称为“关系社会”“后门社会”。

费孝通在《乡土中国》中提出“熟人社会”的概念，认为中国传统社会有一张复杂庞大的关系网。当代中国，在市县、基层单位仍是一个典型的“熟人社会”，即便在规范化的行政体制中也存在着大量的非理性化可衡量的人情关系。人们已经习惯了在制度中夹杂人情，甚至在解决问题时优先考虑人情。而如果完全按照制度要求执行，可能会被扣上“不懂人情世故”的帽子。

基层“熟人社会”的弊端诸多。首先，它弱化了“法治”的功能，以“关系”代替“契约”，“熟人”的“情感”代替了法律的威严，很容易使社会正义和公平的天平在“人情”中发生倾斜。其次，以“人情”代替“竞争”，淡化了“竞争”的激励作用，将亲情、交情、友情这种温情脉脉的手段移植到治理企业、治理国家、治理社会中来，导致经济治理中丧失了“利润”的冲动，社会治理丧失了积极性和创造性的激励，这会影响正式组织的功能。更为严重的是，它还可能引发社会腐败、寻租行为的泛滥，导致整个社会风气败坏。

二、破解“熟人社会”监督难的思路

对于巡察而言，基层是一个“熟人社会”，地方小、人头熟，工作圈和生活圈界限不清，监督工作易受人情干扰。巡察干部碍于各种情面，放不开手脚。在开展巡察了解时，干部群众也不愿意说真话。为帮助各地区、各单位破解“熟人社会”监督难问题，中央巡视工作领导小组办公室提出了破解“熟人社会”监督难的四条思路。

一是不断压实各级党组织的主体责任。让党委（党组）书记真正担当起全面从严治党的主体责任，保障巡察监督顺利开展。

二是不断增强巡察干部履职尽责，发现问题、报告问题的内生动力。采用优化结构、提高素质、增强担当、建立适当约束和激励机制等措施来解决人情干扰问题。

三是增强被巡察单位党组织自觉接受监督的意识。鼓励那些积极配合巡察工作的党组织，对那些配合不力的党组织进行问责，为开展巡察监督清除障碍。

四是为巡察工作建立良好的条件和氛围。加强宣传，加强对党员干部的教育，让人民群众积极支持、有序参与、全程监督巡察工作。让群众监督和社会监督来推动巡察监督，慢慢缓解熟人监督的难题。

这四条思路既是推进基层全面从严治党的长远思考和战略考虑，也是减少“熟人社会”对巡察监督影响的根本方向。

三、提级巡察

提级巡察就是根据工作需要，向本属于下一级党组织开展巡察的党组织直接巡察，利用“级差”破解“熟人社会”监督难题。

在确保对重点监督对象巡察监督全覆盖的基础上，按照层级领导的原则，巡视巡察对象可以适当延伸。省、自治区、直辖市巡视机构可以对市县巡察对象开展专项巡视；市级巡察机构可以对县级巡察对象开展巡察监督。上级对本级巡察对象开展巡视巡察，可以推动本级巡察工作，有利于形成一体推进、同步规范、互相补充的巡视巡察格局。比如 2017 年，福建省三明市参照纪委重大案件提级办理做法，在市委首轮巡察中，将永安市水利系统和尤溪县两个乡镇提级由市委巡察办组织巡察，增强了巡察权威性和震慑力。贵州省毕节市聚焦脱贫攻坚政治责任，把极度贫困乡镇纳入市级提级巡察的重要内容，完成全市 3 个深度贫困县 20 个极贫乡镇市级提级巡察全覆盖。

典型案例

贵州省毕节市：把极贫乡镇纳入市级提级巡察范围[①]

2018 年以来，贵州省毕节市聚焦脱贫攻坚政治责任，把极贫乡镇纳入市级提级巡察的重要内容，完成全市 3 个深度贫困县 20 个极贫乡镇市级提级巡察全覆盖。

抓住重点察问题。坚持政治巡察定位，紧紧围绕脱贫攻坚政治任务，结合极贫乡镇实际，采取受理来信来电、走访调研等方式，重点关注被巡察党组织是否树牢“四个意识”、坚定“四个自信”；是否在扶贫工作中存在贪污侵占、虚报冒领、截留挪用、优亲厚友等，着力发现和解决侵害群众利益的问题。

督促整改严问责。采取市级统筹、市县联动，交叉委派、异地检查方式，对巡察反馈问题整改落实全面开展专项检查，逐一进行检查验收、对账销号。针对专项检查发现的问题，召开全市极贫乡镇集中通报会，对整改落实不力、虚假整改的严肃问责，以严肃问责倒逼问题整改。

四、市县交叉巡察

针对巡察大多在地域相对较小、熟人相对集中的环境下开展监督

① 《贵州毕节：把极贫乡镇纳入市级提级巡察范围》，中央纪委国家监委网 2018 年 10 月 26 日。

的特点，为最大限度减少关系网和说情风对基层巡察工作的干扰，解决基层巡察“巡不深、察不透”的问题，十九届中央纪委二次全会提出探索开展交叉巡察。实践中，很多地方已经在探索试点，各地探索交叉巡察主要以县级异地交叉巡察为主。如福建省各设区市探索出“成建制”“半建制”“组合式”等交叉巡察方式，精准发现问题，确保巡深察透，比如，三明市针对扶贫领域开展“全交叉”专项巡察。重庆市先后对16个区县的32个巡察对象开展交叉巡察，发现问题和线索数量为常规巡察的3倍以上。浙江省杭州市的桐庐、淳安等在县域内部开展跨乡镇交叉巡察。江西省新余市开展了市直单位部门跨系统交叉巡察。

异地交叉巡察是解决“熟人社会”问题的积极探索，其弊端是巡察主体责任不明确，巡察组巡察后向谁报告、谁来抓落实、谁来抓整改都需要进一步研究。在没有上级统筹的情况下，开展的异地交叉巡察实际上是对当地党委履行主体责任的挫伤。

在开展县级异地交叉巡察时，需处理好几个主体之间的关系。

市委要加强对市域范围内交叉巡察的统筹和领导。市委巡察工作领导小组负责统一组织。交叉巡察组实行双重领导模式，受上一级巡察工作领导小组和本级巡察工作领导小组双重领导，以上一级巡察工作领导小组领导为主。对交叉巡察组实行“双授权”，市委巡察工作领导小组授权交叉巡察组异地巡察，县级巡察工作领导小组授权交叉巡察组对巡察对象开展巡察。巡察发现的问题和巡察工作有关情况报被巡察单位党组织所在县（区）委巡察工作领导小组的同时，报市委巡察工作领导小组。有特殊情况和发现重大问题可直接向市委巡察工作领导小组请示汇报。市委巡察办统筹协调，定期或不定期听取巡察进度汇报，加强对交叉巡察组的指导。反馈时，交叉巡察组向被巡察单位党组织反馈，有关问题线索通过被巡察单位党组织所在县（区）委巡察办向县（区）纪检监察机关和有关部门移交，涉及县处级领导干部的问题线索通过市委巡察办向市纪检监察机关和有关部门移交。被巡察单位党组织承担整改主体责任，所在县（区）巡察办负责督促整改，市委巡察办可以抽查整改情况。

典型案例

福建漳州市：实行“交叉巡察”——破解人情困局①

“你提到广告制作费包括入村宣传一项，请问你们深入了哪些村？租用了几辆车……这些都需要向我们做详细的说明。”

一连串发问让长泰县民政局某下属机构负责人张某措手不及，他没想到交叉巡察组是有备而来，看着完全陌生的外县干部脸孔，他感到没有办法回避问题，于是慢慢厘清头绪，一一回答起来。

这是福建省漳州市县（市、区）交叉巡察组开展工作的一个镜头。2017年5月初，为减少“熟人社会”干扰，破解县级巡察难题，漳州市委巡察工作领导小组统筹协调，打破原有以县域为单位的结构，将抽调的县级巡察组人员进行混合编组，合理搭配，统一名称，在各县（市、区）开展民政系统的第一轮异地交叉巡察。

“首轮交叉巡察的‘纯外地人员’模式虽然最大限度减少了说情风影响，降低了跑风漏气的风险，但因为组员不熟悉当地的有关规定，与相关科局、部门沟通不够顺畅，在人员、时间有限的情况下，巡察的效率和深度受到一定影响。通过反复推敲磨合，在开展第二轮县（市、区）交叉巡察中，采取6名外县巡察人员+2名本县巡察人员的‘6+2’人员组合模式。”漳州市委巡察办综合科科长介绍，“这种模式能较好地解决异地人员对环境不熟悉、工作切入慢、组员协调难等问题。”

交叉巡察组实行上一级巡察工作领导小组和本级巡察工作领导小组双重领导模式，以上一级领导为主，在坚持分级负责，主体责任不变的情况下，巡察发现的问题和工作情况在上报被巡察单位党组织所在县（市、区）委巡察工作领导小组的同时，上报市委巡察工作领导小组。

① 吴怡婷、李国锋：《福建漳州实行“交叉巡察”——破解人情困局》，《中国纪检监察报》2017年9月14日。

为进一步减少“人生地不熟”因素影响，组员都要预先做好功课：“哪些环节容易滋生腐败？如何将重点内容具体化、条目化？如何排兵布阵实现效率最大化？”在第二轮交叉巡察开始前，市委巡察办邀请参与第一轮交叉巡察的组长做经验介绍，使第二轮巡察有的放矢、少走弯路。组员还自学救灾救助款物及低保资金发放标准等政策规定。

如何迅速找准切入点，快速打开工作局面？县（市、区）交叉巡察组组长有自己的心得。8月8日，一位组长带着5名巡察组员，一入驻龙海市民政局就亮出专项资金使用、津补贴发放、土特产支出、招待费、车辆费用、工程建设情况表和汇总表等7套表格，由被巡察单位组织人员进行自查汇总，巡察组再依此进行分析判断和重点抽查。

“你们都是外地人，咱就有话直说了，有人死了两年还在领低保，是不是该查一查……”一位村民对到基层查访的交叉巡察组说。大胆运用谈话手段是交叉巡察组精准挖掘问题的诀窍之一，据县（市、区）交叉巡察组组长介绍，为了解龙海市低保救助政策的落实情况，他们随机抽查两个乡镇所辖村，通过“察、问、谈、访”低保户和村民等方式，核对与书面材料不一致的疑点，发现低保评定、核销及殡葬管理方面的一系列问题。

在市委巡察工作领导小组统一指挥下，市县联动巡察“一盘棋”逐渐形成：市级和县（市、区）民政系统同步开展巡察，市级巡察发现的突出问题，督促县级巡察加强跟踪督办；县级巡察发现的问题，及时上报市委巡察机构作为重要的工作参考，实现上下联动、互相印证、信息共享，提高了巡察的精准度、实效性。第一轮县级交叉巡察共发现问题72个，线索35条。

交叉巡察一定程度上破解了基层因人情关系复杂而不敢监督的难题，是漳州市创新巡察工作方式方法、亮剑基层“微腐败”的大胆探索。

福建省三明市：运用“1+N”巡察方式破解监督难题①

2016年，福建省三明市针对基层开展巡察容易受到社会关系、人情因素影响等问题，积极创新，探索运用“1+N”巡察方式，破解监督难题。

① 《三明：运用“1+N”巡察方式破解监督难题》，福建省纪检监察网2017年1月5日。

"1"指常规巡察，"N"指提级巡察、交叉巡察、专项巡察、联动巡察等。

三明市参照纪委重大案件提级办理做法，实行提级巡察，在市委首轮巡察中，将永安市水利系统和尤溪县两个乡镇提级由市委派出巡察组巡察，增强巡察权威性和震慑力，确保"首战必胜"。

同时，三明市突出问题导向，对问题易发多发、群众关切关心的某一领域或某项工作开展专项巡察、交叉巡察，摆脱当地人情干扰，提高发现问题的主动性。该市由市委巡察办统一组织，成立3个市委专项巡察组，组长由市纪委派驻纪检组组长担任，县（市、区）纪委副书记任副组长，采取异地交叉的方式，对建宁县、尤溪县、大田县开展扶贫领域专项巡察，效果明显。3个巡察组共移交问题线索31条，立案4人（其中科级干部2人）。

此外，三明市着力构建上下巡察"一盘棋"格局，市本级在开展巡察的同时，授权县级巡察组对相应县直部门同步开展巡察，实现上下联动、信息共享。如，该市与大田县同时对水利部门开展联动巡察，查处了一批水利领域的"蛀虫"，巡察的利剑作用得以充分发挥。

安徽省六安市："提级＋交叉"巡察破解"熟人社会"监督难①

地域小、人头熟，巡不深、察不透……如何绕开"熟人社会"人情干扰，是基层巡察工作必须破解的"难题"。六安聚焦脱贫攻坚这一重大政治任务，创新巡察方式，"提级＋交叉"，统筹各级巡察力量，市县联动、混合编组、异地交叉，对全市442个建档立卡贫困村、重点县直部门和乡镇开展专项巡察，为打赢脱贫攻坚战保驾护航。"以前我们在区里巡察，总是摆脱不了人情的包围，区就那么大，大家都熟悉。通过上下联动，消除了人情顾虑，更能放开手脚干了。"金安区委第三巡察组组长说。

"提级＋交叉"巡察坚持重心下移、力量下沉。走进田间地头、项目现场和农户家中，用尺子测量道路长、宽，钻牛棚、入羊圈核对养殖数量，到群众中去倾听真声音、发掘真问题。家住裕安区单王乡王楼村的贫困户高某，其子于2015年考上大学，应享受雨露计划补助。由于工作人员疏

① 《六安："提级＋交叉"巡察 破解"熟人社会"监督难》，安徽省纪检监察网2019年9月10日。

忽，其中一年的补助没有及时到位，市委巡察组在专项巡察时发现这一问题。“2018年的时候，巡察组到我家来过。来的时候说过，雨露计划2015到2016年漏补了一年，跟巡察组说了一下，后来没想到真帮我们补齐了，总共是3000元钱，对我们农民来讲是一个不小的数目，对家庭也起到了很大的作用。”

“提级+交叉”巡察以维护人民群众利益为出发点，发现并解决一个个事关群众利益的“小问题”，赢得了“大民生”。同时，推动了全面从严治党向基层延伸、向一线延伸、向群众身边延伸。六安“提级+交叉”专项巡察，共发现问题上千个，大部分已整改到位；挽回直接经济损失数千万元，督促有关地区、单位完善制度近千项。

第四节　对村（社区）开展巡察

相对于其他基层党组织，村（社区）是一类较为特殊的主体。开展市县巡察的根本目的，在于推动全面从严治党向基层延伸。做好对村（社区）巡察是做实基层监督，强化“县统筹抓乡促村”工作机制的重要举措，是市县巡察的应有之义，也是重要一环。开展对村（社区）巡察，要聚焦基层群众关切，坚持有形覆盖和有效覆盖相统一，积极探索对村（社区）巡察的路径和方法，全面提升巡察监督质效，打通全面从严治党“最后一公里”。

一、对村（社区）巡察的制度依据

巡察的方向在基层、重点在基层。巡察利剑直插基层，最重要、最有效的方式就是延伸巡察村（社区）党组织。2017年7月，中共中央办公厅印发的《关于市县党委建立巡察制度的意见》规定“县委巡察组应当有选择、有重点地对行政村（社区）党组织开展巡察”。2018年11月，中共中央印发的《中国共产党支部工作条例（试行）》第三十一条规定“村、社区党支部工作纳入县级党委巡察监督工作内容”。2022

年1月，中央一号文件《中共中央 国务院关于做好2022年全面推进乡村振兴重点工作的意见》提出，要服务于乡村振兴战略，深入开展市县巡察，强化基层监督，加强基层纪检监察组织与村务监督委员会的沟通协作、有效衔接，强化对村干部的监督，突出实效改进乡村治理。2022年3月，中央纪委机关、中央组织部、国家监委、民政部、农业农村部联合印发的《关于加强对村干部特别是"一肩挑"人员管理监督的通知》要求"县级党委一届任期内要对所辖村党组织至少巡察一次"。

二、对村（社区）巡察的有关要求

开展村（社区）巡察必须尊崇党章，唤醒党员干部的党章党规党纪意识；必须抓住关键，强化党支部战斗堡垒建设；必须接通地气，了解掌握干部群众的所想所需所盼；必须依规依纪，有效妥善解决突出矛盾和问题；必须常抓不懈，持续厚植党执政的政治基础。

对村（社区）巡察实践中，需把握好以下要求。

（一）压实主体责任

村（社区）党组织点多分散、差异较大，要确保巡察向村（社区）党组织延伸的成效，保证工作不跑偏、不走样，关键在人，关键在责任落实。紧盯政治责任担当，要求市县党委书记把村（社区）巡察工作作为应尽之责，对重要工作亲自部署、重大问题亲自过问、重要环节亲自协调、重要案件亲自督办。要求市县纪委书记对巡察工作实行全程领导、全程跟踪，主动谋划长远规划和阶段计划，推动解决对村（社区）巡察工作中存在的突出问题。

（二）坚守政治定位

开展村（社区）巡察必须把准中央关于巡视巡察工作的政治定位，围绕党的领导弱化、党的建设缺失、全面从严治党不力三大问题开展政治巡察。特别是要增强政治敏锐性和政治鉴别力，善于从政治上发现问题、辨析现象，传导全面从严治党的强烈信号，把“两个责任”压实压实再压实。做好村（社区）巡察，决不能就事论事，必须把焦点对准基层党组织的政治责任，对准党员干部应当肩负的政治职责，直奔主题、开门见山，聚好焦、点好穴，把问题直接拎出来，提到政治层面去检视，以此增强基层党组织和党员干部全面从严治党的紧迫感和廉洁用权的自觉性，推动党的路线方针政策在基层真正落地生根。

（三）突出问题导向

巡察工作的主要任务是发现问题、形成震慑。基层情况千差万别，问题表现各有不同。巡察可以充分吸收借鉴巡视经验，但绝不能照抄照搬，无论是组织制度还是方式方法，无论是运行机制还是流程规范，都必须认真考虑巡察对象的不同、问题表现的不同、监督距离的不同而有所变化。一句话，形式要跟着任务变，方法要服务于效果，绝不能上下一般粗、搞“一刀切”。比如，对乡（科）级党组织领导班子及其成员，要相对侧重于发现“四风”方面的问题和损害群众利益的违纪违法问题；对村级党员干部，要相对侧重于发现处事不公平、履职不尽责、作风不民主、行为不守纪、信息不公开等方面的问题。要根据基层存在的薄弱环节和突出问题，确定农村巡察的重点内容，重点关注问题线索集中、群众反映强烈、现在重要岗位、不收敛不收手的领导干部；重点了解败坏党和政府形象、影响基层改革发展稳定、损害农民群众切身利益的事；重点发现欺压群众、吃拿卡要、与民争利、侵占集体资金资产资源等问题。同时，乡村两级是扶贫领域腐败问题高发区，要把巩固拓展脱贫攻坚成果与乡村振兴有效衔接作为巡察监督的一项重大政治任务。

开展对村（社区）巡察，要盯住“乡匪”“村霸”不放，为净化基层政治生态提供支撑。2016 年以来，市县巡察将“乡匪”“村霸”问题作为巡察监督的重要内容，加强了对问题反映集中的乡镇、村（社区）

的督查，发现并推动解决一批该领域的问题线索，涉及很多基层党员干部。这些“乡匪”“村霸”的及时发现和处理，遏制了黑恶、宗族势力对基层政权的渗透和威胁，维护了党和政府的形象，为基层长治久安、稳定发展营造了良好氛围。

（四）坚持依法依规

巡察发现，一些村委会主任借口村民委员会由村民选举产生，明里暗里抵制党的领导；一些党支部书记在工作中缺乏底气、腰杆不硬，久而久之，导致党支部领导核心弱化、“两委”班子形不成凝聚力和战斗力、“村民自治”沦为“主任独治”等诸多问题。部分巡察干部思想上也存在疑惑：巡察监督作为党内监督的重要形式，能否对非中共党员的村干部进行监督？对此，《中华人民共和国村民委员会组织法》第四条明确规定：中国共产党在农村的基层组织，按照中国共产党章程进行工作，发挥领导核心作用，领导和支持村民委员会行使职权。因此，村民自治是党领导下的依法自治，是把依法治国方略落实到农村的重大实践，党的领导和村民自治是相互依存、相互促进、辩证统一的。开展对村（社区）巡察，必须站在协调推进“四个全面”战略布局的高度，深刻认识、准确把握全面依法治国与全面从严治党的辩证统一关系。一方面，坚决贯彻全面从严治党要求，站在政治高度，坚持纪严于法、挺纪在前，紧盯党支部及其成员特别是支部书记，理直气壮、放手大胆地开展政治巡察；另一方面，坚决贯彻全面依法治国要求，依照宪法和法律，讲究方法和策略，依法依纪开展巡察，积极稳妥地处理解决矛盾和问题，支持自治活动，保障村民（居民）民主权利，促进基层改革发展稳定。

（五）把握工作节奏

各级党组织特别是市县党委一定要清醒认识到，抓好村（社区）巡察工作是市县党委落实全面从严治党主体责任的具体化，必须坚决扛起责任，层层抓落实、层层重实效，把握节奏、稳扎稳打。要在依纪依规依法原则下，立足基层实际，跳出惯性思维，摆脱固定程式，积极探索，大胆创新，既加快进度又保证质量，既有形覆盖又有效覆盖，既做到利剑高悬、震慑常在，又推动解决问题、促进发展，打通全面从严治党的“最后一公里”，确保巡察成果经得起实践、历史和人民群众的检验。

三、对村（社区）巡察的实践做法

对村（社区）巡察既与巡视不一样，也与巡察乡镇、部门不一样，有其特殊性。必须根据村（社区）的特点，机动灵活采取不同方式，围绕监督重点内容、组织方式方法等积极探索创新，努力确保巡察质量。防止把对村（社区）巡察简单等同于一般的业务检查、工作督查，防止简单照抄照搬巡视做法。

典型案例

江苏省宿迁市沭阳县优化对村巡察流程[①]

2019年7月，江苏省宿迁市沭阳县出台对村延伸巡察分类实施细则，以“一则一图七单”为抓手，优化流程减负、聚焦重点增效，解决对村延伸巡察“面广量大难覆盖、巡力不足难深入”等难题，推动对村延伸巡察精准深入、高质高效。

一则，即对村延伸巡察分类实施细则。以上级对村延伸巡察工作操作指引为蓝本，结合沭阳实际，按照有形覆盖与有效覆盖相统一原则，进行完善内容、优化流程、细化环节，对规定动作的基本内容、操作流程及方式方法作出有针对性细化完善，确保对村延伸巡察既全面深入、重点突出，又规范易行、高质高效。

一图，即制定对村延伸巡察工作流程图。针对全县480个村（社区）

① 《江苏沭阳：制定对村延伸巡察工作流程图》，中央纪委国家监委网2019年7月15日。

数量多、体量小的特点，将7个环节36项事务，该合并的合并，该精减的精减，该细化的细化，最终优化为巡前准备、进驻了解、巡察报告、反馈督改、立卷归档5个环节20项重点工作，做到挂图作战、高效实施。

七单，即1份巡察监督重点共性清单、6份巡察监督重点分类个性清单。共性清单从贯彻执行党的路线方针政策及上级重大决策部署、党的组织建设、作风纪律建设、民生领域、社会治理5个方面，明确26项巡察监督重点和85个突出问题表现，使对村（社区）巡察全面覆盖。6份个性清单，对经济富裕村、经济薄弱村等6类村（社区），分别明确3至6项个性化巡察监督重点和突出问题表现及巡察方式方法。通过对单巡察，实现最大限度地聚力聚焦、精准画像。

为确保巡深察透，市县党委开展对村（社区）巡察时，应在对辖区村（社区）进行综合分析研判的基础上，区分问题较多、问题一般、问题较少三种不同情况，综合运用“1+N延伸巡、重点巡、集中巡、对照巡、专项巡”等方式开展巡察。

可将人口多、经济体量大、资金和工程项目多、问题矛盾突出的村（社区），列为重点巡察监督对象，采取单独或“一托二”（“一托三”）的方式进行巡察。

典型案例

河南省驻马店市驿城区
对信访举报多的行政村进行“政治体检”①

“大爷您好！我们是区委第三巡察组的工作人员，您家有几口人啊，孙子上几年级了，享受哪些教育扶贫政策……”连日来，在河南省驻马店市驿城区沙河店镇各村的田间地头上，活跃着巡察干部的身影。

驿城区将巡察重心向基层末梢倾斜，对信访举报多、矛盾纠纷多、党

① 《河南驿城：对信访举报多的行政村进行“政治体检”》，中央纪委国家监委网2018年10月30日。

组织软弱落后的行政村进行“政治体检”。紧盯在养老低保、危房改造、扶贫资金申报等工作中存在的优亲厚友、吃拿卡要、雁过拔毛等群众身边的腐败和作风问题。将巡察“利剑”直指群众身边的“微腐败”，大力推动巡察触角向村级延伸，倒逼村级党组织自觉把政治纪律严起来、政治规矩立起来、政治责任扛起来，打通全面从严治党“最后一公里”。实时督促指导被巡察单位建立问题清单、任务清单、责任清单，对账销号、逐项落实。

只有与群众“零距离”，才能听到真声音、发现真问题。驿城区充分发挥巡察“千里眼、顺风耳、侦察兵”作用，把党内监督的触角延伸到基层“最后一公里”。

对问题一般的村（社区），采取由一个巡察组对几个村（社区）同时集中进行，也可以在对镇（街）开展常规巡察的同时，对其所辖的村（社区）党组织开展同步延伸巡察。

典型案例

广东省英德市：对96个村级党组织开展延伸巡察[①]

2018年以来，广东省英德市积极创新巡察方式，完善工作机制，在对7个镇（街）开展常规巡察的同时，对其所辖的96个村（社区）党组织开展了同步延伸巡察，把巡察“利剑”直插农村基层，打通全面从严治党的“最后一公里”。

在两轮三批次的延伸巡察中，该市把群众反映问题较多、党风廉政建设责任制考核排名靠后、腐败问题多发、村集体经济收入较多的农村列为优先巡察和重点巡察对象。通过听取汇报、查阅资料、走访群众、个别谈话、受理来信来访来电等方式，深入查找村级基层党建、村级党风廉政建设和反腐败工作、基层治理、基层党员干部作风等方面存在的问题。

对于巡察发现的问题，及时向相关镇党委、村级党组织进行集中反馈，

① 《广东英德：对96个村级党组织开展延伸巡察》，中央纪委国家监委网2018年11月7日。

压实相关镇（街）、村级党组织的巡察整改主体责任。督促建立整改台账，并实行销号管理，做到整改一项销号一项，以实实在在整改成效取信于民。

对情况相似且问题较少的村（社区），巡察组可通过调研或先对其中一个村（社区）开展延伸巡察，根据发现的重点问题进行梳理形成问题清单后，要求其他村（社区）对照检查清单在规定时间内开展自查，巡察组再跟进。

典型案例

江苏省连云港市东海县：对照基层问题清单开展精准巡察[①]

江苏省连云港市东海县制定《东海县村级巡察全覆盖 2018—2020 年工作规划》，对村（社区）开展巡察，打通全面从严治党"最后一公里"。针对村级巡察的特殊性和复杂性，容易受人情干扰、发现问题少、线索成案率低等突出问题，该县通过深入调研梳理，详细列举了 72 条村级巡察问题清单。问题清单围绕党的政治建设、党的思想建设、党的组织建设、党的作风建设等 6 个方面，紧盯村级党组织问题的易发点和多发点，列举扶贫领域、三资管理、惠农补贴发放、拆迁补偿、公共服务等问题具体表现。一份小小问题清单，为该县全面铺开村级巡察工作，提高了效率，节约了时间。

该县围绕 72 条问题清单，采用"一托 N+X"的模式，即以县委巡察组为依托，下设 N 个巡察小组，每个小组对若干个村（社区）开展异地交叉巡察，分 5 轮对全县 362 个行政村（社区）进行巡察全覆盖，发现问题诸多，有力促进基层政治生态持续向善向好。

① 《江苏东海：对照基层问题清单 开展精准巡察》，中央纪委国家监委网 2018 年 6 月 15 日。

第四章
政治巡察

巡察是政治巡察，不是业务巡察。要坚定政治方向，提高政治站位，把握职能定位，深化政治巡察，查找政治偏差，围绕基层坚持党的领导、加强党的建设、全面从严治党、党风廉政建设和反腐败斗争，聚焦党中央各项决策部署在基层的落实情况，群众身边腐败问题和不正之风以及群众反映强烈的问题，基层党组织建设，着力发现和推动解决存在的突出问题开展巡察监督，发挥政治“显微镜”和“探照灯”作用。

深化政治巡察是各级党委（党组）和巡视巡察机构的重要任务。巡察要对标巡视，开展政治巡察首先要了解政治巡视的监督内容、内涵要求与发展脉络，再结合基层实际将政治巡察做实落地。

第一节　政治巡察的发展脉络

各级党委（党组）和巡视巡察机构一直把深化政治巡察，找准监督重点作为重要政治任务，坚定巡察政治方向，提高政治站位，查找政治偏差，通过巡察推动党在基层的领导核心作用充分发挥。

一、围绕“三大问题”开展政治巡察

2015 年，党中央提出围绕“党的领导弱化、党的建设缺失、全面从严治党不力”三大问题开展政治巡视。[①] 这一阶段，巡察工作刚刚在

① 刘诗林:《论政治巡视：历史、内涵与运行》,《江西社会科学》2022 年第 3 期。

市县一级起步，正处于探索阶段。政治巡察注重增强“四个意识”，把巡察工作放在统筹推进“五位一体”总体布局、协调推进“四个全面”战略布局的大格局中思考，要把握住四个要点。

（一）聚焦坚持党的领导，全面从严治党

习近平总书记在十八届中央纪委六次全会上对巡视工作提出要求：“要重点检查被巡视党组织是否维护党章权威、贯彻从严治党方针、执行党的路线方针政策和决议，是否存在党的领导弱化、主体责任缺失、从严治党不力等问题，督促其担负起管党治党责任。”①《中国共产党党内监督条例》对巡视内容的表述是对巡视对象“尊崇党章、党的领导、党的建设和党的路线方针政策落实情况，履行全面从严治党责任、执行党的纪律、落实中央八项规定精神、党风廉政建设和反腐败工作以及选人用人情况”进行监督检查。巡察工作要深刻理解和把握坚持党的领导和全面从严治党的重要含义，结合基层实际，找准巡察监督的着力点。

（二）紧扣“六项纪律”

“六项纪律”是指《中国共产党纪律处分条例》规定的政治纪律、组织纪律、廉洁纪律、群众纪律、工作纪律、生活纪律。用纪律的尺子来衡量党员领导干部的行为。巡察监督既要着力发现违法的问题，又要发现违纪的问题；既要关注重大问题，也不能放过“早”和“小”的问题。特别是要结合实际，要从一些影响人民群众切身利益的民生问题背后来查找违反“六项纪律”的问题，唤醒党员领导干部的党章党纪党规意识。

（三）紧盯“三大问题”

党的领导弱化、党的建设缺失、全面从严治党不力这“三大问题”

---

① 《习近平谈治国理政》第2卷，外文出版社2017年版，第170页。

在基层既有表象，也是具体问题的深层次原因。巡察组在巡察过程中，要对具体表象问题从“三大问题”角度进行归纳、分析和总结提炼。同时，还要从加强党的领导、强化党的建设、推进全面从严治党的角度对被巡察党组织提出意见建议和整改要求。

（四）紧抓“三个重点”

巡察监督的重点是党组织领导班子及其成员。但是基层巡察也不能放过一些普通党员，因为巡察已经是最后一个层级。在实际工作中，要盯住重点人、重点事、重点问题这“三个重点”。重点人是指政治问题和腐败问题交织；不收手、不收敛，问题线索反映集中、群众反映强烈；现在重要岗位而且还可能被提拔使用的党员干部（既包括领导干部，也包括普通干部），三种情况同时具备的是重中之重。重点事是指资金管理、资产处置、资源配置、资本运作、工程项目等方面的“四资一项目”。重点问题是指以权谋私的问题，如利用行政审批权、干部选拔权、行政执法权以权谋私，为个人谋利益。抓“三个重点”的目标是通过震慑关键少数，让大多数人紧张起来；通过关注重点事，带动基层党的建设不断加强；通过解决一些重点问题，推动基层管党治党严起来。

处理好以上四个方面之间的关系很关键。“六项纪律”是表象问题，而“三大问题”是根本原因。用“三大问题”来分析总结提炼违反“六项纪律”的表象问题是巡察工作的关键，是重中之重，也是落实政治巡察的关键。“三个重点”是印证违反“三大问题”“六项纪律”的集中体现。实际工作中，先了解违反“六项纪律”的问题，再从“三大问题”的高度剖析问题背后的原因，最后锁定“三个重点”。这是基本的工作思路。只有把这些问题吃透了，再结合工作实际，才能把政治巡察深化下去，这也是做好党内监督需理解的基础性问题。这一时期，河南省探索“四步法”开展政治巡察的方法比较有效。第一步梳理巡察发现哪些问题；第二步研判问题的责任主体是谁；第三步用“六项纪律"的"钢尺"对发现的问题进行衡量定性，并归类分析；第四步站在党的领导弱化、党的建设缺失、全面从严治党不力这"三大问题"的高度去剖析问题背后的原因，找准坐标定位。

二、聚焦"六围绕一加强"开展政治巡察

十九届中央在制定《中央巡视工作规划（2018—2022 年）》的时候，对深化政治巡视提出了"六围绕一加强"的要求。"六围绕"是指围绕政治建设，重点检查维护党中央权威和集中统一领导情况；围绕思想建设，重点检查学习贯彻习近平新时代中国特色社会主义思想情况；围绕组织建设，重点检查选人用人和基层党组织建设情况；围绕作风建设，重点检查整治"四风"情况；围绕纪律建设，重点检查党规党纪执行情况；围绕夺取反腐败斗争压倒性胜利，重点检查领导干部廉洁自律和整治群众身边腐败问题情况。"一加强"是指加强整改落实。

这一时期，市县巡察工作已经全面铺开，开展政治巡察主要侧重以下四点。

一要突出党的领导，深入查找被巡察地区（单位）党组织在党的政治领导、思想领导、组织领导方面存在的问题。坚持党的领导是当代中国最重大的政治原则，维护以习近平同志为核心的党中央权威和集中统一领导，是坚持党的领导的根本所在。政治巡察要重点检查被巡察地区（单位）党组织领导核心作用是否彰显，学习贯彻中央和上级党组织有关政策是否到位，职责履行情况是否到位，群众工作是否务实，群众利益是否受损等问题。

二要抓住党的建设，深入查找被巡察地区（单位）和党组织在党的思想、组织、作风和制度建设上存在的问题。首先检查党员干部思想动态、理想信念是否坚定，看思想建设是否抓得紧。其次检查基层组织换届、支部建设、党费收缴、党员管理等情况，看组织建设是否抓得牢。再次检查群众路线教育实践活动、"三严三实"专题教育、"两

学一做”学习教育、“不忘初心、牢记使命”主题教育、党史学习教育以及贯彻中央八项规定精神情况，看作风建设是否抓得实。最后检查制度执行等情况，看制度建设是否抓得严。

三要聚焦全面从严治党，深入查找被巡察地区（单位）在落实主体责任和监督责任方面存在的问题。首先是检查党员干部教育管理情况，看主体责任是否落实，是否做到真管真严、敢管敢严、长管长严。其次是检查纪检机构组织建设、执纪问责等情况，看监督责任是否落实，是否把纪律和规矩挺在前面。最后是检查重点领域监管情况，盯住重点人、重点事、重点问题，看廉洁风险是否防控到位。

四要在党风廉政建设和反腐败斗争方面，着力发现和推动解决群众身边的腐败和作风问题。总的原则是，群众对什么问题反映强烈、集中，就要了解发现什么问题，推动治理和解决什么问题。特别是违反中央八项规定精神问题、“四风”问题；扶贫领域腐败和作风问题；社会治理中群众反映强烈的问题（主要是黑恶势力横行乡里等）；各项惠民政策落实中的“微腐败”（主要集中在教育、医疗、低保、住房、养老等领域）。

典型案例

湖南省宁乡市：村级巡察全覆盖 推动解决基层不正之风[①]

宁乡市在市管单位常规巡察、重点领域专项巡察的基础上，一体推进村级巡察全覆盖，逐步形成了市委统筹、片区联动、乡镇参与的村级交叉巡察模式。紧紧围绕“三个聚焦”开展政治监督检查，将脱贫攻坚、村（社区）书记主任“一肩挑”、信访工作作为村级巡察重点监督内容。截至2020年9月，已完成对全市278个村级党组织巡察全覆盖，共发现扶贫领域问题1251个，全部移交整改，推动解决信访各类问题276个，对全市278

① 《湖南宁乡：村级巡察全覆盖 推动解决基层不正之风》，中央纪委国家监委网2020年9月7日。

个村（社区）书记主任“一肩挑”后备人选考察、画像，提出否定意见86人次。

“没想到欠了10多年的生态公益林补助还能领到手！”宁乡市东湖塘镇西冲山村的村民的惠农补贴明白折上，退回了被村干部截留的生态公益林补助金。此前，巡察组通过深挖细查，该镇3个村、5名村干部截留、挪用生态公益林补贴资金21万余元的问题浮出水面。2名村干部受到党内警告处分，3名村干部受到组织处理。根据巡察提出的专项建议，市纪委监委对惠农资金及生态公益林补贴方面问题开展专项整治行动，清退资金32.7万元，切实维护了群众利益。

宁乡市委巡察工作严格落实《关于对全市村级党组织巡察全覆盖的意见》要求，聚焦惠民政策落实、农村“三资管理”、党员干部工作作风、民生领域突出问题等重点内容，推动全面从严治党压力传导到党组织神经末梢，基层党员干部不作为、乱作为、以权谋私的问题在巡察“显微镜”下无处遁形。村级巡察共发现群众身边的不正之风和腐败问题420个，移交问题线索75条，给予党纪政务处分50人、组织处理32人、移送司法机关1人，为群众和村集体挽回损失260余万元。

宁乡市委巡察组对标省市对巡察整改工作相关要求，深化成果运用，形成了巡察办牵头指导督导、乡镇（街道）把关、村（社区）公开公示、人民群众监督的整改落实机制，坚持举一反三与深化改革相结合，把巡察成果进一步转化为提高基层治理水平。据初步统计，村级巡察期间共下达立行立改通知书320份，对账销号各类问题1954个，整改率达到95%。

第二节　政治巡察的监督重点

一、政治巡察的监督内容

巡察监督的内容亦参照和借鉴巡视监督内容。根据《中国共产党巡视工作条例》规定，巡视组对巡视对象执行党章和其他党内法规，遵守党的纪律，落实全面从严治党主体责任和监督责任等情况进行监督，着力发现党的领导弱化、党的建设缺失、全面从严治党不力，党的观念淡漠、组织涣散、纪律松弛，管党治党宽松软问题：（1）违反政治纪律和政治规矩，存在违背党的路线方针政策的言行，有令不行、有禁不止，阳奉阴违、结党营私、团团伙伙、拉帮结派，以及落实意识形态工作责任制不到位等问题；（2）违反廉洁纪律，以权谋私、贪污贿赂、腐化堕落等问题；（3）违反组织纪律，违规用人、任人唯亲、跑官要官、买官卖官、拉票贿选，以及独断专行、软弱涣散、严重不团结等问题；（4）违反群众纪律、工作纪律、生活纪律，落实中央八项规定精神不力，搞形式主义、官僚主义、享乐主义和奢靡之风等问题；（5）派出巡视组的党组织要求了解的其他问题。

二、聚焦“四个落实”开展政治巡察

根据政治巡视要求，自十九届中央第二轮巡视开始，政治巡视的监督重点是“四个落实”：落实党的路线方针政策和中央重大决策部署情况，落实全面从严治党战略部署情况，落实新时代党的组织路线情况，落实巡视、审计主题教育发现问题的整改情况。巡察在巡视的基础上，聚焦“四个落实”开展监督的同时，需更加突出系统特征和基层属性。

（一）中央和国家机关政治巡察的监督重点

聚焦党中央决策部署和上级党组织工作要求在基层落实情况，如学习贯彻习近平新时代中国特色社会主义思想情况、加强政治机关建设情况、履行职能责任情况、巩固深化党和国家机关改革成果情况、防范化解重大风险情况等；聚焦全面从严治党战略部署向基层延伸情况，如落实全面从严治党“两个责任”情况、整治群众身边腐败问题和群众反映强烈问题情况、防范重点领域和关键环节廉洁风险以及领导干部廉洁从政情况、落实中央八项规定精神纠正“四风”问题情况等；聚焦加强领导班子和干部队伍建设情况，如领导班子自身建设情况、选人用人和干部队伍建设情况、加强基层党建工作情况等；聚焦落实巡视巡察、审计等监督整改情况，如落实整改责任情况、重点问题整改情况等。

（二）金融企业政治巡察的监督重点

聚焦党中央决策部署和上级党组织工作要求在基层落实情况，如学习习近平新时代中国特色社会主义思想以及习近平总书记关于金融工作重要讲话和指示批示精神情况、服务实体经济情况、防范化解金融风险情况、深化改革和完善内部治理情况等；聚焦全面从严治党战略部署向基层延伸情况，如落实全面从严治党“两个责任”情况、整治群众身边腐败问题和群众反映强烈问题情况、防范重点领域和关键环节廉洁风险情况、落实中央八项规定精神纠正“四风”问题情况等；聚焦加强领导班子和干部人才队伍建设情况，如领导班子自身建设情况、选人用人和干部人才队伍建设情况、加强基层党建工作情况等；聚焦落实巡视巡察、审计等监督整改情况，如落实整改责任情况，重点问题整改情况等。

（三）中央企业政治巡察的监督重点

聚焦党中央决策部署和上级党组织工作要求在基层落实情况，如学习贯彻习近平新时代中国特色社会主义思想特别是习近平总书记关于国企党建、国企改革重要讲话和指示批示精神情况，落实党中央重大决策部署情况，履行责任使命、坚守主责主业情况，防范化解重大风险情况等；聚焦全面从严治党战略部署向基层延伸情况，如落实全面从严治党“两个责任”情况，防范重点领域和关键环节廉洁风险以及领导人员廉洁从业情况，整治群众身边腐败问题和群众反映强烈问题情况，落实中央八项规定精神纠正“四风”问题情况等；聚焦加强领导班子和干部人才队伍建设情况，如领导班子自身建设情况、选人用人和干部人才队伍建设情况、加强基层党建工作情况等；聚焦落实巡视巡察、审计等监督整改情况，如落实整改责任情况，重点问题整改情况等。

（四）高校政治巡察的监督重点

聚焦党中央决策部署和上级党组织工作要求在基层落实情况，如学习贯彻习近平新时代中国特色社会主义思想和习近平总书记关于教育工作重要讲话和指示批示精神情况、贯彻党的教育方针和党中央重大决策部署以及落实立德树人根本任务情况、发挥领导作用和履行职责使命情况、深化改革和完善内部治理情况、落实意识形态工作责任制情况等；聚焦全面从严治党战略部署向基层延伸情况，如落实全面从严治党“两个责任”情况、整治群众身边腐败问题和师生反映强烈问题情况、防范重点领域和关键环节廉洁风险情况、落实中央八项规定精神和纠正“四风”问题情况等；聚焦加强领导班子和干部人才队伍建设情况，如领导班子自身建设情况、选人用人和干部人才队伍建设情况、加强基层党建工作情况等；聚焦巡视巡察、审计等监督整改方面，如落实整改责任情况、重点问题整改情况等。

典型案例

国家电网准确把握政治巡视巡察的监督重点[①]

国家电网党组认真贯彻中央单位巡视工作指导意见，紧盯“四个落实”，紧扣企业职能责任，重点聚焦四个方面深化政治巡视巡察。聚焦深入学习贯彻习近平新时代中国特色社会主义思想和重要指示批示精神，坚决做到“两个维护”。作为保障国家能源安全、参与全球市场竞争的特大型国有重点骨干企业，巡视巡察的首要任务就是监督各级党组织深入贯彻习近平新时代中国特色社会主义思想，党的十九大及历次全会精神，以及习近平总书记“四个革命、一个合作”能源安全新战略情况，深入查找温差、落差、偏差问题，督促党员干部树牢“四个意识”、坚定“四个自信”，

① 根据对国家电网有限公司党组巡视办的书面调研资料整理。

切实做到"两个维护"。聚焦统筹疫情防控和经济社会发展、打赢"三大攻坚战"，深入贯彻中央决策部署。紧盯各级党委在落实中央决策部署中是否充分发挥战斗堡垒作用，开展政治再监督，发挥好央企"国家队"和"大国重器"作用。2020年，巡视巡察重点关注党中央关于统筹疫情防控和经济社会发展、做好"六稳"工作、落实"六保"任务，构建新发展格局等重大决策部署的贯彻落实，突出推动公司党组7批59项举措等贯彻中央精神一揽子方案落实落地。在助力打赢精准脱贫攻坚战方面，督导公司经营区域内的"三区三州"和定点扶贫地区所在省市公司党组织加大巡察监督力度。在助力打赢污染防治攻坚战方面，紧盯新能源消纳、港口岸电建设专项领域深入开展巡视巡察，坚决担负起生态文明建设的政治责任。在助力防范化解重大风险攻坚战方面，2018年专门对所属8家金融企业开展1轮巡视工作，推动积极防范和化解金融风险。聚焦"国企姓党、为党工作"，坚持和加强党对国有企业全面领导。认真学习贯彻习近平总书记对当前中管企业全面从严治党阶段性特征的重要论断，牢牢把握"国企姓党"根本属性，围绕坚持和加强党对国有企业的全面领导，重点监督落实新时代党的建设总要求和新时代党的组织路线情况，聚焦"关键少数"和政治生态，着力解决总书记指出的"四个有差距"突出问题。聚焦以人民为中心的发展思想，落实人民电业为人民的企业宗旨。深入贯彻习近平总书记视察四川成都供电公司共产党员服务队重要指示精神，将供电服务情况作为政治巡视巡察常态化监督内容，紧盯党员是否发挥先锋模范作用开展监督，将巡视巡察工作延伸到基层供电所、输变电工区班组等一线党组织，严肃查处吃拿卡要、"三指定"等电力客户身边微腐败和营商环境问题。

资料链接

对照"四个落实"深化政治巡视[①]

政治巡视监督的是各级党组织及其领导干部，每个党组织都有不同的职责要求。党中央、省区市党委、中央国家机关党组（党委）及所属单位

---

① 参考部分省（区、市）党委、中央和国家机关党组（党委）政治巡视监督重点整理。

各级党组织，都承担着具体职能责任，在党章和《中国共产党党组工作条例》《中国共产党工作机关条例（试行）》《中国共产党支部工作条例（试行）》等党内法规中都有明确规定。每一级巡视巡察监督的对象不同，监督的重点内容必然有所不同，不能上下一般粗。中央巡视的监督重点是“四个落实”，而这“四个落实”具体到不同巡视对象，具体到不同地区、单位，还有不同要求。党的十九大以来，中央已对很多省区市及中央和国家机关开展巡视，发现了不少“四个落实”方面问题。各地区和各单位要用好中央巡视成果，把中央巡视发现的突出问题作为内部巡视关注重点，结合不同地区、不同行业领域特点、不同单位性质确定巡视监督重点。

第一个落实，即落实党的理论和路线方针政策以及党中央重大决策部署情况。一是学习贯彻习近平新时代中国特色社会主义思想和党的十九大精神推进政治建设情况。二是党组（党委）发挥领导作用，履行核心职能情况。三是落实全面深化改革要求，推进治理体系和治理能力现代化情况。四是防范化解重大风险情况。

第二个落实，即落实全面从严治党战略部署情况。一是党组（党委）落实全面从严治党主体责任情况。二是纪检监察机构落实监督责任情况。三是党风廉政建设和领导干部廉洁从政情况。四是作风建设特别是整治形式主义、官僚主义情况。

第三个落实，即落实新时代党的组织路线情况。一是领导班子建设情况。二是选人用人和干部队伍建设情况。三是机关党建和基层党建工作情况。四是干部担当作为情况。

第四个落实，即落实巡视、审计等监督发现问题整改情况。一是党组（党委）落实整改主体责任情况。二是纪检监察机构落实整改监督责任情况。三是整改实效和建立长效机制情况。

以上是对巡视监督“四个落实”重点总的要求，具体到不同领域、不同层级、不同阶段会有不同。要根据被巡视党组织所承担的职能责任研究确定，既不能隔靴搔痒，走过场，也不能吹毛求疵，不能指望一次巡视就解决所有问题，一定要抓住主要矛盾和矛盾主要方面，切实发现并推动解决群众反映最强烈的突出问题、制约被巡视单位改革发展的瓶颈问题，而不是鸡毛蒜皮的问题，确保政治巡视方向不偏、效果不减。

第三节　市县政治巡察

市县巡察制度建立之初，中央巡视工作领导小组本着“实践探索在前，总结提炼在后”的方法论，鼓励各地按照政治巡视的总体要求，积极探索符合基层实际的监督重点，防止“上下一般粗”。2019年，中央巡视工作领导小组深刻分析市县巡察政治内涵，系统总结各地实践经验，正式提出市县政治巡察“三个聚焦”监督重点，于2020年底，在《关于加强巡视巡察上下联动的意见》中以中央文件形式予以固化。“三个聚焦”与“四个落实”一脉相承，充分体现了基层落实管党治党责任的政治要求，更加明晰了政治巡察的监督内容。

一、“三个聚焦”的内涵要求

市县政治巡察“三个聚焦”具体指聚焦党中央各项决策部署在基层的落实情况；聚焦群众身边腐败问题和不正之风以及群众反映强烈的问题；聚焦基层党组织建设。

一是聚焦党中央各项决策部署在基层的落实情况。基层贯彻落实党的路线方针政策和党中央决策部署，是基层党组织履行职责使命、践行“两个维护”的根本政治要求。从巡视巡察、审查调查发现的问题看，有的基层党组织还存在对党中央决策部署不敬畏、不在乎、喊口号、装样子的错误表现，基层干部得过且过、患得患失、爱惜羽毛、懒政怠政等不担当、不作为突出问题，以及空泛表态、应景造势、敷衍塞责等形式主义、官僚主义问题。政治巡察要坚持党中央决策部署到哪里，监督检查就跟进到哪里，重点关注被巡察党组织落实巩固脱贫成果、衔接乡村振兴，防范风险、污染防治，以及惠农利民、扫黑除恶等重大政策措施情况，看贯彻坚决不坚决，有没有具体措施、机制，落实情况怎么样、效果怎么样、群众反映怎么样，推动基层党组织以实际行动践行党的初心使命，做到“两个维护”，保证党的一系列为民务实好政策落到位落到底。重点巡察基层党组织学习贯彻习近平新时代中国特色社会主义思想情况；结合职能责任和基层实际落实党中央关于“三新一高”等重大决策部署和政策要求情况；发挥领导作用，履行职责使命情况。

二是聚焦群众身边腐败问题和不正之风以及群众反映强烈的问题。相比远在天边的“老虎”，群众更为痛恨身边嗡嗡乱飞的“苍蝇”。从信访举报和巡察情况看，人民群众对基层党员干部的反映仍比较强烈，其中既有以权谋私、虚报冒领、挥霍侵占集体资金资产资源等腐败问题，也有对群众合理诉求推诿扯皮、冷硬横推等作风问题。如果对群众诉求以及身边的腐败和作风问题，捂着、盖着、压着，或者选择性受理，只会导致更大的问题。民生问题就是民心问题，而民心问题就是最大的政治。开展政治巡察，就必须坚持把人民拥护不拥护、赞成不赞成、高兴不高兴作为检验工作的根本标准，凡是群众反映强烈的问题都要严肃认真对待，凡是损害群众利益的行为都要坚决纠正，通过推动解决群众关切的“小问题”，赢得民心向背的“大政治”。重点巡察基层党组织落实全面从严治党“两个责任”情况，整治群众身边腐败问题和不正之风情况；解决群众急难愁盼问题情况；防范重点领域、关键环节廉洁风险情况；领导干部遵规守纪、廉洁从政从业情况；落实中央八项规定精神，纠治“四风”问题情况。把维护人民根本利益、长远利益作为出发点和落脚点，着力发现并推动解决人民群众反映强烈、普遍关注的急难愁盼问题，让人民群众在全面从严治党中感受到公平正义。

三是聚焦基层党组织建设。基层党组织是党的全部工作和战斗力的基础。目前，一些基层党组织软弱涣散问题比较突出，党内生活不规范、不严肃，班子不团结，党员年龄老化、结构失衡，个别地区出现“空壳村”、信访重点村、矛盾复杂村，甚至发生农村宗族、黑恶势力把持基层政权等突出问题。政治巡察要把基层党组织建设情况作为关注重点，着力发现和推动解决基层党组织弱化、虚化、边缘化问题，督促增强教育党员、管理党员、监督党员和组织群众、宣传群众、凝聚群众、服务群众的能力和水平，不断提升组织力，强化政治功能，做到全面进步、全面过硬，巩固党长期执政的组织基础。重点巡察基层党组织领导班子自身建设情况；选人用人和干部人才队伍建设情况；严肃换届纪律风气情况；加强基层党建工作情况。

二、市县政治巡察的监督标准

政治巡察作为政治工作，既要讲政治，也要讲政策。政治是方向，政策是依据和标尺。政治巡视的监督标准是“四个对照”，市县巡察的监督标准整体上与巡视一致，但也更具基层特点。

一是对照习近平总书记重要指示要求。开展市县政治巡察，要始终以习近平总书记重要指示要求为根本遵循，特别是习近平总书记关于被巡察党组织所在地区、所在领域的具体要求，关于三农、教育、健康、住房、民族等工作的重要指示，结合省区市党委落实措施，对照查找基层党组织在具体工作中的突出问题，推进各项要求落实。

二是对照党章党规党纪。市县巡察要自觉对照党章党规党纪，检视被巡察党组织存在的偏差，强化制度刚性约束力。比如，查找政治建设方面的问题时，应对照《关于新形势下党内政治生活的若干准则》等；查找组织建设方面的问题时，应对照《党政领导干部选拔任用条例》《中国共产党组织工作条例》等；巡察党委工作部门和政府职能部门时，应对照《中国共产党工作机关条例（试行）》《中国共产党党组工作条例》等；巡察村（社区）时应当对照《中国共产党农村基层组织工作条例》《中国共产党农村工作条例》等。

三是对照党中央决策部署和政策要求。政治巡察要对照党中央、国务院有关重要会议文件精神，结合省区市党委要求，检查基层党组织具体实施情况和工作效果，看在基层是否落地见效，存在什么短板。

四是对照党的领导职能责任和“三定”规定。党中央对各级党组织都有明确的职责要求。从省区市党委到乡镇党委再到村（社区）党组织都有各自的职责任务，各个职能部门也都有“三定”规定，这都是巡察的重要标尺。开展巡察时，要对照被巡察党组织的职能责任，检查是否做到知责、履责、尽责。

实现政治巡察的方法路径，必须围绕贯彻落实党的理论路线方针政策和党中央决策部署，按照新时代党的建设总要求，做到“四个紧盯”——紧盯行业领域主责主业，紧盯全面从严治党主要矛盾，紧盯“一把手”和“关键少数”，紧盯人民群众反映强烈的突出问题。“四个紧盯”是开展政治巡察的方法论，是看一个党组织“三个聚焦”情况的切入点。

巡视巡察有自身的职能责任，突出的是政治监督，是“监督的再监督”。巡视巡察不是万能的，不能包打天下，不能什么工作都依靠巡视巡察去推动。虽然《中国共产党巡视工作条例》《党委（党组）落实全面从严治党主体责任规定》《中国共产党支部工作条例（试行）》等法规制度对巡视巡察内容进行了明确规定，但仍有个别地方和单位把一些工作上难啃的“硬骨头”交给巡视巡察来推动落实。有的把巡察视为“机动力量”“万能补丁”，感觉招商引资很重要，签了合同不落实，就让巡察去督促；落实河长制不到位，就要求巡察把这条河也管上；有的还以“巡察有力度”为由，想把殡葬改革、征地拆迁、信访问题化解等难点问题纳入巡察范围，把“巡察当个筐，什么都往里装”，把巡察搞成了业务检查，偏离了政治巡察方向。巡视巡察一定要坚持政治标准、坚持问题导向，对被巡视巡察党组织履行党的领导职能责任开展“政治体检”，及时发现并推动消除附着在党的肌体上的灰尘杂质，为增强党自我净化能力提供有力支撑。

三、市县政治巡察监督重点问题清单

为了确保市县开展政治巡察不出现偏差，中央巡视办专门列出了巡察“三个聚焦”监督重点细化清单，涉及11大类69条问题的具体表现形式。各地区、各单位可以在此基础上结合自身实际进行调整。有的县（区）将中央巡视办“三个聚焦”监督重点清单进一步细化，制定了“三个聚焦”11大类116条问题的监督重点清单。如下表所示。

资料链接

市县政治巡察监督重点问题清单[①]

	监督要点	问题表现形式
一、聚焦基层贯彻落实党的路线方针政策和党中央、省委决策部署情况	（一）是否认真学习贯彻习近平新时代中国特色社会主义思想和党的十九大精神	1. 学习贯彻习近平新时代中国特色社会主义思想和党的十九大及十九届二中、三中、四中、五中、六中全会精神流于形式，停留在读文件传达的层面，党员干部对“四个意识”“四个自信”“两个维护”等应知应会内容不了解。
		2. 对习近平总书记关于本系统工作的重要讲话和指示批示精神不学习、不传达，研究不深入，结合实际贯彻落实不紧密、不具体、不到位，把学了当做了，把做了当做好了。
		3. 贯彻落实中央“五位一体”总体布局、“四个全面”战略布局和新发展理念态度不鲜明、立场不坚定，存在合意的就执行、不合意的就不执行等选择性执行问题。
		4. 贯彻中央和省委决策部署的政治站位不高，对决胜全面建成小康社会、决战脱贫攻坚的任务认识不足、重视不够、措施不力。
		5. 开展党组织和党员干部党性教育不扎实，开展“不忘初心、牢记使命”主题教育不认真、走过场，对群众提出的意见建议重视不够，整改效果不明显。

① 根据部分市县党委巡察办提供资料整理。

（续表）

	监督要点	问题表现形式
一、聚焦基层贯彻落实党的路线方针政策和党中央、省委决策部署情况	（一）是否认真学习贯彻习近平新时代中国特色社会主义思想和党的十九大精神	6. 妄议中央大政方针，散布违背党的理论和路线方针政策的言论，公开发表违背党中央决定、与核心价值理念相悖的言论或文章，制造传播政治谣言，丑化党和国家形象。
		7. 对大是大非问题没有立场、没有态度、无动于衷、置身事外，对违反政治纪律政治规矩等错误思想和言行不报告、不抵制、不斗争，放松警惕，搞无原则一团和气。
		8. 理想信念不坚定，政治信仰缺失，政治定力不强，精神“缺钙”；形式上入党，心中无党，只讲待遇，不讲担当。
		9. 开展非组织政治活动，拉帮结派、团团伙伙，结成利益集团，搞小山头、小圈子，破坏党的团结统一。
		10. 党内关系庸俗化，认干亲、拜把子，以同学情、发小情、老乡情、宗族情等代替党性原则。
		11. 对本单位、本部门或涉及本人的重大问题、重要情况不报告、不请示，甚至报假情况、捂盖子；工作中弄虚作假，骗取荣誉、待遇。
		12. 对党的十九大关于意识形态工作的决策部署重视不够，意识形态工作观念淡薄、责任缺失、管控不力。党员干部不信马列信鬼神，参加宗教活动等。
		13. 意识形态阵地建设和管理不到位，思想教育、理论宣传不到位，未能正面教育和正确引导党员群众旗帜鲜明反对和抵制各种错误观点。对党员干部不符合主流思想的错误言行和苗头性、倾向性问题，没有及时纠正和制止。
		14. 与组织讨价还价、违背组织决定、欺骗和对抗组织，对党不忠诚、不老实，蔑视党中央权威等。
	（二）是否坚决落实“三大攻坚战”以及扫黑除恶、安全生产等重大决策部署	15. 对党中央重大决策部署只做表面上轰轰烈烈的传达，口号式、机械式的传达，不加消化、囫囵吞枣的传达，上下一般粗的传达。
		16. 贯彻落实党中央重大决策部署不积极，存在部门保护主义、本位主义、自由主义，阳奉阴违、弄虚作假。
		17. 对党中央重大决策部署宣传不到位、动员不积极，群众知晓率、参与度不高，导致政策落地存在“温差”“落差”“偏差”。
		18. 在贯彻党中央重大决策部署过程中，方式方法简单粗暴，漠视群众合理利益和诉求，盲目搞“一刀切”。

（续表）

	监督要点	问题表现形式
一、聚焦基层贯彻落实党的路线方针政策和党中央、省委决策部署情况	（二）是否坚决落实“三大攻坚战”以及扫黑除恶、安全生产等重大决策部署	19. 未能自觉担起防范化解重大风险的政治责任，做到守土有责、守土尽责。风险意识不强，对本单位本系统存在的各类风险隐患梳理排查不彻底；未有效建立健全工作机制，未采取有力措施，未做到及时发现风险、有效防控风险、果断处置风险；对本单位发生的重大问题、突发事件、网络舆情等，存在应对不及时，处置不得力，造成严重损失或负面影响等情况。
		20. 落实扶贫政策打折扣，扶贫资金使用效率不高，对贫困户无切实可行的帮扶措施；产业扶贫收益未及时足额发放给低收入户；落实低保政策不严不实，低保户申报及动态管理不到位，政策执行有失公正；脱贫成果可持续性不足，扶贫与“扶智”“扶志”有效结合不够，出现返贫现象。
		21. 落实污染防治要求不坚决、执行环保法规不严格，推进绿色发展不作为；对环保督察要求整改的问题，搞形式主义、虚假整改。
		22. 宣传扫黑除恶专项斗争不积极，对黑恶势力不制止、不上报，充当“保护伞”“关系网”“情报员”。利用家族势力、宗族势力，甚至勾结黑恶势力，横行乡里、欺压百姓，干群关系紧张、矛盾突出。
		23. 安全发展理念不牢，落实安全生产责任制不到位，落实全省安全生产专项整治工作不坚决，对重点行业领域安全隐患排查、评估和监测预警不到位，对非法违法问题打击不力，防范化解重大安全风险不深入不彻底，玩忽职守造成损失或重大社会影响。
	（三）是否认真履行本单位、本部门职责使命	24. 未能严格对照“三定”规定，认真履行职责使命，充分发挥把方向、管大局、保落实作用。
		25. 对本单位、本系统突出矛盾和复杂疑难问题搁置不解决，存在只出政策不抓落实、主管领域工作推动不力、部门职能履行不到位等问题。
		26. 制定政策或实施项目未能做到调研先行、科学论证，没有充分考虑基层实际和现实需求，实际成效不明显；落实政策未做到因地制宜、加强分类指导，存在“中梗阻”等问题。
		27. 在简政放权方面搞上有政策、下有对策，推进“放管服”改革不能做到刀刃向内、自我削权，存在行政权力清理不到位、不下放、假下放。
		28. 社会管理不到位，管理服务不公开、不公平、不公正，不能妥善处理和化解各种利益矛盾和纠纷……

（续表）

	监督要点	问题表现形式
二、聚焦群众身边腐败问题和不正之风	（一）是否持续加强和改进作风	1. 落实上级决策部署表态多、调门高、行动少、落实差，单纯以会议贯彻会议、以文件贯彻文件，做表面文章、过度留痕，缺乏实际行动和具体措施。
		2. 爱惜羽毛、回避问题、安于现状、慵懒无为、懒政怠政。弄虚作假，编造假经验、假典型、假数据，瞒报、谎报情况，隐藏、遮掩问题。
		3. 工作庸懒散，纪律松弛，做官意识强、做事意识淡，议论多、实干少，不善为、不敢为，担当精神不够。一些工作层层批转、推磨转圈，问题不解决、任务不落实。
		4. 调查研究搞形式、走过场、不深入，打造“经典调研路线”，搞走秀式调研，搞层层陪同、超人数陪同。
		5. 政绩观错位，热衷于打造“盆景”；有的“兵马未动，材料先行”，实际工作没做多少，计划材料却打印不少。
		6. 学风漂浮，理论脱离实际，只为应付场面、应景交差，不尚实干、不求实效。
		7. 层层发文、层层开会，开会不研究真实情况、不解决实际问题，为开会而开会。
		8. 督查检查考核过多过滥，重复考核、多头考核，考核内容不务实，表格多、材料多。
		9. 深入基层、联系群众不多，对基层情况掌握不全面、不客观，问题解决不及时、不彻底。对困难群众、弱势群体现状不了解，实情不掌握，关心帮扶不到位。
		10. 频繁随意建群发通知、提要求、求关注，内容五花八门、基层应接不暇，催报材料过急过紧。
	（二）领导干部是否依规依纪依法用权	11. 在征地拆迁、职称评定、工资待遇、获取各种荣誉等方面，与民争利，侵害国家、集体和群众利益。
		12. 不注重家庭、家教、家风，对自己亲属和身边工作人员疏于管教，纵容亲属谋取私利。
		13. 利用职权或影响力为家属亲友谋求特殊照顾。
		14. 领导干部家属亲友插手领导干部职权范围内的工作和人事安排等问题。
		15. 党员干部违规从事经商办企业等营利性活动，退休后违规在企业任职，从事与原职务相关的营利活动。
		16. 领导干部身后跟随一个或多个老板，保持相对稳定的关系圈，形成以其为核心的利益共同体。
		17. 领导干部利用职务便利，通过施压、说情等方式干预司法。

（续表）

	监督要点	问题表现形式
二、聚焦群众身边腐败问题和不正之风	（二）领导干部是否依规依纪依法用权	18. 参与民间违规借贷、非法集资，金额较大，扰乱金融秩序。
		19. 一线公职人员审批权、执法权等自由裁量权较多，存在以权谋私、吃拿卡要现象。
		20. 资金管理混乱、虚列账目，视财政预算和税收规定如儿戏；任意挪用、截留财政资金，套贷倒贷；违规举债，致使大额财政资金遭受损失；公款游离于财政监管之外，大额资金流向不明；违规开设账户，公款私存，收支混乱，花钱随意；通过虚报工程项目套取国家补贴。
		21. 不计成本廉价出租或出售国有资产，无原则让利；将国有资产当“废品”任意处置，混淆资产权属，暗箱操作变卖资产，捞好处、送人情，造成国有资产严重流失。
		22. 对工程项目建设和大宗物资采购监管不力，未经集体研究决策，随意增加预算、擅改规划；不搞招投标、拆分规避招投标、围标串标、转包分包或者明招暗定、搞“量身定做”的虚假招投标，使“关系户”中标，形成“关系工程”；工程质量问题严重，存在安全隐患。
		23. 直属单位和社团“靠行业吃行业”，依托行政部门大搞行政化，形成权力寻租空间；把所属社团、企业当成职务消费、公款吃喝的“提款机”，违规开支和发放费用；财务管理混乱，存在顶风违纪问题。
		24. 借助提供公共资源之机设租、寻租，收受商业贿赂。
	（三）是否存在侵害群众利益问题	25. 在办理五保、低保、危房改造等方面与民争利、优亲厚友。
		26. 弄虚作假，违规申报、包装“项目”，骗取、套取国家财政资金。
		27. 在征地补偿款、强农惠农补贴等专项资金分配、拨付上，雁过拔毛、虚报冒领、截留私分、挤占挪用、贪污侵占。
		28. 履行应尽义务时，利用职权违规向群众收取“手续费”“管理费”。
		29. 无依据收缴或罚没群众款物、克扣群众财物、拖欠群众钱款。
		30. 流转群众耕地、林地程序不规范，有的甚至违背群众意愿，强制流转。
		31. 社会公益性服务不到位，存在不落实或搞变通、打折扣的问题。不能有效提供区域公共服务，以及劳动就业、社会保障、低保救助、残疾人事业、文化体育等方面服务。

（续表）

	监督要点	问题表现形式
二、聚焦群众身边腐败问题和不正之风	（三）是否存在侵害群众利益问题	32. 依法、有序组织引导群众参与管理国家事务和社会事务、管理经济和文化事业不充分、不到位。
		33. 漠视群众利益和疾苦，对群众反映强烈的问题无动于衷、消极应付，对群众合理诉求推诿扯皮、冷硬横推，对群众态度简单粗暴、颐指气使。
		34. 便民服务单位和政务服务窗口办事效率低，办事难、等待长、多头跑、重复要。
		35. 政务服务热线、政府网站、政务 APP 运行“僵尸化”。
		36. 党务、政务、事务等公开不规范、不及时，甚至不公开、假公开。
	（四）是否严格执行中央八项规定精神	37. 没有驰而不息宣传贯彻中央八项规定精神，缺乏抓长、抓常的意识和韧劲，贯彻落实中央八项规定精神方面的制度、举措束之高阁。
		38. 收受可能影响公正执行公务的礼品、礼金、消费卡等，违规接受宴请或者旅游、健身、娱乐等活动安排。
		39. 公款吃喝令而不行、禁而不止，采取隐蔽手段变相使用公款大吃大喝。
		40. 以婚丧喜庆、乔迁、履新、就医、出国等名义，收受礼金、财物等，借机敛财。
		41. 用公款支付或者报销应由个人承担的费用，超标准报销差旅费、公务接待费等。
		42. 违规建设楼堂馆所；违规占用住房；办公用房超标，搞豪华装修或在办公用房整改中搞变通。
		43. 违规购置、配备公务用车；违规占用下属单位、服务对象、管理对象车辆；存在公车私用、私车公养等问题。
		44. 巧立名目滥发津贴、补贴、奖金或其他费用等，违规使用党费发放补贴福利等，超标准、超范围使用工会会费发放慰问品、慰问金等。
		45. 领导干部带头拿不该拿的钱、自定薪酬标准，通过公款私存或改头换面乱收费，私设“小金库”。
		46. 公款旅游、借公务差旅之机旅游或以考察学习、培训研讨、招商参展等名义变相用公款旅游。
		47. 违规取得、持有、实际使用运动健身卡、会所和俱乐部会员卡、高尔夫球卡等，违规出入私人会所。
		48. 未严格清理规范评比、达标、表彰、检查、节庆、论坛、研讨会、临时机构等。

（续表）

	监督要点	问题表现形式
三、聚焦基层党组织软弱涣散、组织力欠缺问题	（一）是否坚持和强化党的全面领导	1. 领导班子不具备把关定向、统揽全局、抓大事议大事的政治担当；不能严格执行民主集中制，个人独断专行，搞“一言堂”甚至“家长制”。
		2. 奉行好人主义、缺乏责任担当，在推进经济建设、政治建设、文化建设、社会建设、生态文明建设中领导不力。
		3. 领导班子凝聚力、战斗力、执行力不强；党政“一把手”各唱各调、争权夺利，内耗严重；领导班子其他成员选边站队、互相拆台。
		4. 党组织负责人对管辖范围内基本情况底数不清，工作大局把握不准，改革发展思路不明，具体工作举措不实，导致经济社会发展缓慢。
		5. 对管辖范围内发生的影响改革发展稳定、给党的事业和群众利益造成损失的重大问题，领导不力、关注不够、处理不当。
		6. 对管辖范围内突发事件、网络舆情应对不及时、处置不得力，造成群体性事件，给党和政府形象带来负面影响。
		7. 党组织缺乏统筹谋划和顶层设计，协调各方、主动牵头抓总的积极性、主动性不够。
		8. 党组织团结、领导、动员干群能力不足，制定的全局目标和工作措施，干群知晓率不高、不认同。
		9. 在党不言党、在党不抓党，守土不尽责或守土失责，将管党治党窄化为“只抓业务”“只抓干部”。
		10. 履行自身职责不坚决，不能充分发挥领导核心作用，不能自觉执行政治纪律和政治规矩，不能担当起管党治党的政治责任。
		11. 党组织负责人被“边缘化”，退居“二线”，沦为“照顾性安排”，甚至成为“挂牌书记”“标签书记”；党组织居于从属、补台位置，甚至被架空。
		12. 深入研究党风廉政建设规律不够，未能一体推进不敢腐、不能腐、不想腐。
		13. 对落实党风廉政建设责任制不谋划、不研究、不部署、不推进，未将相关工作纳入考核内容，管党治党压力层层递减。
		14. 领导班子成员“一岗双责”空转，对职责范围内的党风廉政建设重视不够，防范廉政风险意识不强，对分管领域风险漏洞没有采取有效的预防监管措施。
		15. 对权力运行的制约和监督不到位，内控机制不健全，制度执行不严格。

（续表）

	监督要点	问题表现形式
三、聚焦基层党组织软弱涣散、组织力欠缺问题	（一）是否坚持和强化党的全面领导	16. 纪检监察机关（部门）力量不足，干部能力素质不强。纪检监察机关（部门）“三转”不到位，仍然参加非主业事务性工作，有时“既当运动员，又当裁判员”。对基层缺乏业务培训和工作指导，监督执纪问责的“责任田”被“撂荒”。
		17. 对苗头性倾向性问题“睁一只眼闭一只眼”，对违纪违规问题“轻拿轻放”、处置失当、不敢动真碰硬，甚至大事化小、小事化了，以组织处理代替纪律处分，以约谈、诫勉谈话等形式代替责任追究。
		18. 对已处理的违纪违规问题不公开、不通报，未利用典型案例开展警示教育。
		19. 一些窝案串案发生后，未进行“一案双查”，没有追究管党治党责任，没有及时健全制度，堵塞漏洞。
	（二）是否加强基层党组织建设	20. 所辖基层党组织软弱涣散，班子不健全、不团结，党的意识淡薄，党建引领作用没有发挥，党员没有归属感。
		21. 党组织常年不换届，党内政治生活不严肃，民主生活会和组织生活会搞形式，缺少辣味；“三会一课”、谈心谈话、双重组织生活会、党员民主评议等制度落实不力、走过场，没有实际效果。
		22. 党组织议事规则不明，与行政议事权责边界不清；违反议事规则，非党员参与决策党内事务；违反“三重一大”决策规定，随意确定标准，不遵守决策程序，对重大事项不把关、不监管，造成重大损失。
		23. 党组织书记对“抓好党建是最大政绩”认识不到位，党建工作“搭便车”，党组（党委）会议很少专门研究党建工作，只在领导班子会上“顺带”提，重业务轻党建倾向比较明显。
		24. 上级党组织对下级党的工作只在面上布置，推动不力、考核不严、效果不好。
		25. 对党员疏于监督管理，常年不召开支部会议，相关规章制度缺失，对党员情况不闻不问，抓早抓小、约谈提醒少，党费收缴不规范，对流动党员缺少管理措施。
		26. 党员队伍建设不科学、缺少规划，党员年龄老化、结构失衡。发展党员不严格、不规范，甚至长期不发展党员。
		27. 党员先锋模范作用发挥不充分，选树先进典型工作缺失，存在“口袋”党员和失联党员；一些党员不履行义务，甚至带头违规违纪，群众认可度不高。
		28. 违反换届纪律，存在拉票贿选、说情打招呼、干扰换届、破坏选举等行为。

（续表）

	监督要点	问题表现形式
三、聚焦基层党组织软弱涣散、组织力欠缺问题	（三）是否严格执行干部选拔任用制度	29. 党管干部原则丧失，以党政联席会、行政办公会形式研究干部工作。
		30. 干部选拔任用工作未做到严格按照工作原则、程序和纪律办事，选人用人不讲规矩，程序颠倒或空转，在动议等环节“一把手”说了算，“跑风漏气”问题突出。
		31. 存在打招呼、递条子，干预干部选拔任用等问题；存在任人唯亲、封官许愿、搞亲亲疏疏等问题；搞裙带关系，“近亲繁殖”“凭关系提拔”，存在“父子兵”“夫妻店”现象。
		32. 存在“带病提拔”、跑官要官问题，超职数配备干部、超机构规格提拔干部、超审批权限设置机构，擅自提高干部职级待遇、擅自设置职务名称。
		33. 干部考察不深入、不细致，干部身份造假、年龄造假、学历造假，不如实报告个人事项，存在“裸官”“吃空饷”现象。
		34. 党员干部因私护照由个人保管、出国（境）不履行请假和审批手续、持因私护照出国参加公务活动等。
		35. 执行干部回避制度和退休制度不严格，重点岗位干部长期不交流。
	（四）是否认真落实巡视巡察、审计、主题教育等整改责任	36. 未能从政治高度重视整改工作、制定整改方案、召开专题民主生活会，建立的整改问题清单、任务清单、责任清单质量不高，敷衍应付。
		37. 领导班子成员未能认真检查、主动认账，抓好分管领域存在问题的整改工作，存在“新官不理旧账”等问题。
		38. 存在以简单问责下级代替自身整改、以问责代替负责等问题；存在“过关”心态，以及会议整改、纸上整改、数字整改、避重就轻、边改边犯、虚假整改等问题。
		39. 未建立整改督查机制，对整改不力、敷衍应付、虚假整改的没有做到严肃追究责任。整改率较低，干部群众对整改情况不满意。
		40. 整改停留在制度制定上，不注重抓制度执行，未能把整改与日常工作有机结合起来，建立整改常态化、长效化机制。

实践篇

巡察可参照巡视的流程与方法，但不能忽视巡察与巡视的差异性，生搬硬套巡视经验，盲目地“依样画葫芦”。实践中，要充分考虑各地区、各单位实际，设计好巡察流程。同时，把严的要求贯彻到巡察全过程各环节。

实践篇将参照巡视的流程与方法，依次解读巡察准备、巡察了解、巡察报告、巡察反馈、巡察移交、巡察整改六个阶段的程序与要求，同时介绍各地区、各单位在巡察流程设计与发现问题方式方法方面的经验做法。

第五章

巡察准备

巡察准备是顺利、高效开展巡察工作的基础，也是巡察工作取得成效的重要前提。在这一阶段，需要做好组织、思想、业务、情况、工作等方面的准备，需要巡察办、巡察组、被巡察地区（单位）党组织等多方共同参与。

第一节　巡察办的准备工作

巡察办的准备工作分为组织准备、筹备召开动员部署会、组织学习培训、情况准备等方面。

一、组织准备

明确巡察对象。每一轮巡察开始前，巡察办根据巡察工作领导小组指示精神和年度巡察计划，向同级纪检监察机关（部门）相关监督检查室、组织人事干部监督部门征询本轮巡察对象的建议。在此基础上，巡察办研究提出本轮巡察对象建议名单报巡察工作领导小组，再按程序报党委（党组）批准。

编排巡察组。巡察办按照“三个不固定”要求和回避规定，研究提出巡察组人员选配方案，报巡察工作领导小组审批。会同纪委（纪检部门）、组织人事部门提出本轮巡察组组长、副组长建议人选，报巡察工作领导小组批准。

明确任务分工。巡察办按照“三个不固定”要求和回避规定，研究提出各巡察组的巡察任务分工方案，巡察工作领导小组按程序报党委（党组）批准。分配巡察任务时，要摸排情况，严格落实回避制度。

制定巡察工作方案。巡察办根据党委（党组）批准的巡察工作安排和任务分工，研究制定本轮巡察工作方案，报巡察工作领导小组审批。起草每一轮巡察工作方案，首先要明确这一轮巡察的任务和目标，体现党中央、所在地区（单位）党委（党组）和巡察工作领导小组对政治巡察的要求，党委（党组）对被巡察地区（单位）、相关行业领域最重要和最核心的指示要求。其次要细化被巡察党组织各项职能责任。最后要坚持问题导向，在大量的收集和占有材料的基础上制定方案。方案初稿形成后，要充分征求巡察组组长和纪检监察机关（部门）、组织人事部门的意见，统一思想、凝聚共识。工作方案经过巡察工作领导小组批准后，具有刚性约束力，必须遵照执行，逐一对照检查。

一次一授权。巡察办起草巡察组组长授权任职及任务分工的决定，在巡察工作动员部署会上宣布。动员部署会当天，巡察办向巡察组组长、副组长及纪委（纪检部门）和组织人事部门印发巡察组组长授权任职及任务分工的决定，履行组织报告程序。

调配巡察人员。按照巡察工作人员模块化配置需要，由巡察工作领导小组统筹协调，巡察办会同纪委（纪检部门）、组织人事部门优先从巡察人才库中抽调有党务、纪检监察、组织人事、财务、审计、信访工作经验的年轻干部参加巡察，并按分工办理抽调手续。

典型案例

广东省连州市出台巡察干部抽调方案破解“用人难”问题①

抽调干部参加巡察是部分县（市、区）巡察工作的难点之一，“不想给”“不能给”“随意给”的现象经常遇到。

为切实破解巡察“抽人难”问题，把高素质专业化人才选派到巡察干部队伍中来，2021 年 5 月，连州市纪委、市委组织部、市委巡察办联合印发《中共连州市委巡察干部抽调工作方案（2022 年至 2026 年）》（以下简称“方案”），进一步健全巡察干部抽调机制，为巡察工作高质量发展提供坚强人才保障。

严格审查把关 建强巡察干部队伍

在巡察干部抽调工作中，抽调干部范围宽泛、标准模糊，选派责任压得不实，抽调干部自我要求不严等现象都长期困扰着实际工作的开展。

连州市该方案的出台，将进一步破解上述难题，确保抽调干部具备过硬的履职能力。

方案明确抽调干部的范围为新任副科级干部、后备干部、新任股级干部以及巡察人才库人员 4 类干部，并从政治素质、业务能力、工作作风、身体条件等方面作出具体规定，避免抽调干部“随意化”的现象。

方案同时压实选派单位的选派责任，要求选派单位协助把好巡察干部“入口关”，并将选派干部参加巡察工作情况纳入对相关单位的年度考核，推动相关单位重视巡察干部抽调工作。

明确巡察机构监督管理责任，做到抽调前加强审查把关，抽调后加强业务培训，巡察全过程加强教育管理和监督。

压实抽调干部自身责任，对抽调干部履行工作职责、遵守巡察纪律等提出明确要求，确保巡察干部自身知职责、明戒惧、守底线。

“有了干部抽调方案，抽调干部质量就有了保障，巡察工作也会事半功倍。”连州市委第一巡察组组长表示。

---

① 段灿：《连州出台巡察干部抽调方案破解“用人难”问题》，人民资讯 2021 年 5 月 27 日。

坚持为党育才 发挥巡察“熔炉”作用

巡察是对被巡察党组织的“政治体检”，也是对巡察干部的政治历练和工作锻炼。

方案坚持将巡察作为发现、培养、锻炼干部的重要途径，充分发挥“熔炉”作用，有序推动相关单位选派青年干部到巡察组挂职锻炼，为相关单位培养输送高素质人才。

方案明确，优先安排新任副科级干部挂职锻炼，要求市委组织部每年9月30日前，将新提任副科级领导干部名单抄送市委巡察办，市委巡察办根据工作实际，优先安排新任副科级干部到巡察组挂职锻炼，参加巡察工作，着力提升新任副科级干部履新能力。

同时，根据每年度用人需求，制定五年抽调计划，科学分配抽调干部名额，明确抽调时间，既确保了相关单位能够及时调整工作，充分酝酿抽调人选，也保障了抽调工作规范有序开展。

及时反馈参加巡察工作情况。巡察结束后，巡察组根据抽调干部工作表现，出具工作鉴定，确保相关单位全面了解抽调干部在参加巡察期间的工作表现，为后续培养使用提供参考依据。

“以前抽调巡察干部通常在巡察前通知，导致很难安排人员参加巡察，尤其是安排业务骨干参加巡察。现在出台方案后，每个单位都分配了抽调名额，而且明确了抽调时间，既方便了我们安排工作，也有利于我们利用巡察平台培养锻炼干部！”在收到方案后，相关单位纷纷表示。

健全激励机制 确保抽调干部全身心投入巡察工作

“组长，我需要请1天假回单位处理工作”“如果连续被抽调，年底评优又悬了”……在以往的巡察工作中，巡察组组长经常能够听到这样的声音。

为消除抽调干部后顾之忧，确保抽调干部全身心投入巡察工作，方案进一步完善了抽调干部管理和激励机制。

在干部管理上，方案明确抽调干部由市委巡察机构和选派单位共同管理，以市委巡察机构为主，选派单位配合，以全脱产方式参加巡察工作，不承担原单位的工作任务；在工作经历上，明确市委巡察组工作经历视同基层工作经历，相关时间累积计算；在评先评优和选拔任用上，明确被抽调半年以上的巡察干部年度考核应为良好及以上，表现特别优秀的，市委巡察组向市委组织部和被抽调单位提出提拔任用建议；在福利待遇上，明确抽调干部在原单位的职务、职级、组织人事关系等保持不变，原有津补贴、服务年限不受影响。

“对我而言，出台方案就是吃了一颗定心丸，既不用担心在巡察组和单位之间往返跑，也不用担心抽调后自己的工作有人接手，自己回去又要被重新分配工作，这下在巡察组的干劲更足了！”谈到抽调方案，正在参加巡察的一位抽调干部十分高兴地说道。

二、动员部署

巡察办筹备召开每一轮巡察工作动员部署会。参加动员部署会的人员包括巡察工作领导小组组长、副组长及成员，巡察组工作人员和巡察办工作人员。会议任务主要是宣布巡察组组长、副组长授权任职及任务分工、传达学习上级关于巡视巡察工作的讲话精神和同级党委关于巡察的有关要求，部署本轮巡察工作任务，巡察工作领导小组组长讲话并提出工作要求。

开展巡察前集体谈话。巡察工作领导小组听取各巡察组组长巡察进驻前工作准备情况汇报，对做好巡察工作提出要求。

印发巡察通知。巡察动员部署会宣布巡察任务后，由巡察办统一给此轮巡察的地区和单位党组织发巡察通知书。巡察通知同时抄送相关巡察组、纪检监察机关（部门）、组织人事部门。巡察通知应包括进驻时间、巡察时长、巡察重点内容、巡察方法和步骤、需被巡察党组织准备的有关事项等。被巡察党组织在接到巡察通知后，需马上启动迎接巡察监督的思想准备、组织准备、会议准备、宣传准备、材料准备、保障准备等工作。

申报回避事项。动员部署会当天，巡察办将《关于巡察干部申报回避事项的通知》发给各巡察组。巡察组全体干部申报回避事项，主要包括巡察干部及其配偶、直系亲属在被巡察单位任职或工作情况，以及巡察干部本人认为需要申报回避的其他事项。巡察办根据申报情况对涉及回避事项人员及时作出调整。

典型案例

江西省赣州市南康区严格落实巡察“四回避”[1]

江西省赣州市南康区注重巡前摸排，严格落实巡察“四回避”。研究配备巡察组组长、副组长时，进行“交叉轮岗”回避，避免巡察组组长、副组长长期“搭班”；确定巡察对象时，将巡察组组长、副组长的回避要素与巡察对象逐一匹配分析，科学合理安排任务分工，进行“分配对象”回避，避免与巡察对象有重要利害关系；审查巡察人员工作经历和成长轨迹，进行“显性关系”回避，避免与巡察对象有明显交集；巡察组人员确定后，全组人员主动提交回避申请，进行“隐性关系”回避，确保巡察组与巡察对象“物理隔离”，避免关系混杂，影响巡察。

三、学习培训

集中培训。动员部署会后，巡察办请相关领导和专家学者结合巡察任务对巡察工作人员进行专题辅导。各巡察组组织学习习近平新时代中国特色社会主义思想、中央和省区市党委或本系统巡视巡察工作的新任务新要求、党委（党组）关于巡察工作的决策部署和巡察工作领导小组要求，熟悉巡察工作流程和规范性文件，掌握政策，准确把握巡察内容、工作重点和方式方法，以及中央、上级党委（党组）、同级党委（党组）对被巡察地区（单位）和相关领域的方针政策。

专题培训。巡察办和巡察组根据组内人员分工，有针对性地组织

① 眭昀炜、谢超平：《南康：全过程管控推动巡察工作高质量发展》，赣州市纪委监委网2019年9月6日。

起草报告、信访、谈话、移交、内勤、底稿制作等专题培训。组织组内业务学习，重点学习巡察业务知识，掌握巡察的基本程序和方式方法，提高工作的科学化规范化水平。

培训可以采用集中授课、分组讨论、答疑释惑、经验交流、故事分享等多种形式相结合的方式，内容一般包括三个方面。

一是巡察工作政策。包括中央关于巡视巡察的政策制度、巡察的背景意义、发展历程，所在地方或单位开展巡察工作的情况、取得的成效等。让巡察人员从整体上认识和把握巡察工作，增强其参与巡察工作的荣誉感和使命感。

二是巡察工作流程与方法。包括本轮巡察的工作程序、工作制度、工作模板、纪律要求等。最好能针对联络员、巡察报告执笔人、内勤等岗位开展专门培训，让其迅速进入角色。其间，可以安排比较有经验的巡察组组长、副组长、联络员等介绍以往参加巡察工作的经验和心得体会。

三是巡察监督对象相关业务与专业知识。开展专项巡察时，涉及专项的政策法规很多，巡察组需要提前学习了解才能使监督更加有效。另外，作为巡察对象的一些政府职能部门、企事业单位专业性强、政策性强，即便是经验十分丰富的巡察组组长也不一定熟悉了解。因此，安排与巡察任务和巡察对象相关的专业知识培训，能够帮助巡察组找准专项巡察工作的着力点和突破口。

四、情况准备

巡察情况准备可以概括为“五听三查一结合”。“五听”指召开情况通报会，听取组织部门、信访部门、审计部门、纪检监察机关（部门）和相关职能部门介绍情况；“三查”指查相关审计报告、以往巡察报告、被巡察地区（单位）背景资料；“一结合”指结合领导对巡察的要求，上级巡视巡察移交整改事项。

巡察办商情纪检监察有关监督检查、党风政风等部门，组织人事部门，审计、信访等部门和单位，以及宣传、国资、教育等相关业务主管部门向巡察组通报情况。根据工作需要，纪检监察机关（部门）审查调查部门也可向巡察组通报情况。通报要体现政治巡察要求，坚持问题导向，细化通报内容，全面介绍被巡察地区（单位）政治生态、履行管党治党主体责任、上次巡察整改等情况，以及有关举报情况、领导干部问题线索和处置情况，并提供书面材料。巡察组根据工作安排，适时听取纪检监察机关（部门）、相关派驻纪检监察组情况介绍。巡察组组长、副组长、联络员与纪检监察机关（部门）相关监督检查部门、干部监督部门主要负责人单独沟通，重点了解涉及领导干部的重要问题线索，以及巡察中需要重点关注的问题。巡察办协助安排巡察组组长当面听取纪检监察机关（部门）相关监督检查部门分管领导的意见。

巡察办向巡察组提供上一次巡察该地区（单位）的巡察报告、反馈意见和整改情况报告，以及谈话情况报告、领导干部问题线索情况报告等资料。巡察组不得拍照、复印报告内容。

第二节　巡察组的准备工作

巡察组的准备工作包括人员分工与纪律要求、情况梳理与材料准备、完善组内领导机制、协调巡察进驻等方面。

一、人员分工与纪律要求

制定工作实施方案。巡察组根据了解掌握的情况，结合巡察任务制定工作实施方案，报巡察办备案。工作方案包括工作任务、方法步骤、时间安排、人员分工、纪律要求，以及党支部工作计划等内容。对有关部门在通报中提出需要重点了解的问题，在方案中要作出初步安排，必要时可以制定突发事件应急预案并同时报送。

强化纪律要求。巡察组根据巡察工作有关制度规定，细化工作、廉洁、作风等方面纪律要求，组织学习相关制度规定。

落实安全保密措施。巡察组组织学习安全保密规定，签订保密承诺书，进行安全保密教育。落实安全保密工作岗位责任制，严格涉密文件资料、工作日志、涉密计算机、存储设备、专用笔记本、信息系统的管理使用。

二、情况梳理与材料准备

巡察办充分收集已有监督成果，及时供巡察组研究参考。巡察组通过媒体、网络等渠道，广泛收集被巡察单位情况和相关舆情信息，需要向其他有关部门了解情况的，可通过巡察办协调联系。巡察组根据情况通报和收集掌握的情况，初步梳理研究需要重点关注的问题和工作方向，汇总制作问题清单。

起草组长讲话。巡察办起草本轮巡察组组长在进驻见面沟通会、动员会上的讲话通稿，在每轮巡察进驻前提供给巡察组。巡察组结合被巡察单位实际，在通稿的基础上形成组长在见面沟通会、动员会上的正式讲话稿。

起草新闻通稿。巡察办起草巡察组进驻新闻通稿，巡察组根据实际情况补充时间安排、邮政信箱、联系电话等信息。

三、完善组内领导机制

巡察组在动员部署会上接到巡察任务后，开始着手完善巡察组内领导机制。

组建组务会。巡察组根据人员调整情况，确定组务会成员，包括组长、副组长、联络员和有关骨干人员。组务会定期召开，由组长召集，主要对拟向巡察工作领导小组报告的重大事项、组内重要工作部署、拟深入了解的问题线索、拟确定的立行立改事项、重要文字材料起草修改、问题线索分类处理意见、认定挂牌件或无实质内容信访件、组内人员管理方面的重要事项等进行研究。组务会专项研究反映领导干部问题线索中的重要敏感问题，可以由组长决定参会人员范围。巡察组实行组长负责制。组务会存在意见分歧，经讨论仍不能达成一致时，由组长决定；对重大问题存在分歧的，应当将不同意见以适当方式向巡察工作领导小组或巡察办反映。召开组务会时应指定专人记录，组务会记录应存档备查。

明确组内工作机制。巡察组根据巡察任务和人员情况，确定组内分工，明确组内组织架构和运行机制。副组长按照分工，协助组长开展工作，联络员协助巡察组领导做好联络协调和内部管理。承担“一托二”“一托三”巡察任务的巡察组可视情确定 1 至 2 名副联络员兼内勤，在本小组履行联络员的部分职责。联络员、副联络员和内勤原则上由巡察机构在编干部担任。

选举产生党支部。召开巡察组党支部党员会议、党支部委员会。巡察组根据人员调整情况，选举产生党支部书记、副书记、委员，或补选党支部委员，并报巡察机构（巡察办机关）党总支。巡察组党支部书记由组长担任，明确一名副组长担任党支部副书记，联络员任纪检委员。巡察组党支部书记是巡察组党风廉政建设第一责任人，支部副书记、支部委员协助支部书记抓党风廉政建设，对职责范围内的事项负主要责任。巡察组党支部应抓好巡察期间借调党员干部的教育管理监督。

典型案例

云南省德宏州：把临时党支部建到巡察组[1]

云南省德宏州委巡察坚持“巡察工作开展到哪，党组织就建立在哪，管理监督就跟进到哪”，把临时党支部建到巡察组，切实发挥基层党组织的

① 《云南德宏：把临时党支部建到巡察组》，中央纪委国家监委网 2020 年 1 月 10 日。

战斗堡垒作用，推动巡察工作向纵深发展。

一轮巡察启动，各个巡察组均成立临时党支部，把参加巡察工作的所有党员干部纳入临时党支部统一管理，由巡察组组长兼任党支部书记。各临时党支部始终在“学”上下深功夫，通过“三会一课”制度，定期组织党员集体学习，引导巡察干部自觉用党的最新理论武装头脑、推动巡察工作。

巡察干部来自不同的单位、不同的部门，有的是新手，有的是能手。为此，临时党支部学习中，党员们不仅学习党的理论知识和业务知识，还共同交流巡察经验、探讨巡察技巧、分析研判问题，在学习过程中互相学习、互相帮助，增进感情、促进融合、培养默契，拧成一股绳，进一步提高巡察能力和水平。

针对巡察工作强度大、时间紧、任务重，巡察干部也容易成为被“围猎”的对象等问题，临时党支部特别注意了解每一名干部的思想动态。组领导经常与每名巡察干部谈心谈话，了解党员思想动态，既指出存在的苗头性倾向性问题，又坦诚交心，及时帮助消除思想病灶，在严管厚爱中不断增强巡察队伍的向心力和战斗力。

“党支部虽然是临时的，但对党员干部的教育、管理和监督不临时。”州纪委监委相关负责人表示，要把巡察组临时党支部建设抓得更紧、抓得更好，让“红色引擎”激发新活力。

四、协调巡察进驻

报批进驻方案。巡察办根据巡察工作领导小组要求和被巡察党组织情况，研究提出每轮巡察进驻安排，报巡察工作领导小组审批。巡察组根据进驻安排，与被巡察党组织沟通落实具体事项，形成巡察组进驻工作方案，报巡察工作领导小组有关领导审批。方案包括见面沟通会和动员会召开的时间、地点、参会人员、会议议程等有关事项。

沟通进驻事宜。巡察办、巡察组与被巡察党组织沟通，将进驻准备工作清单提供给被巡察党组织巡察工作联络组，督促、指导其按照有关要求做好材料准备、会议筹备、后勤保障等进驻准备工作。巡察组商请被巡察党组织准备巡察组联系信箱，开通邮政信箱、信访联系电话，畅通信访渠道，制定信访应急预案。

协调进驻宣传。巡察办研究起草进驻宣传方案，会同纪检监察宣传部门协调电视台、报纸、网站等新闻媒体落实，并将方案印送各巡察组。巡察组、巡察办协调被巡察党组织按照巡察进驻宣传安排，与相关新闻单位对接，配合做好拍摄报道工作。巡察期间，被巡察党组织发布执纪审查有关信息应事先向巡察组通报，涉及巡察工作的执纪审查类信息，发布前应征求巡察办意见。涉及上市公司信息披露事项的，由巡察办统一协调安排。

驻地和安全保障。巡察组驻地一般设在被巡察党组织所在设区市、县（市、区）党委定点接待宾馆。巡察本地单位时，巡察组驻地由巡察办统一协调安排。巡察期间，可以商请被巡察单位协助提供必要的工作保障和安全保障。

第三节　被巡察党组织的准备工作

根据《中国共产党巡视工作条例》有关要求，被巡察党组织接到巡察通知后，需要做好思想、组织、材料、会议等方面的准备工作。

一、思想准备

召开党委（党组）专题会议。学习中央和省区市党委、市县党委或所在单位党委（党组）有关部署要求，重点学习习近平总书记关于巡视巡察工作的重要论述，学习党章和《关于新形势下党内政治生活的若干准则》《中国共产党廉洁自律准则》《中国共产党纪律处分条例》《中国共产党问责条例》《中共中央关于加强党的政治建设的意见》等党内法规，以及所在地区或单位关于巡察工作的制度规定，学习关于深化政治巡视、政治巡察的要求，统一思想、提高认识，研究部署配合巡察工作的具体安排。

二、组织准备

成立党委（党组）巡察工作联络组。联络组一般由党办、纪检监察机关（部门）、组织人事部门等有关方面人员组成。联络组组长一般由分管相关工作的领导班子成员或党委副秘书长（党办主任）担任。联络组要按照巡察组的要求配合做好会议筹备、个别谈话、调阅资料、组织座谈、下沉了解等工作，对联络组及相关工作人员要提出安全保密要求。联络组成员名单及责任分工在巡察组进驻前及时报送巡察办。

三、材料准备

准备巡察组需要的相关材料。主要包括汇报材料、工作资料、文件材料等。

汇报材料包括：党委（党组）工作汇报材料；纪检监察机关（部门）专题汇报材料；组织人事部门专题汇报材料；党委（党组）落实意识形态工作责任制情况专题汇报材料；上一次巡察以来纪检监察机关（部门）收到信访件（问题线索）及处置情况。

工作资料包括：近三年来被巡察党组织主要文件目录；被巡察地区（单位）领导班子成员、本级退出领导岗位老干部和被巡察地区（单位）党委（党组）管理的干部人员名册、联系方式；党委（党组）管理干部的干部任免审批表活页（包括奖惩情况和主要社会关系的栏目）；巡察组需要提供的其他文件资料。这些材料在进驻前要准备好，进驻后即提供给巡察组。

文件材料包括：对照政治巡察要求，提前准备巡察组可能需要调阅的文件材料。以市县巡察为例，被巡察地区（单位）需要准备本届党委（党组）、政府（行政）重要文件，近年来研究党风廉政建设、选拔任用干部以及重要工作决策的会议记录，被巡察党组织领导班子民主生活会材料以及领导班子成员述职述廉材料，近年来中央、省（自治区、直辖市）党委、市委、县委领导关于本地区（单位）、本领域的重要讲话，中央、省（自治区、直辖市）党委、市委、县委印发的关于本地区（单位）、本领域的重要文件。其他材料根据巡察组需要提供。

四、会议准备

筹备巡察组与被巡察党组织主要负责人见面沟通会、工作动员会及专题汇报会，设立征求意见箱。

巡察组与被巡察党组织主要负责人见面沟通会。见面沟通会在动员会前进行，由巡察工作领导小组领导同志或巡察组组长主持，时间约 30 分钟。主要议程有巡察办或巡察组副组长传达本级党委（党组）主要负责人重要讲话精神，巡察组组长通报巡察任务和工作安排，被巡察党组织主要负责人简要表态。参会人员一般包括巡察工作领导小组领导同志，巡察组组长、副组长、联络员，巡察办有关负责人，被巡察地区（单位）党政主要负责人。

工作动员会。以市县巡察为例，会议名称为“××市（县）委第×巡察组巡察××党委（党组）工作动员会议”或“××市（县）委第×巡察组对××党委（党组）巡察‘回头看’工作动员会议”。被巡察党组织主要负责人主持会议。主要议程：巡察组组长讲话，巡察工作领导小组领导同志讲话，被巡察党组织主要负责同志表态。

专题汇报会。汇报时间按巡察组要求安排，党委（党组）的汇报一般在工作动员会后。汇报要按照巡察组要求准备，体现政治巡察的要求，聚焦坚持和加强党的全面领导、新时代党的建设总要求、全面从严治党，紧扣被巡察党组织职能责任，坚持实事求是、坚持问题导向。巡察组根据工作安排，听取纪检监察机关（部门）、组织人事部门等的专题汇报。

五、保障准备

组织有关机关、部门配合巡察工作。联系开设信访电话、邮政信箱，研究信访应急预案。为巡察组提供必要的工作条件和后勤保障，包括设立征求意见箱、谈话室、会议室、办公设备等。同时，配合巡察组严格落实中央八项规定精神及实施细则。

第六章
巡察了解

巡察了解，即巡察组进驻被巡察地区（单位）开展现场巡察，可以分为见面沟通、巡察动员、查找发现问题等环节。巡察工作领导小组要创新制度机制，优化工作流程，建立健全与纪检监察、组织人事等机关、部门和单位的协调协作机制，完善巡察干部激励约束机制，激发巡察干部发现问题的能动性，提升巡察发现问题的质量。巡察组也要创新方式方法，通过数据信息比对分析、改进谈话形式、提请专业支持等举措，探索符合基层特点、干部群众容易接受的工作方式，使巡察了解形式更加灵活、方法更加多样、成效更加明显。

第一节　见面沟通与巡察动员

巡察了解的首要环节是巡察工作领导小组和巡察组领导与被巡察地区（单位）党政主要负责人见面沟通和巡察动员。

一、见面沟通

巡察组进驻之后，巡察组在被巡察单位先召开见面沟通会。见面沟通会一般在动员会的前一天进行，巡察工作领导小组领导同志，巡察组组长、副组长、联络员，巡察办或组织人事部门相关负责人，以及被巡察地区（单位）党政主要负责人参会。

巡察工作领导小组领导同志主持会议（巡察工作领导小组领导同

志不参会的，由巡察组组长主持）。巡察办或组织人事部门相关负责人传达上级党组织关于巡视巡察工作的主要精神，党委（党组）关于巡察工作的主要要求，巡察组组长通报巡察任务、工作安排和工作要求，被巡察党组织主要负责人简要表态，巡察工作领导小组领导同志就配合做好巡察工作提要求，要求被巡察单位要强化“四个意识”，配合巡察组开展工作，统筹协调，做到“两手抓两不误两促进”。

虽然巡察组与被巡察党组织各自承担的分工不同，但根本目的是一致的，最终都是为了实现党的初心使命，维护党的领导和团结统一。做好巡察工作是巡察组和被巡察党组织共同的政治责任。巡察组根据授权对被巡察党组织进行巡察，全面贯彻巡视工作方针，正确履行监督职责，必然要求处理好巡察组与被巡察党组织之间的关系，处理好监督与被监督的关系，做到“同题共答”，在精准发现问题、推动解决问题上形成合力。因为巡察组与被巡察党组织同向发力，巡察就能更加精准反映问题、更加精准提出建议、更加精准推动解决问题，实现让党中央满意、让被巡察单位服气、让干部群众叫好、让全社会增强信心的效果，使巡察工作经得起历史的检验、实践的检验。

实现巡察组与被巡察党组织同向发力、同题共答，需要把握好四点。一是把握共鸣点，共同提高政治站位，做到“两个维护”；二是把握切入点，共同学习领会习近平新时代中国特色社会主义思想，推动对被巡察党组织指示批示精神落实落地；三是把握好原则，严格落实“发现问题、形成震慑，推动改革、促进发展”中央巡视方针；四是把握好方法，将思想政治工作贯穿始终。

二、巡察动员

巡察动员是指巡察组进驻被巡察地区（单位）后，广泛告知巡察讯息、巡察目的和意义，就被巡察党组织自觉接受巡察监督达成思想共识，同时发动干部群众积极向巡察组反映问题的过程。一般以在被巡察单位召开巡察动员会、新闻报道等方式进行。

巡察动员会由被巡察党组织主要负责人主持。会议议程包括：巡察组组长讲话，巡察工作领导小组领导同志讲话，被巡察党组织主要负责人表态。巡察组组长在动员会上要讲明此轮巡察的主要任务、监督对象，并公布巡察组的联系电话、邮箱等信息。巡察动员会要注意参会人员和列席人员的人员范围，事前列出具体名单。动员会后，被巡察党组织以党内文件形式通报巡察组进驻情况，印发巡察工作领导小组领导同志的讲话、巡察组组长的讲话和被巡察党组织主要负责人的讲话，并送至巡察办备案。

巡察组进驻要组织新闻报道。巡察组、巡察办协调被巡察党组织严格按照宣传方案确定的时间，通过被巡察地区（单位）电台、电视台、日报、官网，被巡察单位行业报、官网、内部网络等公布巡察组进驻信息。巡察涉及上市公司的，在宣传进驻、反馈、整改情况时，应遵守上市公司信息披露有关法律法规。

如果被巡察地区（单位）规模特别小，人员不多，则可根据情况灵活开展巡察动员。

第二节　巡察发现问题的方式方法

巡察要提高政治站位，重点检查基层党组织能否密切联系群众，有效解决基层突出矛盾和问题，以党的纪律为尺子，着力发现违反党的政治纪律、组织纪律、廉洁纪律、工作纪律、群众纪律和生活纪律的现象，对基层党员干部严格监督，推动解决基层组织软弱涣散、纪律松弛，治党严不起来，硬不起来等突出矛盾，及时纠正贯彻党的群众路线、大政方针跑偏走样、效果层层递减的问题，确保党中央惠民务实的好政策落实到群众身上。要抓住党员领导干部这个“关键少数”，把基层党组织领导班子及其成员特别是“一把手”作为巡察重点，查找政治偏差，发现违反中央八项规定精神问题和选人用人上的不正之风，督促增强党章党规党纪意识，发挥表率和示范作用，保持同群众的血肉联系。

一、坚持问题导向

确保巡察质量，必须坚持问题导向，牢固树立“有重大问题应当发现而没有发现就是失职、发现问题没有如实报告就是渎职”的“两职观念”。强化问题意识，把问题导向贯穿巡察工作全过程和各环节，做到严字当头、真管真严、敢管敢严、长管长严，使全面从严治党成为常态。增强党性观念，强化责任担当，敢于坚持原则，勇于较真碰硬，善于发现问题、如实报告问题、推动解决问题，使巡察真正成为基层党内监督的“前哨”、发现问题的“尖兵”、从严治党的“利剑”。

各地区、各单位情况千差万别，巡察工作不能“一刀切”，必须因地制宜，切合实际，才能不断提高针对性和实效性。在巡察了解过程中，要立足基层实际，不断探索创新监督形式、方式和手段。

《中国共产党巡视工作条例》第四章第十七条规定，巡视了解的主要工作方式有 13 种：听取被巡视党组织的工作汇报和有关部门的专题汇报；与被巡视党组织领导班子成员和其他干部群众进行个别谈话；受理反映被巡视党组织领导班子及其成员和下一级党组织领导班子主要负责人问题的来信、来电、来访等；抽查核实领导干部报告个人有关事项的情况；向有关知情人询问情况；调阅、复制有关文件、档案、会议记录等资料；召开座谈会；列席被巡视地区（单位）的有关会议；进行民主测评、问卷调查；以适当方式到被巡视地区（单位）的下属地方、单位或者部门了解情况；开展专项检查；提请有关单位予以协助；派出巡视组的党组织批准的其他方式。与党的十八大前巡视了解的方式相比，“抽查核实领导干部报告个人有关事项的情况”“向有关知情人询问情况”“开展专项检查”这 3 种方式是新增的，“受理信访”“走访调研”“商情协助”这3种方式作了重大修改，最后一项是授权性兜底条款，为巡视实践创新留出空间。

由于层级和监督资源受限，巡察不能完全套用巡视工作的方式方法。从各地经验来看，巡察了解和发现问题的主要途径有听取汇报、巡察谈话、受理信访、调查研究、召开座谈会、列席会议和民主测评、问卷调查、调阅资料、下沉了解、开展专项检查、询问知情人、抽查领导干部个人有关事项报告、提请协助等。

二、听取汇报

听取汇报是指听取被巡察党组织的工作汇报和有关部门的专题汇报。这既是巡察组全面了解情况、发现问题的一个重要方式，也是统一思想、传导压力、落实责任的有效途径，有利于推动形成巡察组和被巡察党组织同向发力、同题共答的良好局面。巡察组听取被巡察党组织汇报需要把握以下四个方面。

一是向被巡察党组织明确提出汇报要求。在程序上，要求被巡察党组织在汇报之前专题学习了解巡察目的、主要任务，进行充分准备、集体研究。在汇报内容上，要紧扣职能责任，对照“四个落实”或“三个聚焦”的政治巡察重点突出问题导向，少谈成绩，多谈问题。除了听取党委（党组）的汇报，巡察组通常还可以听取纪检监察、组织人事和巡察工作专题汇报。此外，巡察组还可根据工作需要听取信访、审计、财政等部门的专题汇报，既可会议听取，也可书面听取。

二是提前审核汇报材料。巡察组审核汇报材料时主要从政治站位高不高、自查内容全不全、问题比例是否符合要求、有没有具体事例、是否做到以下看上、原因剖析是否深刻、改进措施是否务实等方面着眼。巡察组对汇报材料提出审核意见一般要经过组务会研究，采取书面形式向被巡察党组织反馈，列出具体的修改建议。

三是灵活安排汇报方式。听取被巡察党组织的汇报时间没有固定要求，可以安排在巡察工作动员会之后，也可以安排在开展部分巡察谈话了解、对被巡察党组织的面上问题有基本了解和掌握后再听取党委（党组）的汇报。开展部分巡察谈话后再听取汇报，既给被巡察党组织充分的准备时间，也便于巡察组在审核汇报稿和听取汇报时能有针对性地提出问题，提高巡察了解的效率和效果。

四是充分用好汇报材料。汇报材料非常重要，特别是被巡察党组织的全面汇报信息量很大，巡察组可以分板块对有关内容进行专题梳理。同时，要将专题汇报的材料与个别谈话、受理信访、调阅资料等其他信息来源的材料结合起来分析研判。

三、巡察谈话

巡察谈话是一项非常严肃的政治工作。做好巡察谈话，需要重点把握以下三个方面。

一是做好谈话准备，特别是组织、业务、情况三方面的准备。在组织准备方面，巡察组需要统筹安排好谈话范围、重点谈话对象、谈话分组安排。拟定好谈话提纲并提前发放给谈话对象。在业务准备方面，巡察组人员需要深入学习党章和党内法规，加强对谈话对象工作领域相关业务知识的学习，避免谈话时出现“说外行话”“话不投机半句多”等尴尬情况。在情况准备方面，巡察组人员要掌握被巡察党组织的总体情况和谈话对象的特点，既要掌握面上情况，也要掌握点上情况，点面结合，做到心中有数、抓药有方。

二是把握谈话技巧。巡察谈话要做到依规依法，注重突出政治性、政策性、纪律性和策略性。巡察是党内监督，巡察谈话是党内同志式的谈话，应当遵循平等交流的原则，赢得谈话对象的信任。谈话时，巡察组人员需注重思想引导，讲清巡察目的、党性原则和巡察纪律，可以灵活运用直入式、渐进式、迂回式、反向式、分解式、嵌入式、点击式、探讨式、比较式、追问式等方式方法，把控谈话的方向和节奏，引导被谈话人围绕监督重点介绍情况、反映问题，确保谈话不偏离主题。无论采取哪种方式，都要做好预案，应对谈话中可能出现的各种突发情况，确保巡察谈话安全可控。

三是有效运用谈话成果。巡察谈话需安排专人记录，注重谈话记录的质量。各谈话小组应及时梳理谈话反映的问题。巡察组内建立谈话材料传阅汇总工作机制，定期汇总分析研判谈话反映的情况。

四、受理信访

受理信访是巡察发现问题的重要手段，也是党内监督和群众监督相结合的重要途径。需重点把握以下五个方面。

一是加强组织领导。巡察组成立信访工作组负责巡察期间信访举报件的接收、登记、转办和统计分析，组长一般由巡察组的副组长或者有关领导干部担任。被巡察党组织要成立信访协调组，负责保障巡察期间信访渠道畅通，协调接收巡察组转交的信访举报件、维护信访秩序等工作。

二是明确信访受理范围和工作规范。巡察组的受理范围是反映被巡察党组织领导班子及其成员、党委（党组）管理的其他干部以及下一级主要负责人问题的来信、来电、来访。对反映其他问题的信访举报，巡察期间只接收不处理，按规定转有关部门处理。巡察组通过对外公布的邮政信箱和联系电话受理来信来电，指定专人负责接听来电、拆阅来信，并建立台账，逐件做好登记。对来电反映属于本轮巡察范围的领导干部违纪问题线索的，在做好记录的同时，可建议其将书面反映材料邮寄至巡察组邮政信箱。反映被巡察党组织领导班子及其成员、上级党组织管理的其他干部、下一级党组织主要负责人和其他重要岗位负责人的问题及巡察组认为重要的信访件，由巡察组工作人员制作重要信访呈批单报巡察组领导批示。巡察期间收到不属于巡察范围的信访件，而属于被巡察党组织管辖范围的信访事项要登记台账并录入信息系统后，转被巡察单位纪检监察部门或信访部门处理，其他信访件巡察结束后通过巡察办，统一交纪检监察信访部门按规定处理。巡察组应将签收单和转交信访件目录清单归档备查。

三是加强巡察信访台账管理和统计分析。信访是反映一个地区或单位政治生态突出问题的晴雨表，对于信访信息要及时梳理、认真分析、有效运用。巡察组要定期形成信访台账，呈报给巡察工作领导小组审阅，让巡察工作领导小组掌握信访工作的整体情况，及时调整工作重点和工作措施。同时，加强对信访情况的统计分析，通过信访晴雨表来揭示被巡察地区（单位）存在的突出问题，梳理出群众关注度高、反映强烈的领域和问题，把握问题规律，为分析研判被巡察对象的政治生态和全面从严治党形势、确立立行立改事项等提供参考。在认真做好信访登记的基础上，巡察组对事实清楚、线索明确的信访反映内容要开展一定程度的印证核查。

四是加强信访引导和应急处置。巡察组在对外公开邮政信箱和联系电话时，一定要说明巡察受理信访的范围和截止时间，便于让干部、群众了解巡察组的受理范围，提前做好引导工作，避免在巡察期间收到大量非巡察受理范围的信访件。对于不属于巡察受理范围的信访件，要加强解释和疏导，引导干部、群众积极有序地参与到监督当中，保持信访渠道畅通。另外，巡察组一般不设接访点，需要当面反映情况的干部、群众由巡察组直接约谈。巡察工作人员对有集体访苗头的信访件，一定要有高度的敏感性，及时采取措施，防止群体性事件发生。巡察组要会同被巡察单位定期分析信访情况，排查信访风险，维护信访秩序。遇信访突发事件，应充分依靠被巡察地方或单位和有关职能部门，加强工作沟通配合，积极稳妥处置，并将信访应急情况报告巡察办。

五是规范径送件办理。径送件是指反映上一级党组织管理干部，或者属于上一级纪检监察机关（部门）受理范围，超出巡察组受理管辖权限范围的信访举报和反映。巡察办要根据干部管理权限明确径送范围，规范办理程序。径送件的办理程序有专门规定，由承办人按照不交流、不讨论、不逐级请示、不登陆台账的要求径报给巡察组组长，组长在填写径送件呈批单后，通过巡察办密封呈送巡察工作领导小组。信访工作人员对于“挂牌件”要审慎处理，必要时应当提交巡察组组务会研究。

五、调阅材料

调阅材料既是巡察组印证问题的手段，也是发现问题的途径。调阅材料时，巡察组要注意把握以下三个方面。

一是提高调阅材料的针对性。巡察组要聚焦职能职责、聚焦突出问题、聚焦监督重点精准调阅材料。重点要调阅被巡察党组织印发的有关文件、会议纪要、会议记录、主要负责人和班子成员的讲话、工作报告、调研成果，被巡察党组织的工作总结、工作规划和计划、向上一级党组织的报告等与被巡察党组织责任密切相关的材料，以及审计报告、内部巡察报告、专项治理材料、案卷等直指问题的重要材料。查阅被巡察单位及其下属单位的财务报表、会计科目时，要对照相关财务管理制度，重点发现被巡察单位是否存在挤占专项经费、大额资金支付依据不足、违规公款考察、违规列支招待费、违规发放奖金福利等方面的问题。在巡察企业时，还可调阅企业内部风险管控或者合规性审查报告等由监督部门形成的报告。此外，巡察组可以针对某个具体问题调阅相关印证和支撑材料。

二是把握调阅材料的灵活性。巡察组在进驻前向被巡察单位联络组提出调阅材料清单，便于进驻之后就可以迅速开展工作。常规调阅材料清单一般包括被巡察单位的基本情况、工作依据、职责权限、会议纪要、会议记录等。在此基础上，巡察组可根据工作需要进一步细化调阅材料清单。进驻之后，巡察组可以根据工作的进展进一步分期分步调阅材料。必要时，巡察组还可以去有关单位现场调阅材料。除了调阅书面材料，也可以充分利用大数据信息。

三是充分运用好调阅材料。巡察组要尽量安排人员第一时间阅研调阅材料，趁热打铁，保持对问题的敏感性。巡察组可以建立阅卷报告或者阅卷笔记机制，采取集体阅研和单独阅研相结合的方式，对阅研过程中发现的问题及时碰撞，相互启发。在阅研材料过程中，巡察组要注重加强信息的对比分析，如将上级提供的材料和下级提供的材料进行对比；把方案部署的材料和总结的材料进行对比；就同一问题把不同时期的报告材料进行对比，从比对中发现问题。

典型案例

江苏省淮安市洪泽区积极运用信息化手段开展巡察①

江苏省淮安市洪泽区市政公司原总经理楚某某，平时给人低调、廉洁的印象，而他竟会被巡察组盯上。“这是大数据分析比对的结果，数据一旦‘开口说话’，再狡猾的狐狸也无处隐藏。”负责巡察区住建局的区委巡察组组长表示。

洪泽区巡察组近年来针对驻点时间短、工作任务重等难题，积极引入平台大数据，通过比对、研判，让大数据充分发挥作用，有力提升了巡察工作成效。

“区里现有干部信息管理库、工程发包监管系统等众多数据平台，如果能用好这些数据，巡察将会达到事半功倍的效果。”区委巡察办主任介绍了运用大数据的初衷。

2017 年 4 月，洪泽区委巡察组进驻区住建局后，通过查阅“洪泽区小型工程直接发包监管系统”，调取了该局 2014—2016 年所有市政工程项目数据。同时要求区住建局提供同期市政工程资料。通过比对，巡察组发现监管系统只有 20 多个项目，而市政公司提供的资料却有 117 个项目。为

① 张林、石庆春、杜沫：《洪泽积极运用信息化手段开展巡察　6 成问题线索来自大数据》，《中国纪检监察报》2018 年 4 月 8 日。

什么两份数据相差如此悬殊？巡察组通过调查，发现大量工程项目有的被故意拆分，有的用议标代替招标，严重违纪违法。而后迅速锁定了市政公司原总经理楚某某利用职权索贿、受贿的线索。经审查，楚某某长期利用职务便利为他人谋取利益，收受他人财物29万元，涉嫌犯罪，已被开除党籍和公职，移送司法机关处理。

2016年以来，至2018年4月，洪泽区对14个党组织进行了全面政治体检，共发现问题线索261条，其中60%是通过大数据分析研判取得的。

六、调查研究

巡察期间，巡察组可以采取召开座谈会、列席会议、民主测评和问卷调查等方式进行巡察了解。巡察组在巡察过程当中，一定要结合实际，突出重点，紧紧围绕发现问题开展工作。

召开座谈会是巡察组和不同层面的群体面对面地了解情况、听取意见的途径。召开座谈会前，要充分设计好调研座谈方案，明确座谈主题、目的、对象，精心设计安排，避免座谈时泛泛而谈。选择座谈人员要注重代表性，提前给座谈人员发放提纲，并给予必要的准备时间，确保座谈实效。

巡察组列席被巡察地区（单位）有关会议，能从会议讨论决策的方式和程序中了解被巡察党组织执行民主集中制的情况，从会议的议题了解党组织发挥作用的情况，从会议发言状况了解领导班子建设和班子成员担当的情况，从会议材料发现可能存在的问题线索等。巡察组进驻之后，可以要求被巡察单位提供巡察期间的重要会议安排，提前告知巡察组会议时间、地点、议题。巡察组人员参加会议时，不发表意见、不参与评议，不能干预和影响被巡察党组织的正常工作。

巡察组在巡察期间开展民主测评、问卷调查，要尊重科学、注重实效。一般民主测评可以结合领导班子和干部的年度考核、干部选拔任用工作以及“一报告两评议”工作来进行。采取问卷调查的方式开展调研，要精心组织、科学设计，做好问卷结果的统计分析，注重实际效果。

七、下沉了解

下沉了解是指以适当方式到被巡察党组织的下属地方、单位、部门了解情况，目的是以下看上印证问题，查找责任。巡察组开展下沉了解时，需要把握以下三个方面。

一是找准延伸了解的对象。开展下沉了解要坚持问题导向，巡察组可以在前期普遍了解的基础上，重点到干部、职工、群众反映强烈、矛盾集中、问题突出的地方、单位、部门开展延伸了解；到反映比较集中的领导班子成员曾经担任过主要领导的地方、单位、部门去深入了解；还可以选择对被巡察单位的管理服务对象进行深入了解。下沉了解时一定要带着任务和问题，不能漫无目的搞全覆盖。

二是制定详细的工作方案。巡察组要明确下沉了解需关注的问题、了解渠道，提前做好方案，防止泛泛调研浮于表面。

三是坚持以下看上。下沉了解时要紧扣被巡察党组织的职能责任，防止偏离方向。通过了解基层的问题，去追问原因，查找被巡察党组织的责任。

八、开展专项检查

开展巡察过程中，可以仿照中央巡视经验开展专项检查，如选人用人专项检查、意识形态责任制落实情况的监督检查，以及对被巡察党组织内部巡察工作的监督检查。专项检查是巡察工作的一部分，需在巡察组组长的统一领导下开展。一方面，组长要加强组织领导、工作统筹和人员管理；另一方面，牵头专项检查的同志也要及时向巡察组组长报告工作安排、工作进度和重要事项。专项检查报告需提交组务会审议讨论，按程序报批。专项检查发现的重要内容要写入巡察报告。反馈时，专项检查的反馈意见和巡察反馈意见一并向被巡察党组织反馈，请主要负责人签收。被巡察党组织应当将专项检查发现问题的整改情况，纳入巡察整改报告，同时分别向纪检监察机关（部门）、组织人事部门、宣传部门和上一级巡察机构报送专项整改报告。

九、提请协助

通过提请有关单位予以协助，可以强化巡察组发现问题的手段和权限，拓宽巡察了解的渠道，形成监督合力。对于一些专业性比较强或者特别重要的问题，巡察组可以通过被巡察党组织或者巡察办统一商请有关职能部门或专业部门予以协助。涉及的提请协助的机关和部门通常包括纪检监察、政法、审计、金融、财政、国企监管部门以及其他的专业职能部门。

十、询问知情人

知情人主要指相关的实名举报人或者被采取审查措施的人员、被采取司法措施的人员。这些人员掌握的情况有较高的可信度和可查性，是巡察组了解真实情况的重要来源。询问知情人时，一定要根据巡察反映的问题线索有针对性地询问，尽可能将时间、地点、人物、情节等要素了解清楚并认真记录。巡察组运用询问知情人的方式时，一定要严格履行审批手续、严格把握政策界限、严格遵守保密纪律、严格控制执行范围。

十一、抽查核实

抽查领导干部个人有关事项是巡察深入了解的重要手段，必须要从严把握标准条件，规范使用。一要严格查询条件，明确查询重点。提出抽查名单必须坚持审慎必要的原则，严格控制抽查的范围和数量。只有在巡察过程中有问题反映的领导干部才能被列入抽查名单，不能把抽查变成普查。二要规范审批和操作流程。巡察组提出抽查申请，经巡察办报巡察工作领导小组同意后方可执行。三要加强抽查结果运用。巡察组收到抽查结果后，应当结合掌握的其他信息进行综合比对、分析研判，重要线索写入巡察报告和领导干部问题线索报告。巡察结束后，需将领导干部个人有关事项抽查情况表移交纪检监察机关（部门）和组织人事部门。

第三节　巡察了解的注意事项

巡察了解期间，巡察组需坚持“两不原则”，严格请示报告制度，根据需要可以推动被巡察党组织立行立改。巡察组对重大复杂问题的历史背景、形成原因、政策依据，以及其他感觉把握不准的问题，也可以在现场巡察将要结束撤离驻地前征求被巡察党组织主要负责人的意见。

一、推动立行立改

巡察期间推动立行立改，目的是督促被巡察党组织落实主体责任，促进形成良好的监督和震慑氛围。参照中央巡视办制定的《规范巡视期间立行立改工作的意见》，巡察期间推动被巡察党组织立行立改需要注意以下三个方面。

一是明确立行立改事项。巡察组在巡察期间提出立行立改事项，前提条件是群众反映强烈，明显违反规定且被巡察党组织能够及时解决的问题。一般包括四类：违反中央八项规定精神和“四风”方面的问题；损害群众利益的普遍性、突出性问题；各类监督检查发现的应改未改的突出问题；可能会引发群体性事件的个别典型问题。

二是严格立行立改程序。巡察组需召开组委会专题研究确定立行立改的事项，征求被巡察党组织负责人意见后，通过巡察办报巡察工作领导小组分管领导同意，再移交被巡察党组织。被巡察党组织依规依纪依法处理需立行立改的事项。现场巡察结束前，被巡察党组织把立行立改事项的办理情况上报给巡察组。

三是用好立行立改成果。相关立行立改事项的情况，要写入巡察报告。巡察结束之后，需将立行立改事项移交纪检监察机关（部门），纳入巡察整改的日常监督范围。

典型案例

云南省文山州麻栗坡抓实巡村立行立改问题架起群众“连心桥”①

麻栗坡县积极践行“巡察为民”的理念和情怀，着力抓好立行立改、边巡边改工作，做到早发现、速处置、快整改，压紧压实被巡察单位党组织主体责任，及时解决群众身边事、架起群众“连心桥”。

聚焦监督重点，选准整改角度。巡察期间该县除召开动员会、发布张贴巡察公告等常规宣传外，结合巡察工作内容、村情民情民风，用民语广播、微信二维码和群众语言宣传，变坐等群众上门为主动下访，进村入户召开群众会、座谈会，在农家庭院、田间地头、施工现场、街头寨尾走访群众，最大范围收集社情民意和问题诉求。将信息“一把抓”回来后，坚持“昼巡夜结”组务会研判制度，建立问题清单台账，对涉及群众切身利益、事实过程清楚、责任主体明晰可以立行立改的事项，以及明显违反规定且能够及时解决的问题，列为立行立改问题及时移交相关单位限期办理，切实解决一批事关群众切身利益的问题，增强群众的获得感。

聚焦整改质效，提升整改速度。该县注重压实被巡察党组织整改主体责任，明确立行立改问题要以又好又快为工作目标，督促有关单位限时处理、限时反馈，快出成果，形成震慑。在全县开展的5轮对村巡察移交的1682个立行立改问题中，有1500余个问题都在1个月左右就完成整改，收到了立竿见影的效果，群众反映说“找巡察组办事管用，我就要找你们”。

聚焦上下联动，加大整改力度。巡察组强化系统抓、系统改意识，针对巡察中普遍存在、反复出现的共性问题，加强上下联动、信息互通，发现符合立行立改的同类问题实行同步立行立改。针对巡察发现多个村“三资”管理混乱、资产资源使用效率不高、村务公开流于形式等问题，收集汇总

① 田玲、刘显贵：《麻栗坡：抓实巡村立行立改问题 架起群众“连心桥”》，文山州纪委监委网2021年4月1日。

反馈后，县人民政府研究制定了《关于进一步规范村务公开工作的通知》，进一步细化明确23项村务公开内容和流程，推动实现了村务公开的长效化、规范化、常态化，通过立行立改督促追缴长期滞留在村干部个人手中的村集体资金200余万元，有效规范了村集体资金管理使用。

同时，该县注重“边巡边改＋督查回访”，强化跟踪督办，在开展立行立改工作期间，要求被巡察党组织和相关部门将立行立改整改进度、存在问题等办理情况，向负责巡察的巡察组报告，巡察组适时开展回访督查，督促抓好整改落实。通过发放立行立改通知书，立即叫停各类不规范行为，修复日常管理、制度执行中存在的漏洞，推动了村务公开、道路建设、饮水保障等一批事关村（社区）发展的好事实事落实落地，树立巡察权威，充分彰显了巡察监督的震慑力。

江苏省常熟市加强“立行立改”推动巡察整改快速见效①

2019年首轮巡察中，常熟市委巡察机构立足“早发现、快处置”，对3家单位下发“立行立改”通知书，压紧压实被巡察单位主体责任，有的放矢提升巡察监督质效。

一是靶向出击查问题。聚焦监督重点，依托巡察组深入了解、敏锐捕捉被巡察党组织存在的问题，对发现的违规发放补贴、公务用车管理不规范、固定资产管理不规范等应当且可以立即整改的问题，制定“立行立改”问题清单，提出整改意见建议，上报巡察办备案并提交巡察工作领导小组审核。

二是立查立纠严整改。以巡察办名义下发通知，把问题及时反馈被巡察党组织，督促严格整改。被巡察党组织收到通知后，立即按要求开展整改工作，专题研究制定整改举措，明确责任人、整改时限，在问题反馈后的15个工作日内向市委巡察机构报告整改落实情况，切实做到边巡边改、快速纠偏。

三是即知即改见成效。被巡察党组织按照“立行立改”通知要求，迅速纠正相关问题，立即叫停各类不规范行为，修复日常管理、制度执行中存

① 《常熟市加强“立行立改”推动巡察整改快速见效》，常熟市纪委监委网2020年4月30日。

在的漏洞，净化良好政治生态，让广大干部群众实实在在感受到巡察工作在身边，整改实效看得见、摸得着，充分彰显巡察监督震慑力。

江苏省宿迁市宿城区："一督一评一审"推动立行立改①

为扎实做好巡察期间立行立改工作，及时解决群众身边突出问题，不断提升巡察工作质效，切实增强群众获得感，宿城区巡察机构建立"一督一评一审"工作机制，进一步明确监督重点，规范交办流程，压实工作责任，推动问题整改。

全链监督，压实责任。对于巡察过程中发现的立行立改事项，巡察组在履行完审批手续、交办被巡察党组织后，及时将相关材料移交对应的区纪委监督检查部门。巡察组负责对被巡察党组织立行立改各个环节开展指导；监督检查部门负责督促被巡察党组织落实纠偏、问责和长效机制建立等工作责任；巡察办负责会同巡察组对立行立改成效和群众满意度进行回访评议。2019 年 1—7 月，向被巡察党组织交办立行立改事项 17 个，有效地推动相关事项的高质量整改。

双效评估，推动整改。制定出台《区委巡察整改工作督查评估办法》《巡视巡察整改日常监督办法（试行）》等文件，进一步明确立行立改事项整改评估主体、重点、方式等内容。立行立改事项整改完成后，由区委巡察组牵头，会同区委巡察办、区纪委监委监督检查室，重点围绕"时效+实效"双达标要求，对被巡察党组织落实情况开展量化评估，确保整改成效。截至 2019 年 7 月，已开展整改成效量化评估工作 4 次，当场反馈不足 6 处，提出针对性意见建议 9 条。

专题审议，逐件销号。进一步丰富完善书记专题会的汇报内容，把被巡察党组织落实立行立改事项情况及整改成效量化评估结果作为一项重要内容向书记专题会汇报，同时根据书记专题会精神和主要领导提出的要求，对立行立改结果予以运用，并逐件销号。区委第七轮巡察向书记专题会汇报立行立改事项 11 个，已全部按程序销号。

① 陈伟：《宿城区："一督一评一审"做细做实巡察"立行立改"》，宿迁市纪检监察网 2019 年 7 月 5 日。

二、坚持“两不”原则

“两不”原则指的是根据《中国共产党巡视工作条例》第十八条内容结合实际要求，巡察期间，巡察组不干预被巡察地区（单位）、部门的正常工作，不履行执纪审查的职责。

巡察组不干预被巡察地区（单位）、部门的正常工作。被巡察地区（单位）的工作涉及方方面面，按照中央和上级党委（党组）的决策部署正常推进，有自己的战略规划和计划安排，巡察组进行干涉甚至指手画脚容易影响被巡察地区（单位）工作的有序开展。巡察组在履行职责时，应不干预被巡察地区（单位）的正常工作和生产经营，不处理被巡察地区（单位）的具体问题，被巡察地区（单位）发生的紧急情况和重大问题及时向巡察工作领导小组报告，不作个人表态。

巡察组不履行执纪审查职责。执纪审查是纪检监察机关的职责和权力，具有严格的审批程序。巡察组“不履行执纪审查的职责”，是对巡察权力边界的明确。巡察组的任务是发现问题、反映问题、推动解决问题，是“尖兵”“前哨”，没有执纪审查的权限。巡察组发现违纪违法问题线索，应按程序移交纪检监察机关处置。巡察期间，属于本次巡察对象和范围的有关人员向巡察组主动投案的，巡察组应安排两名以上的工作人员接待，核实其身份信息，简要了解拟交代问题、投案事由等，做好简要记录，通过巡察办向巡察工作领导小组报告。其他人员向巡察组主动投案的，巡察组按照上述要求接待，报巡察组组长批准后，按有关规定及时通知有关部门将主动投案人接管带回。

在巡察工作实际中，要把握“可控制、不惊动”的原则，如果觉得有可能控制不住局面或有可能惊动涉案人员，就要向巡察工作领导小组报告，由巡察工作领导小组决定是否由巡察组继续深入了解，还是交由其他部门继续介入。

三、严格请示报告

巡察组根据派出党组织的授权开展工作。严格请示报告是依规依纪依法开展巡察的重要体现。巡察组应当经过巡察办向领导小组请示报告的事项主要包括：拟询问在押和被采取审查措施等有关人员；拟督促被巡察单位立行立改的事项；拟提前向纪检监察机关（部门）移交的问题线索；拟抽查核实个人有关事项报告及反洗钱查询名单；拟提请有关职能部门协助事项；拟进行巡察深入了解的专题等。

四、与被巡察党组织主要负责人沟通情况

从十九届中央第五轮巡视开始，中央巡视组在现场巡视结束前新增了与被巡视党组织主要负责人沟通的环节，涉及重要问题要注意听取意见建议。在巡察实践当中，巡察组对重大复杂问题的历史背景、形成原因、政策依据，以及其他感觉把握不准的问题，也可以在现场巡察将要结束撤离驻地前征求被巡察党组织主要负责人的意见。这样做有利于巡察组在对重要问题的判断上做到实事求是、客观准确。

巡察组需要与被巡察党组织主要负责人沟通的事项应当召开组务会提前研究。涉及被巡察党组织主要负责人的问题、涉及领导班子成员的问题线索、巡察报告等不在沟通范围之内。当面沟通时，组长、副组长和联络员参加，安排专人做记录。如果被巡察党组织对沟通情况有不同意见的，可以当面提出，比较复杂的问题也可以从沟通之日起 3 日内向巡察组反馈意见。巡察组对主要负责人反馈的意见要认真研究、深入了解。无论是采纳还是不采纳被巡察党组织主要负责人的意见，都要将有关意见纳入巡察问题底稿。

第四节　被巡察党组织相关配合工作

被巡察党组织要增强“四个意识”，配合巡察组开展工作，同题共答，形成监督合力。2017 年 8 月，中央办公厅印发了新修订的《被巡视党组织配合中央巡视工作规定》。各地区（单位）也可参照制定相关制度，要求被巡察党组织结合自身实际配合巡察工作。

一、巡察组进驻时的配合工作

巡察组进驻后，被巡察党组织应当做好配合工作。与巡察组组长商定配合开展巡察工作的有关事项；主持召开巡察工作见面沟通会、巡察工作动员会，对配合巡察工作提出要求，并向巡察组汇报工作情况；督促被巡察地区（单位）在当地主要新闻媒体或内部网站上发布巡察公告，公布巡察工作的监督范围、监督内容、时间安排、巡察组联络方式、信访接待方式等，督促被巡察地区（单位）及时通过内部通报等方式在本单位、本系统公布上述情况，公布内容应当经巡察组组长审核。

二、巡察期间的配合工作

巡察期间，被巡察地区（单位）党组织应当协调配合巡察组开展以下工作：组织有关部门向巡察组作专题工作汇报；组织召开听取意见座谈会；安排有关人员进行个别座谈；对领导班子及其成员进行民主测评和问卷调查；安排有关职能部门或专业机构协助巡察组做好对专业性较强或者特别重要问题的了解工作；做好巡察组需要协助配合的其他工作。

巡察期间，被巡察地区（单位）的有关机关、部门应当按照巡察组要求，提供开展巡察工作必需的有关文件、材料、财务账目、档案、会议记录等。

被巡察地区（单位）党组织领导班子成员及其他干部群众与巡察组进行个别谈话时，应当如实反映有关情况和问题。

巡察期间，被巡察地区（单位）应当及时将下列情况向巡察组通报：党政主要领导阶段性活动安排；拟召开的重要会议及拟举办的重大活动；突发事件、群体性事件、重特大安全生产事故、重大案件等；被巡察地区（单位）党组织管理的干部被立案查处或者拟对重要干部进行调整的情况；拟作出的事关本地区、本单位改革发展稳定的重大决策部署；其他需要向巡察组通报的重要情况。

巡察期间，被巡察地区（单位）应当配合巡察组做好相关信访工作，及时将巡察组移交的信访事项处理情况通报巡察组。对于向巡察组反映问题的集体上访事件，在听取巡察组意见后应当进行妥善处理，并将处理情况通报巡察组。

巡察期间，对巡察组提出的群众反映强烈、明显违反规定且能够及时解决的问题，被巡察地区（单位）党组织应当及时进行专题研究处理，并向巡察组反馈处理情况。

第七章
巡察报告

巡察了解过程中，巡察组有大量的文字材料要起草。一套完整的巡察报告材料包括巡察报告、谈话情况报告、领导干部问题线索报告等。巡察期间发现被巡察地区（单位）某些方面存在的普遍性、倾向性问题和其他重大问题，巡察组还可以形成专题报告，分析问题产生的原因并提出建议。

第一节　撰写巡察报告

巡察报告是巡察成果的重要载体，是巡察组巡察成果的体现和展示，是被巡察单位党组织开展整改、完善自我、促进发展的基本遵循，是形成震慑、发挥遏制和治本作用的重要载体。巡察发现的所有问题，都要通过巡察报告来呈现；巡察后期的整改，同样要以巡察报告为依据。巡察组必须集中全体人员的智慧，把巡察报告写好，确保巡察成果得到充分体现。

一、巡察报告的主要内容

巡察报告是巡察工作领导小组了解被巡察地区（单位）情况、研究提出成果运用意见的重要依据。巡察报告要认真撰写，确保巡察成果得到充分体现。

巡察报告主要分为四个部分。

第一部分是基本情况和总体评价，主要是从政治角度对被巡察党组织作出判断和评价。这一部分是总体评价，不要求面面俱到。一要聚焦核心职能。以高度凝练的文字，把这个地区（单位）最核心的职能，以及它在党和国家全局中的定位和作用概括出来。二要体现政治监督。主要评价被巡察党组织坚持党的领导、加强政治建设、履行职责使命、落实全面从严治党要求、干部担当作为以及政治生态等方面的情况。

第二部分是巡察发现的主要问题。根据政治巡察要求、巡察工作方案，围绕当前监督重点反映问题。比如，巡察工作方案明确“四个落实”关注点，即“落实党的路线方针政策和中央重大决策部署情况，落实全面从严治党战略部署情况，落实新时代党的组织路线情况，落实巡视、审计、主题教育发现问题的整改情况”。市县巡察明确“三个聚焦”的监督重点，即“聚焦党中央各项决策部署在基层的落实情况，聚焦群众身边腐败问题和不正之风以及群众反映强烈的问题，聚焦基层党组织建设着力发现和推动解决存在的突出问题”。起草巡察报告，要围绕政治巡察“四个落实”或“三个聚焦”反映问题，要结合被巡察地区（单位）实际，把“四个落实”或“三个聚焦”要求进一步细化、具体化，着力把握“三个紧扣”，即紧扣职能责任、紧扣领导班子和“关键少数”、紧扣主要矛盾。在写完上述问题后，巡察期间推动被巡察党组织立行立改情况，单独用一段来写，文字不宜太多。针对巡察发现的共性问题，特别是体制机制方面问题亟须引起有关部门重视或加以解决的情况反映和意见建议，可撰写专题报告。如巡察组计划写专题报告，可在阶段汇报或巡察工作领导小组领导同志调研指导时请示确定。能在巡察报告里说清楚的问题，一般不再形成专题报告。

第三部分是问题线索，按照问题性质和严重程度分为建议进一步了解关注类、了解关注类、参考类和组织处理类。巡察问题线索分类的标准和监督执纪“四种形态”的标准对应。第一类线索参照第四种形态“严重违纪涉嫌违法立案审查”来把握，原则上每个地区（单位）不超过 3 人。此类线索移交纪检监察机关（部门）后都要初核，因此必须经过巡察组深入了解。撰写报告时不能简单汇总其他单位通报的情况、巡察期间收到的信访反映或是个人有关事项抽查报告和反洗钱查询结果等信息，而要在巡察报告中“写人写事写判断”，问题定性要准、材料支撑要足。第二类线索参照第三种形态“重处分或重大职务调整”来把握，写报告时概括反映主要问题，如巡察组作了初步了解，简写有关情况。第三类线索是建议参考类，对应第一、二种形态，巡察报告中写上总人数即可。

第四部分是意见建议。主要包括四个方面：一是拟向被巡察党组织反馈的意见。这类建议一般写 5 至 6 条，在巡察发现问题突出的方面可以多提一些意见建议。二是向纪检监察机关（部门）提出的建议。这类建议包括对反映领导干部问题线索提出处理建议，对被巡察党组织在党风廉政建设和反腐败斗争等方面存在的突出问题，以及强化巡察整改日常监督提出工作建议。三是拟向组织人事部门提出的建议。这类建议主要对被巡察地区（单位）领导班子建设、选人用人、基层党建、干部队伍建设等方面存在的问题提出建议，原则上不提具体岗位调整的建议。同时，建议组织人事部门强化对巡察整改工作的日常监督。四是拟向有关职能部门提出的建议。这类建议针对巡察发现的共性和普遍性问题，根据职责分工向有关部门提出。如没有发现这类问题就不用写向有关职能部门提出的建议；如巡察组拟提此类建议，须同时提供相关背景材料或问题支撑材料。

若巡察组的巡察任务是“一托二”“一托三”，还可考虑根据巡察工作领导小组听取汇报的要求撰写“多合一”报告。

巡察报告要做到重点突出、客观准确、言简意赅。巡察办最好能设计巡察报告模板，对巡察报告格式统一规范，规定字数要求。

当然，巡察对象千差万别，巡察报告也不要太拘泥于形式，可根据不同的巡察对象和发现问题的情况进行灵活处理。比如，对村（社区）巡察时，巡察报告可以采用直接列问题清单的形式，简易明了，也便于村（社区）开展巡察整改。

二、撰写巡察报告的注意事项

巡察报告反映的问题要真实，且是典型问题。撰写巡察报告时要将问题的核心要素如时间、人物、事实、数字、原因等写清楚，同时把问题的程度表述清楚；若问题产生了影响，要把影响表述清楚。同时，写入巡察报告的需是真问题，是违规违纪违法问题，而不是业务管理问题；需是经巡察组印证的问题，而不是信访、谈话反映的问题。巡察情况报告力图将问题反映清楚，一般不写问题处理结论。

巡察报告要追根溯源、提出鲜明的观点。一是把握好“树木”和“森林”的关系。在分析、判断被巡察地区（单位）的问题时，对发现的问题、事例要把握好代表性、关联性和系统性，注意避免面面俱到，不能以偏概全。二是把握好问题在下面、根子在上面。要追溯问题源头、责任源头，找到被巡察地区（单位）党组织在党的领导方面存在的问题，影响政治生态的问题。三是要善于抽丝剥茧，透过现象看本质，通过归纳概括、分析问题性质，提出鲜明观点。

三、巡察组起草报告的主要做法

起草一份高质量的报告离不开巡察组每位同志的努力。巡察报告是集体智慧的结晶。巡察组组长是巡察报告第一责任人，副组长要充分发挥“副手”作用，协助组长牵好头、把好关。联络员及其他同志要主动作为，按分工做好本职工作。报告执笔人要认真学习研究、全面占有材料、全局掌握情况、精准反映问题。

第二节　撰写其他巡察文稿

一、巡察报告问题底稿

制作巡察报告问题底稿要符合巡视报告问题底稿制度的相关要求。实行巡视报告问题底稿制度是巡视工作坚持实事求是、依规依纪依法原则的重要举措，也是十九届中央巡视重大制度创新。为避免巡视报告中出现问题支撑材料不完整、关键信息不明确、难以追溯核实等情况，中央巡视办研究制定了《巡视报告问题底稿管理办法（试行）》，要求凡是写进报告的问题都要有具体的事例作支撑，特别是对重大问题的定性判断，既要有面上情况的总体分析，也要有典型事例和数据，还要有充分的政策依据，确保定性准确、论证有力、逻辑合理。

2019 年 3 月 20 日召开的全国巡视工作会议提出，底稿制度对提高巡视巡察发现问题的质量，确保巡视巡察监督经得起历史、实践的检验发挥了重要的作用，要求全国巡视巡察系统都要施行问题底稿制度。

参照巡视底稿制度，巡察报告底稿内容包括：问题来源、问题概述、巡察了解情况及有关支撑材料等，其中巡察了解情况和支撑材料是两个关键要素。巡察了解情况是指巡察组人员了解情况的过程及事实描述，必须见人见事，内容包括了解方式、责任主体、时间地点、主要情节、造成影响等，尤其要清楚违规违纪问题的确定依据。支撑材料是指巡察组在了解问题过程中涉及的谈话记录、被巡察党组织汇报稿、有关审计或调查报告，以及相关制度文件等。支撑材料要尽可能选择原始材料或证明力强的材料，如篇幅较多可作重点摘录。

巡察底稿制度主要有三方面要求。

一是规范内容要素。要按照一事一底稿，一个问题一底稿来制作。即巡察报告中撰写的每一个相对独立的具体问题，或者每一项需整改的事项要单独制作一份底稿。

二是规范编制流程。巡察底稿编制需与巡察了解同步进行，巡察底稿形成和巡察报告初稿基本是同步完成，充分发挥巡察报告与巡察底稿之间相互印证、辅助互动的作用。

三是明确责任要求。巡察组组长、副组长和承办人对底稿分级负责。巡察报告执笔人要及时阅看巡察底稿，对论证不够准确、支撑不够充分、事例不够典型的，要及时向巡察组组长提出建议“补充了解”。巡察工作领导小组审议巡察报告时对某个问题提出修改意见的，巡察组可用附页对底稿作补充说明，不再重新制作底稿。

二、专题报告

对巡察发现的情况要分门别类梳理汇总，结合不同巡察对象特征存在的普遍性、倾向性问题，可以撰写专题报告，作为巡察报告的支撑材料。

专题报告在选题上要突出“四性”。一是政治性，与巡察目标要求紧密联系，符合政治巡察定位。二是全局性，反映普遍性、前瞻性问题，为全局工作提出对策建议。三是专业性，结合巡察对象特点和突出问题来选题。四是可行性，充分考虑巡察组的能力、时间、精力等因素。

专题报告一般包括三部分：一是现状或背景情况；二是原因分析；三是意见建议，篇幅约3000字。专题报告对共性和倾向性问题，要加强归纳提炼，见微知著、由表及里，指出“病症”、揭示“病因”、剖析“病害”，推动被巡察党组织和相关部门举一反三，加强监管、堵塞漏洞、完善制度，提高治理体系和治理能力现代化水平，为被巡察地区（单位）全面深化改革提供问题导向参考。

三、问题线索报告

巡察问题线索报告应写入派出巡察组党委（党组）管理干部、下一级主要负责人、普通党员干部的问题线索。按照收到问题线索的干部级别分层撰写。

问题线索报告汇总梳理的是领导干部在遵守六项纪律和执行中央八项规定精神方面的问题反映和巡察组深入了解的情况，不包括反映领导干部工作中的缺点和不足等问题。

要规范问题线索的梳理方式。一般先按照问题反映和深入了解情况的渠道来源分类，如进度通报的情况、谈话反映的情况、信访举报的情况、巡察组深入了解的情况。然后，在同一渠道来源中再按照问题性质来归类，如违反六项纪律和违反中央八项规定精神的来进行一个分类的概括。如果反映的问题没那么多，也可以不概括，把反映情况说清楚即可。

明确深入了解情况的要素。巡察组深入了解情况应当点明巡察了解的方式，把了解到的事件、时间、地点、情节、责任主体、基本事实、造成影响等都写具体。

细化有关要求。巡察问题线索报告的内容要有所提炼，不能直接照搬照抄信访件的表述、谈话记录。

四、谈话情况报告

谈话情况报告是巡察成果的一个重要载体。与巡察报告相比，谈话情况报告能够更加直观、翔实和鲜活地提供情况。巡察工作领导小组通过谈话报告，也能够更深入地了解被巡察地区（单位）领导班子情况和政治生态情况。根据谈话记录提炼谈话情况报告时，要有效组织提炼巡察信息，让审阅者能够充分了解真实谈话情况，突出有效信息，更好地为综合研判提供参考。

起草谈话情况报告主要有三方面要求。一是突出被巡察党组织履行管党治党政治责任和职能责任的情况。谈话情况报告要按照政治巡察“四个落实”或“三个聚焦”的监督重点撰写相关问题。二是突出被巡察党组织领导班子成员谈话反映的情况，党政主要负责人、党委副书记、分管纪检监察和组织人事的领导同志在谈话时反映的情况一般要原汁原味地单独摘录。其他同志反映的情况可以合并同类项，当然如果反映的问题很重要，也可以单独列出。三是谈话情况报告中不涉及领导干部违纪违法的具体问题线索。

第三节　巡察办协助指导完善巡察报告

借鉴中央和省、自治区、直辖市巡视机构的做法，巡察办可以通过制定巡察工作方案、前期调研、阶段汇报、组办会商等机制协调指导巡察组起草巡察报告。

一、制定巡察工作方案机制

巡察办针对每一轮巡察不同对象制定工作方案，主要包括总体要求、监督重点、时间安排和主要流程等。其中，每个监督重点都包含若干个“是否”，这既是巡察组需要了解的问题，也是起草报告必须遵循的；巡察组既可以用其来指导发现问题，也可以将其作为巡察报告的问题结构点。各组按照方案，结合被巡察党组织实际，对监督重点再进行细化。

二、中期调研机制

在阶段汇报前，巡察工作领导小组领导同志可以选择到几个巡察组调研，了解前一阶段发现的重点问题，并就有关问题与巡察组共同研究。调研期间，巡察工作领导小组一般不要求巡察组准备书面材料，而是直接汇报了解的情况、巡察报告的思路框架和需要解决的具体事项。调研结束后，巡察办综合巡察工作领导小组提出的共性要求，印发各巡察组参考。巡察办分管副主任和相关业务室也可以到所联系的巡察组了解情况、研究工作。

三、阶段汇报机制

阶段汇报时，巡察组形成书面材料，内容包括前期发现的重点问题、下一步工作打算以及向巡察工作领导小组的请示事项。请示事项包括巡察组下一步拟形成专题报告的方向等。阶段汇报一般不涉及领导干部问题线索，有重要问题线索需要与监督检查室分管领导沟通的，可通过巡察办协调。阶段汇报主要看巡察组是否按方案开展工作，对被巡察党组织履行核心职责情况有没有关注到、了解得够不够，对全面从严治党阶段特征找得准不准，并对请示事项作出回应。阶段汇报结束后，巡察办根据会议精神起草各组情况报告，报巡察工作领导小组组长、副组长审定，并将共性要求通报各组，巡察组据此研究确定下一步工作重点。

四、组办会商机制

在巡察组撤离驻地前后，巡察办根据各组起草巡察报告进展情况，与各组会商修改报告。会商前，巡察办分管副主任及业务处室对巡察报告先进行初步校核。对报告比较成熟的巡察组，巡察办主任带领有关同志与各组组长、副组长、联络员以及报告执笔人进行会商，提出修改意见，一般不对问题线索内容进行修改。会商时重点把好“四个关口”：一是政治关，主要看重大政治观点表述是否与中央精神一致，政策依据是否适用准确。二是判断关，主要看对被巡察单位全面从严治党形势、政治生态等方面判断，是否符合派出巡察组党组织的总体判断。三是事实关，主要看对问题定性和概括是否准确、支撑是否有力。各类报告要互为支撑，问题线索报告、谈话情况报告、专题报告和专项检查报告的重要内容都要体现到巡察报告之中。同时，要同步对问题底稿进行把关。四是建议关，对意见建议根据涉及主体的职能职责，逐一把关。会商结束后，巡察组根据会商意见进一步完善巡察报告，联系处室及时整理组办会商意见并跟踪组办会商成果运用情况。

五、报告校核机制

一份高质量的巡察报告，既要结构清晰、层次分明、逻辑严谨，又要观点鲜明、问题精准、文字简练，确保标题与内容匹配、问题与事例匹配。巡察报告正式呈报前要严格落实校核要求，既关注逻辑结构，又要防止低级错误。一般要经过三次唱校：报告送巡察办初审前巡察组唱校一次，报巡察工作领导小组审批前唱校一次，印制会议文件提交巡察工作领导小组会议审议前再唱校一次。唱校时重点关注：内容一致性、语言通顺性、数据准确性、格式规范性等方面。要从密级、标题、层级、文字、标点、落款、人名等方面进行全要素唱校，做到零差错。

第四节　汇报巡察情况

汇报巡察情况分为向巡察工作领导小组汇报、向派出巡察组的党组织汇报等。有的地方（单位）考虑到巡察工作领导小组和党委（党组）成员高度重合，也可将这两个汇报合二为一。

一、向巡察工作领导小组汇报

巡察结束后，巡察工作领导小组应当及时召开会议听取巡察组的巡察情况汇报，保证充分的汇报时间，研究提出处理意见，报派出巡察组的党组织决定。巡察组向巡察工作领导小组汇报情况要形成正式的书面材料。

筹备巡察工作领导小组会议。巡察办根据巡察工作领导小组组长工作日程，结合各巡察组工作进展，研究提出汇报安排，报巡察工作领导小组组长审批，通知巡察工作领导小组组长、副组长和相关列席人员参会。巡察办根据巡察工作领导小组组长签批的巡察报告印制会议文件，并提前送巡察工作领导小组组长。

汇报巡察情况。巡察工作领导小组召开会议听取巡察情况汇报，巡察组组长汇报巡察情况，巡察工作领导小组就巡察报告和成果运用等提出意见建议。巡察组副组长、联络员和纪检监察机关有关领导、相关监督检查室主任列席会议。汇报材料由巡察办在会后收回。

形成会议纪要。巡察汇报结束后，巡察办根据会议情况形成会议记录和会议纪要。会议纪要要报巡察工作领导小组组长审批后印发。会议纪要一般包括巡察组汇报的情况和会议研究决定事项等。

落实会议要求。巡察组及时组织学习巡察工作领导小组会议精神，根据巡察工作领导小组要求，进一步修改巡察报告，研究起草反馈意见。巡察办整理会议纪要等有关共性要求，印发各巡察组贯彻落实。

二、向派出巡察组的党组织汇报

起草向党委（党组）的报告。根据巡察工作领导小组会议精神，巡察办综合本轮巡察情况，起草向党委常委会会议（党组会议）或书记专题会议汇报的巡察情况综合报告；巡察组在巡察报告的基础上起草呈报党委（党组）书记专题会议的汇报稿。巡察情况综合报告由巡察工作领导小组组长签报党委（党组）书记审批。

党委常委会会议（党组会议）或书记专题会议要及时听取巡察情况报告。根据巡察工作领导小组要求，巡察办与党委（党组）办公厅（室）沟通，研究起草向党委常委会会议（党组会议）或书记专题会议汇报巡察议题的请示、会议主持词提纲代拟稿以及党委常委会会议（党组会议）相关议题新闻稿参考素材，报巡察工作领导小组组长审批后，提供给党委（党组）办公厅（室），并协助做好会议筹备工作。根据党委（党组）书记审批同意的巡察情况报告，印制会议文件，并做好相关会议材料的摆放、回收和归档工作。

党委常委会会议（党组会议）或书记专题会议要认真研究决定巡察成果运用，对巡察发现的有关问题及线索提出具体处理意见并就做好巡察整改工作提出明确要求。听取巡察情况汇报是党委（党组）履行全面从严治党主体责任非常重要的内容。党委（党组）书记听巡察汇报不是一个形式，而是一种政治态度和政治责任，也是重视巡察与否的直接表现。每次中央巡视结束后，习近平总书记在听取中央巡视工作领导小组汇报的时候，都会发表重要讲话。习近平总书记听取巡视情况汇报时的讲话不是泛泛而论，而是对巡视发现的重点人、重点事、重点问题提出明确而具体的要求，对深化巡视工作提出要求。各级党委（党组）书记在听取巡察情况汇报时也要立场观点鲜明，要直接点人点事点问题，提出整改要求和处理意见，绝不能点个卯、表个态就完事。

当前，各地（单位）党委（党组）听取巡察情况汇报方面还存在诸多问题：有的不听汇报；有的以传签的方式替代书记专题会听汇报；有的听汇报不及时，把几轮巡察合并到一起听，一年只听一次汇报；有的听汇报走形式，只安排五分钟时间过常委会点个题；还有的走过场，听完汇报念一遍秘书或者巡察办起草的讲话稿等。根据制度要求，为督促各级党委（党组）落实巡视巡察主体责任，党委（党组）书记听取每轮巡察情况的汇报（附会议原始记录复印件）及巡察机构汇报材料，定期要向上一级巡视巡察机构报备。此外，党委（党组）还应听取巡察工作领导小组的巡察工作汇报，主要是关于巡察工作的重要规划、计划，重要法规制度，重要专题情况等事项。

学习传达贯彻党委（党组）主要负责同志讲话精神。巡察办根据会议记录，整理党委（党组）主要负责同志在听取巡察情况汇报时的讲话，报巡察工作领导小组审批。巡察办、巡察组及时组织传达学习党委（党组）主要负责同志讲话精神和巡察工作领导小组指示要求，据此修改完善反馈意见，做好反馈、通报、移交等巡察成果运用工作。

第八章

巡察反馈

巡察反馈是巡察组代表派出巡察组的党组织向被巡察党组织严肃指出巡察发现的问题，有针对性地提出整改意见，把整改责任压给被巡察地区（单位）的环节。巡察反馈是落实全面从严治党要求、发现问题形成震慑的重要环节。需要指出的是，巡察组是由党组织派出，授权对某个地区（单位）党组织开展巡察，巡察组反馈的问题和意见建议，需经派出巡察组的党组织同意，才具有权威和效力。

第一节　反馈前的准备

一、起草反馈材料

巡察反馈意见是经派出巡察组党组织认定的，对被巡察党组织领导班子及其成员指出的问题及提出的整改意见建议。反馈意见在巡察报告的基础上形成，体现的是派出巡察组的党组织的权威和要求，是被巡察党组织抓好巡察整改、运用巡察成果的重要依据。

反馈意见分为两类：向被巡察党组织主要负责人反馈的意见和向被巡察党组织领导班子反馈的意见。

起草反馈意见。巡察组根据派出巡察组的党组织听取巡察汇报的专题会议精神和巡察工作领导小组的要求，起草向被巡察党组织领导班子和主要负责人的反馈意见，在党委常委会会议（党组会议）或书记专题会议听取巡察情况汇报后5个工作日内交巡察办核报巡察工作领导小组。反馈意见要体现全面从严治党要求，原原本本指出问题，一针见血，不遮不掩，挑明责任，提出明确具体的整改要求，对典型问题可以点名通报。向被巡察党组织主要负责人反馈的意见，可概要通报除其本人以外的领导班子成员的问题；向被巡察党组织领导班子反馈的意见，不通报领导班子成员问题线索，对一些违纪现象可通过不点名方式指出。此外，巡察组起草意识形态工作责任制落实情况监督检查反馈材料；巡察办、巡察组起草巡察工作情况专项检查反馈材料；组织人事部门起草选人用人专项检查反馈材料。

起草反馈新闻稿。巡察办按照党委常委会会议（党组会议）或书记专题会议精神和巡察工作领导小组要求起草反馈新闻稿通稿。巡察组根据向被巡察党组织领导班子反馈的意见，起草新闻稿中关于被巡察党组织的评价、巡察发现的主要问题及意见建议等内容。新闻稿既要严肃指出存在的突出问题，又要注意“内外有别”，避免引起舆论炒作。新闻稿通过巡察办核报巡察工作领导小组有关领导审批。

起草有关领导讲话等材料。巡察办起草巡察工作领导小组领导同志在向被巡察党组织领导班子反馈会议上的讲话。

二、制定反馈方案

报批反馈方案。向党委常委会会议（党组会议）或书记专题会议汇报后，巡察办根据巡察工作领导小组要求，研究提出反馈工作总体安排和反馈宣传方案，报巡察工作领导小组审批。巡察工作领导小组成员、纪检监察机关（部门）、组织人事部门、巡察办有关负责同志参加巡察反馈会议。巡察组根据巡察办反馈工作总体安排，研究制定具体反馈安排，巡察办将具体反馈安排核报参加反馈的巡察工作领导小组有关领导审批。

协调反馈工作。巡察办汇总梳理关于巡察反馈工作的有关提示供巡察组参考，协调电视台、网站、报刊等新闻媒体落实反馈宣传方案。巡察组、巡察办根据反馈方案和有关提示，协调督促被巡察党组织落实各项巡察反馈准备工作，协调配合新闻媒体开展工作。

第二节　反馈巡察情况

巡察组向被巡察党组织反馈采取“双反馈”的形式，先向被巡察党组织主要负责人反馈，再向被巡察单位领导班子反馈。巡察组按照相关程序原汁原味地把巡察情况反馈给被巡察单位，让被巡察单位党组织主要负责人和领导班子成员认清问题，感受压力，明白责任。被巡察单位党组织主要负责人和领导班子成员要以闻过则喜的胸襟和敢于担当的品格，对反馈的问题不回避、不敷衍，照单全收。

一、向被巡察党组织主要负责人反馈

向被巡察党组织主要负责人反馈采取会议形式。巡察组反馈时，要向其传达派出巡察组的党组织的有关指示精神，严肃指出巡察中发现的问题和提出的整改意见。对被巡察党组织领导班子成员的问题线索，除涉及本人外，都要向其概要通报，督促其切实担负起全面从严治党第一责任人责任，抓好班子，带好队伍。反馈时，被巡察党组织主要负责人要签收向其本人和领导班子的反馈意见。巡察组不与主要负责人进行提醒和诫勉谈话，也不要求主要负责人与有反映的班子成员进行提醒或诫勉谈话，确需进行谈话或开展相关工作的，应由上级纪检监察机关（部门）、组织人事部门或其他有管辖权的党组织明确授权。

向被巡察党组织主要负责人反馈的会议参会人员包括巡察组组长、副组长、联络员，以及巡察办、纪检监察机关（部门）、组织人事部门有关负责人、被巡察党组织主要负责人。会议由巡察工作领导小组领导同志主持。巡察工作领导小组成员或纪检监察机关（部门）、组织人

事部门、巡察办有关负责同志不参加会议的，由巡察组组长主持。议程包括：(1)被巡察党组织主要负责人签收反馈材料。(2)传达派出巡察组的党组织主要负责人在听取本轮巡察情况汇报时的讲话精神。(3)巡察组组长反馈巡察情况。(4)被巡察党组织主要负责人简要表态。(5)巡察工作领导小组同志提出整改要求。

二、向被巡察单位领导班子反馈

召开巡察组巡察反馈会议时，巡察工作领导小组领导同志、纪检监察机关（部门）有关领导、巡察组有关成员、巡察办或组织人事部门有关负责同志、纪检监察机关（部门）相关监督检查室或组织人事部门相关室负责人参加会议。被巡察党组织参会人员、列席人员范围原则上与巡察工作动员会一致。巡察组根据反馈内容建议被巡察党组织限定参会人员范围。

反馈会议由被巡察党组织主要负责人主持。议程包括：巡察组组长反馈巡察意见；巡察工作领导小组领导同志或纪检监察机关（部门）、组织人事部门有关领导讲话；被巡察党组织主要负责人表态。

被巡察党组织对于巡察反馈问题应照单全收、照单全改，自觉把整改落实作为重大政治任务扛在肩上、抓在手上，通过组织召开专题民主生活会，研究制定整改方案，建立整改问题清单、任务清单、责任清单，一个问题一个问题地解决，确保整改措施落地见效。

典型案例

上海市宝山区：巡察反馈意见既有报告又有问题清单①

2018年以来，上海市宝山区委巡察办出台区委巡察报告问题底稿制，对巡察报告问题底稿原则、流程进行具体规定，无缝衔接推动问题整改。

① 《上海宝山：巡察反馈意见既有报告又有问题清单》，中央纪委国家监委网2018年12月14日。

巡察中，区委巡察组就巡察中发现的问题，填写“问题底稿清单表”。其中注明问题清单编号、来源、类型、概述和支撑材料目录，由副组长签字复核，组长签字确认，并附上佐证材料，形成清单式问题底稿。

对问题底稿，由区委巡察办牵头召开研判会，逐个进行集体研判，确定向被巡察党组织反馈、向区纪委监委和区委组织部移交、向其他相关单位移交等处置方式。同时，宝山区还将问题底稿制向街镇园区的“二级巡察”延伸。

“推行巡察报告问题底稿制，改变了过去只反馈巡察报告、整改只交一份整改报告的做法。现在反馈巡察意见时，既有巡察报告，又有问题清单。巡察办还对问题进行逐项跟踪督办，整改一个销号一个。对未按期整改或未及时处理的问题线索，出具书面提醒函予以催办，并视情开展巡察‘回头看’，从而形成闭环，推动问题整改到位。”区委巡察办有关负责人表示。

三、公开反馈情况

公开反馈情况，有利于对被巡察地区（单位）形成强大震慑，有利于回应干部、群众对巡察工作的关切，有利于干部、群众监督被巡察地区（单位）开展和推进整改工作。

党内通报。反馈会议后，巡察组督促被巡察党组织以党内文件形式印发其向被巡察党组织领导班子的巡察反馈意见、巡察工作领导小组成员或巡察办有关负责同志讲话、被巡察党组织主要负责人表态内容。文件发至下一级党组织，并将印发材料送巡察办备案。巡察发现的共性问题可概要向社会公开。

社会公开。巡察组将反馈新闻稿提前提供给被巡察党组织，被巡察党组织根据反馈情况补充主要负责人表态等内容，并按程序报巡察组组长、巡察办审核后，按照反馈宣传方案确定的时间节点向社会公布。反馈新闻稿要做到“三不两防三把关”，即不涉及党和国家机密，不影响正在进行的纪律审查工作，不违反上市公司信息披露有关法律法规；防止引发负面炒作，防止引发大规模上访或群体性事件；巡察组组长进行内容把关，被巡察党组织主要负责人进行风险把关，巡察办会同纪检监察机关（部门）进行宣传把关。各方及时收集相关网络舆情。

汇总反馈情况。巡察反馈结束后，巡察办汇总各巡察组反馈情况报巡察工作领导小组，并报送有关领导。

抄送反馈意见。巡察办将向被巡察党组织领导班子的反馈意见抄送纪检监察机关（部门）有关领导、相关监督检查室、派驻纪检监察组和组织人事部门。

通报巡察情况。情况通报是根据派出巡察组的党组织部署，将巡察地方、部门和企事业单位的有关情况通报给地方（单位）有关职能部门。实践证明，情况通报对于深化成果运用具有很重要的作用，特别是有利于推动解决巡察发现的一些体制机制难题。在向派出巡察组的党组织的党委（党组）专题会议汇报后，巡察办、巡察组根据党委（党组）和巡察工作领导小组要求，梳理需要通报的对象和事项，起草向党委（党组）和行政分管领导、有关职能部门的通报材料。通报材料一般应在专题报告和反馈意见的基础上形成，对领导干部问题线索等涉密材料应做脱密处理。巡察办研究通报方式，汇总通报材料，形成通报方案后报巡察工作领导小组批准，有关通报材料作为附件一并报批。通报方案经巡察工作领导小组批准后，书面通报的，巡察办以发函形式将相关材料送有关领导和部门；当面通报的，巡察办与有关领导、部门沟通后，由巡察工作领导小组有关领导或巡察组组长进行通报。

四、发挥反馈震慑作用

做好巡视后半篇文章要从反馈抓起，强化整改要从具体问题抓起，反馈要突出重点，增强严肃性、针对性、实效性。十九届中央巡视对反馈环节进行了很多深化。巡察也要向中央巡视看齐，把握反馈的权威性，提高震慑力。一是理直气壮反馈。巡察作为党内监督的重要手段，不仅要旗帜鲜明地监督，更要理直气壮地反馈。巡察反馈要做到“三个不要怕”，即不要怕让群众知道，不要怕损害被点名道姓同志的威信，不要怕巡察对象有压力。二是“点名道姓”反馈。党内监督要严于社会监督，点名道姓才能彰显巡察公信力和权威性，才能使有问题的人真改，达到“治病”的目的。三是提高党内反馈的知晓度。提高知晓度就是强化整改，把问题在党内通报、社会公开，能够起到“三个有利于”作用，即有利于对件件事都要公平处理；有利于举一反三，形成借助整个社会督促整改的效应；有利于警示领导干部慎重用权、按照规矩用权。

资料链接

十九届中央巡视改进反馈工作①

党的十九大后，中央巡视反馈进行了诸多改进，以进一步增强巡视监督的权威性、严肃性和公信力。一是在反馈时指出重点问题。要求每个中央巡视组针对这一轮巡视发现的问题，拎出来5—6个（不超过10个）重点问题，反馈的时候向被巡视党组织点明，作为巡视整改的重点，同时作为将来巡视回头看、下一轮巡视检查的重点。二是巡视工作领导小组成员参加巡视反馈会。每场向被巡视党组织的巡视反馈会都有巡视工作领导小组成员参加，形成高压态势。三是反馈专题报告。巡视组将巡视形成的专题报告一并反馈给被巡视党组织。四是向副省级城市的党委书记单独反馈巡视情况。

巡视反馈的改进体现了党中央对巡视工作的高度重视，反馈的会场透着严的氛围、辣的味道，对于被巡视党组织党员干部是一次深刻的党性教育和思想洗礼，起到了红脸出汗、警示警醒、触及灵魂的效果。

① 参见《十九届中央首轮巡视的N个“第一次”》，中央纪委国家监委网2018年7月22日；《十九届中央首轮巡视反馈“问题清单”看点一览表》，人民网－中国共产党新闻网2018年7月27日。

第九章

巡察移交与档案管理

巡察移交是指将巡察发现的问题和线索以及意见建议移交有关主管部门。巡察档案是巡察工作的重要环节、巡察成果的有力展现，也是推进全面从严治党的客观载体。巡察移交和档案管理是一项十分严肃的政治工作，事关巡察成果的有效运用，要严格落实移交和归档工作有关要求，严防错遗漏遗。

第一节　巡察移交

巡察移交材料是经派出巡察组的党组织批准的，需要移交有关机关或部门办理或者掌握的事项，包括领导干部问题线索、谈话情况报告、专题报告意见建议等。移交材料有的移交纪检监察机关（部门），有的移交组织人事部门，有的移交给其他职能部门。

一、巡察移交的要求

巡察移交要严格依据干部管理权限和职责分工，对巡察发现的问题和线索，按照分类科学、路径准确、内容完整、程序规范的原则进行移交，把巡察与纪检、监察、组织等日常监督贯通起来，形成监督合力，增强监督的有效性，推动全面从严治党向纵深发展。

巡察移交工作具体有四个方面的要求。

一是加强组织领导，明确工作责任。巡察组组长是移交工作第一责任人，要加强对移交工作的领导和指导。成立移交工作组，明确由巡察组副组长担任负责人，健全工作机制和内部审批流程。移交工作组要加强与信访工作组等专项工作小组的协调配合，对移交的材料要认真审阅、甄别。巡察组对巡察期间移交被巡察党组织管辖范围内的问题线索和信访件，不提具体处理意见、不提办理时限、不要求巡察期间报送办理情况。认真梳理材料，确保内容完整。巡察组要严格按照要求梳理移交材料，做到材料齐全、内容完整、应移尽移。领导干部问题线索移交材料主要包括移交审批表、移交目录、进驻前通报材料、巡察组收到的信访材料、谈话记录摘要、调阅和复制的文件材料、领导干部个人有关事项抽查结果、有关人员反洗钱信息查询结果、对有关问题线索的深入了解情况及巡察组认为其他需要移交的材料。向被巡察党组织纪检监察机关（部门）和纪委监委派驻机构移交时，不移交巡察问题线索移交审批表和反洗钱信息查询结果，对谈话记录要进行摘录并隐去谈话人和谈话对象的姓名和职务等信息。

二是把握关键环节，防止错移漏移。紧盯移交工作容易出现的问题，特别是对涉及多名领导干部的信访件，要加强研判、严格把关，确保移交准确。向纪检监察机关（部门）移交的材料不能涉及径送范围人员问题线索。向被巡察党组织和纪委监委派驻机构移交的材料不能涉及派出巡察组党委（党组）管理干部问题线索。对同一信访件涉及多名党委（党组）管理干部的，应对信访件进行分拆，按照“一人一材料”移交，原件随主要被反映人移交，不在信访件、询问笔录等原始材料上进行处理。领导干部问题线索涉及其上级领导干部，关联性较强的，列入上级领导干部问题线索移交；关联性不强的，原件作为上级领导干部问题线索移交，复印件作技术处理后，按照本人问题线索移交。

三是严格规范移交，做到手续完备。巡察组要根据不同的移交事项，严格按照有关内容和格式要求，认真填写移交审批表和交接单等，做到移交事项情况明、路径准、账目清。向有关单位移交材料时，要严格执行审批程序，严格履行签收手续。移交材料交接单及相关台账、审批表等分别归入巡察办、巡察组档案。

四是把握移交的规范性，确保巡察发现的问题和问题线索颗粒归仓。移交一般应在派出巡察组的党组织听取巡察情况汇报、提出处置意见后进行，但巡察过程中有一些特殊情况可以提前移交、提级移交。“非典型”问题可以随时移。在巡察期间，经巡察工作领导小组批准后，巡察组可以对群众反映强烈、明显违反规定并且能够及时解决的问题，特别是违反中央八项规定精神和“四风”问题，向被巡察党组织提出立行立改要求。“严重型”问题可提前移交。对性质比较严重的问题，或热点、敏感问题，巡察组可以在巡察期间及时向巡察工作领导小组报告，以便相关部门及时介入、采取措施。“复杂型”问题可以提级移交。巡察面临“地小人熟”，对被巡察党组织管理的干部问题线索，如果问题比较严重，可以提级移交。“普遍型”问题可建议开展专项治理，推进标本兼治。

二、向纪检监察机关（部门）移交

巡察发现的问题和线索应当移交纪检监察机关（部门）。对属于派出巡察组的党组织管理的干部问题线索移交同级纪检监察机关（部门）办理。对于不属于派出巡察组的党组织管理的干部问题线索实行双移交，原件移交有管理权限的纪检监察机关（部门）处理，复印件移交上级纪检监察机关（部门）掌握，落实查办案件以上级纪检监察机关（部门）领导为主的要求。需要注意的是，向纪检监察机关（部门）移交的，不仅仅是贪污腐败问题，作风方面的违纪问题也要完整移交。对需要多个部门解决的问题，要分别向各部门移交。

巡察组在巡察期间要指定专人及时汇总、整理、立卷领导干部问题线索材料，包括问题线索来源、主要反映问题和巡察了解情况，并按规定制作电子扫描文件，为移交作准备。

巡察发现的派出巡察组党委（党组）管理干部、有关纪检监察干部或被巡察党组织问题线索，巡察组提出分类处理建议，填写巡察问题线索移交审批表，报巡察工作领导小组领导同志审批后，将问题线索材料原件通过纪检监察机关（部门）案件监督管理部门移交有关监督检查室或纪检监察干部监督室办理，并提供电子扫描文件。

巡察发现的被巡察党组织非派出巡察组党委（党组）管理干部的班子成员和下一级主要负责人问题，由巡察组提出分类处理建议，填写巡察问题线索移交审批表，报巡察工作领导小组领导同志审批后，将问题线索材料电子扫描文件通过纪检监察机关（部门）案件监督管理部门移交有关监督检查室。

综合材料移交。巡察情况报告、专题报告、问题线索报告、谈话情况报告、领导干部有关情况汇总、向被巡察党组织及主要负责人的反馈意见、纪检监察机关（部门）履行监督职责情况和存在的问题、违反中央八项规定精神和“四风”方面问题、被巡察地区（单位）干部名册等材料，巡察组填写巡察综合材料移交审批表，报巡察工作领导小组领导同志审批后，通过纪检监察机关（部门）案件监督管理部门移交有关监督检查室、纪检监察干部监督室、党风政风监督室等，相应电子文档一并通过案件监督管理部门移交。移交时，巡察组移交材料交接单由巡察组、巡察办、纪检监察机关（部门）案件监督管理部门三方签字确认。

无关信访件移交。对既不属于巡察组受理范围，也不属于被巡察党组织管辖范围的信访件，巡察组计数存放，现场巡察结束后，填写巡察组信访举报材料转办单，通过巡察办转纪检监察机关（部门）信访部门。

此外，巡察期间，对巡察发现的被巡察党组织领导班子成员和下一级主要负责人涉嫌严重违纪违法问题线索，确有必要及时办理的，巡察组通过巡察办报巡察工作领导小组批准后，经案件监督管理部门提前移交纪检监察机关（部门）有关室。

三、向被巡察党组织和纪委监委派驻机构移交

立行立改问题移交。对巡察期间需要被巡察党组织立行立改的问题，经巡察组组长审批后，指定专人向被巡察党组织移交，由被巡察党组织巡察工作联络组负责同志签收。涉及被巡察党组织管理的领导干部问题线索须立行立改的，由被巡察地区（单位）纪检监察机关（部门）或纪委监委派驻机构有关负责同志签收。

巡察时发现的非派出巡察组党委（党组）管理干部的班子成员的问题线索，巡察组要提出分类处理建议，填写巡察问题线索移交审批表，报巡察工作领导小组领导同志审批后，在巡察反馈时，移交目录、问题线索原件等相关材料移交纪委监委派驻机构，并办理交接手续，交接单上应按处理建议类别列出人员名单。

巡察发现的反映被巡察党组织下一级主要负责人的问题线索，巡察组要提出分类处理建议，填写巡察问题线索移交审批表，报巡察工作领导小组同志审批后，在巡察反馈时，目录、问题线索原件等相关材料移交被巡察党组织纪检监察机关（部门）或纪委监委派驻机构，并办理交接手续，交接单上应按处理建议类别列出人员名单。

向纪委监委派驻纪检监察组、被巡察地区（单位）纪检监察机关、被巡察单位内设纪检部门移交材料，由巡察组商请有关单位安排移交，巡察办予以协助。

巡察发现的反映被巡察党组织下一级的副职及以下干部或党组织的问题线索，巡察组按受理信访或谈话、调阅材料等发现问题线索的时间顺序建立台账，经巡察组组长审批后，巡察期间定期移交被巡察地区（单位）纪检监察机关（部门）或纪委监委派驻机构，该机构负责人在巡察组移交材料交接单上签字，交接单仅列出信件和其他反映

材料总数，并附台账明细和有关材料。

四、向组织人事部门移交

对选人用人工作检查情况报告、领导干部报告个人有关事项抽查情况、领导干部有关情况汇总和巡察组向组织人事部门提出的加强领导班子建设、人才队伍建设、执行民主集中制等方面的意见建议等材料，巡察组填写巡察综合材料移交审批表，经巡察组组长审批同意后，送巡察办汇总核报巡察工作领导小组同志批准后统一移交组织人事部门，并填写巡察组移交材料交接单，办理交接手续，交接单由巡察组立卷交巡察办存档。如果发现的问题属于被巡察党组织管理的领导班子及其成员以上的，相关材料还要移交被巡察党组织的组织人事部门。

巡察期间，巡察组收到反映被巡察党组织管理干部在干部选拔任用方面的问题以及对该问题的初步了解、核实、处理等情况，直接移交组织人事部门选人用人专项检查组。

五、向有关职能部门移交

对经党委（党组）批准向有关职能部门提出的建议，巡察组填写巡察综合材料移交审批单，并附专题材料，阐明巡察发现的问题及具体建议，报巡察工作领导小组领导同志审批。审批同意后，巡察办向有关职能部门发函，联系办理移交手续。

典型案例

贵州省贵阳市：定期跟踪督办巡察移交问题线索[①]

2018年以来，贵州省贵阳市按照中央、省委关于巡视巡察工作要求，结合巡察工作经验，进一步加强市纪委监委与市委巡察办协作联动机制建

① 《贵州贵阳：定期跟踪督办巡察移交问题线索》，中央纪委国家监委网2018年10月25日。

设，做到执纪监督与巡察监督优势互补、协作联动。

建立联动制度。市委巡察办先后制定巡察发现问题线索排查汇总分析暂行办法、巡察发现问题线索调查处置暂行办法等工作制度，规范巡察工作中问题线索材料收集、归类、移交、办理反馈等一系列流程，从制度上建立起与市纪委监委在工作方式方法上协作联动机制。

定期跟踪督办。巡察移交问题线索严格实行“台账式管理”，市纪委监委、市委巡察办分别指定专人负责问题线索的登记、管理、移交、反馈等工作，在提出分办意见时实行“编号制”，办理完毕并反馈查处情况后实行“销号制”。同时，市纪委监委和市委巡察办联合对问题线索办理进行督促，要求各调查组接到问题线索后认真履行职责，积极开展调查，3个月内反馈查处情况。

第二节　巡察档案管理

一、归档工作原则

巡察档案是全面从严治党的客观载体。档案管理工作是巡察工作的重要环节、巡察成果的有力展现。

巡察档案归档工作应遵循完整性原则、承办人负责原则和分类归档原则。

完整性原则。凡是记录和反映巡察机构工作开展情况并已办理完毕，具有查考和利用价值的各类文件材料和载体，均列入归档范围，并根据实践发展不断完善。

承办人负责原则。实行“谁承办，谁归档”的承办人归档制度，各巡察组、巡察办应指定专人，具体负责本部门所承办的文件材料的收集、整理和立卷归档工作。

分类归档原则。根据纪检监察机关（部门）归档工作要求和巡察工作需要，巡察工作档案分为两部分，分别归入纪检监察机关（部门）档案库、巡察机构档案库。

二、归入巡察机构的档案

巡察组负责归入巡察机构的档案材料的立卷归档工作。归档材料包括：阶段情况报告、巡察情况报告、专题报告、个别谈话情况报告、问题线索报告、向党委（党组）报告附件、反馈意见、被巡察党组织专题汇报材料、领导班子成员和其他重要谈话记录、问卷调查材料、重要音像资料、信访件登记本、专项检查工作报告、被巡察党组织“四风”方面突出问题、领导干部有关情况汇总，以及巡察报告问题底稿和巡察专用工作记录本等。巡察组要指定专人负责归档材料的收集整理，并在巡察反馈结束后 10 个工作日内，将归档材料及相关电子文档送巡察办审核归档。

巡察组在工作中形成的录音、录像、照片等重要音像材料，如巡察工作动员会视频、照片，巡察反馈会议视频、照片，巡察组召开组内会议、谈话、查阅资料、调研等工作中的音像资料等由巡察组在巡察反馈结束后随同巡察档案一并归档。

巡察办组织的其他重要活动、会议的音像资料，如巡察工作动员部署会议视频、照片，巡察办主任座谈会视频、照片，巡察办、巡察机构党委、工会组织的其他活动的音像资料在活动、会议结束后要及时归档。

巡察办应设立专门的巡察机构档案库房，指定专人负责管理。调阅、复制巡察档案应经巡察办主任批准。

三、归入纪检监察机关（部门）的档案

巡察办各联系处负责归入纪检监察机关（部门）的档案材料的立卷归档工作。巡察组协助提供有关材料，巡察办审核归档材料。归档材料包括：按被巡察党组织分类归档的巡察材料和巡察办统一归档的其他综合材料。属于密封保管范围的材料要按照密封保管档案管理的要求执行。

典型案例

江苏省宿迁市全方位推进巡察档案工作规范化管理①

自开展巡察工作以来，宿迁市始终重视巡察档案管理工作，结合巡察工作实践，不断探索整理巡察档案管理方法，按照“档案收集全面、归档范围明确、分类整理科学、保管借阅安全”的原则，进一步提升了巡察档案管理工作的科学化、制度化和专业化水平。

一是加强培训交流，提升业务能力。为提高巡察人员归档立卷素质和能力，积极开展档案管理集中培训，邀请市档案局业务骨干从档案分类整理、编号登记、立卷归档等各方面开展系统性的专题培训。注重加强部门学习交流，组织巡察人员赴市人社局开展座谈交流，充分学习借鉴档案管理工作一些经验做法。同时，每轮巡察工作开展后，及时对巡察档案管理的收集、编号、立卷、登记等工作进行辅导，确保档案资料排列有序、借阅方便、客观真实地反映巡察工作全过程。

二是强化制度建设，严格规范管理。配备专门档案管理室，明确一名同志专门负责档案管理工作，加强对档案资料集中管理，并做好档案室的防潮、防火、防蛀、防盗等预防工作。建立《市委巡察工作档案管理办法》，内容涵盖了归档范围及原则、归档要求、档案的保管借阅等 14 个方面，细化了档案归档内容、移交接收、组合编号、借阅签还等各个环节的工作职责和要求，同时制定了市委巡察机构档案借阅、复印审批表，规范巡察档案查询借阅审核登记的一整套流程，并对查阅人员提出明确纪律要求和归档时间，为巡察工作档案完整保存和安全保密工作提供制度保障。

三是注重分类收集，提高立卷质量。按照分类清晰、检索快捷、内容全面的原则，充分结合巡察工作问题底稿制度，统一巡察档案样式和整理目录清单，将巡察工作业务材料分轮次、分组别、分单位、分阶段收集，同时建立与纸质档案相配套的光盘电子档案，形成与纸质档案环环相扣的档案证据链条。严格按照开展巡察工作流程，认真及时收集巡察准备、巡

① 陈亮：《宿迁市：全方位推进巡察档案工作规范化管理》，江苏省纪委监委网 2018 年 11 月 12 日。

察了解、巡察报告、巡察反馈、巡察移交、巡察整改等阶段各类巡察资料和原始记录，形成目录清单、装订汇编成卷。巡察业务档案内容主要包括巡察前期收集的一些制度规范性文件，巡察期间召开的巡察工作动员会、走访调研、问卷调查、个别谈话、查阅账目、党建和组织人事专题工作总结等相关印证材料，巡察后期的移交问题线索、巡察情况汇报、反馈情况资料、巡察整改印证材料和督查相关资料。在归档立卷过程中，既要客观地反映巡察工作全过程，做到问题可追、整改见效，又要便于档案的保管和利用，为做好巡察整改“后半篇文章”提供真实客观依据。

巡察组每轮巡察档案归档立卷工作，在收集全面必要的巡察材料和落实问题底稿工作制度的基础上，按照方便快捷的查阅原则，统一立卷格式，认真细化每个卷宗目录格式和内容，确保巡察报告里面的每一个问题和巡察的每一个环节，都必有相应的证据材料作为支撑，而且每个问题和相应证据材料都能从卷宗目录上定点定位，快速查阅到相应的具体内容材料。

安徽省铜陵市枞阳县：以规范管理强化巡察档案运用①

为规范巡察档案管理工作，安徽省铜陵市枞阳县委巡察办积极向县档案局申请设置独立全宗号，按照国家档案局有关规定要求，对巡察档案进行规范化、标准化和科学化管理，强化巡察档案运用。

建立制度，助力档案规范管理。建立巡察工作档案归档办法、查阅制度和保管、销毁制度，进一步明确了档案管理的基本工作要求，确保了巡察档案有章可循、完整有序、规范高效。建立专门档案室，确定专人管理，要求档案管理人员认真做好档案的日常收集、整理、归档工作，做好档案借阅和利用情况的登记。查阅档案时，必须经过巡察办主任审批后如实填写查阅档案资料登记簿方可查阅，档案原则上不外借，确需借出，严格履行审批登记手续。

把握环节，夯实档案工作基础。全面及时地收集巡察准备、巡察了解、巡察报告、巡察反馈、巡察整改、巡察移交等环节的第一手资料，对其进行精准甄别、科学分类。通过把好材料收集关、整理关和审核关，客观真

① 《枞阳：以规范管理强化巡察档案运用》，安徽省纪检监察网 2018 年 9 月 27 日。

实反映巡察工作全貌和基本脉络，不断夯实巡察档案管理工作基础，特别严把文件材料审核关，在文件材料鉴别上做到取之有据，舍之有理，运用历史、全面、发展、效益的观点，正确选择归档范围，鉴别保存价值，划分保管期限。

强化运用，发挥巡察利剑作用。结合巡察工作实际，将巡察工作材料归档分为两种：一是巡察办在工作中形成的文件材料，按照文书档案中的年度、问题、保管期限分类法，以件为单位修整、装订、分类、排列、编号、编目等，使之有序化；二是将巡察组移交巡察办的文件材料，分轮次、分组别、分单位建立巡察专业档案，其中涉及问题线索文件材料以一人一卷原则归类整理，做到“事过留痕”，有利于问题追溯、透明问责，发挥巡察利剑作用。

枞阳县委巡察办两轮巡察档案归档工作，共归档文书档案 390 件，专业档案 156 卷，并按照保密要求，入柜入室。

第十章

巡察成果运用与巡察整改

巡察的主要任务是发现问题，最终通过推动整改落实和成果运用来解决问题。巡察成果运用关系到巡察制度的严肃性和生命力。用好巡察成果是贯彻巡视工作方针、发挥巡察监督作用的关键所在，也是推进全面从严治党的必然要求。巡察发现的问题主要依靠被巡察党组织整改落实，必须增强巡察整改的内生动力和外部推力。内生动力是被巡察党组织的主体责任，从巡察反馈开始就要压实他们的整改责任。外部推力是纪检监察机关（部门）和组织人事部门的日常监督。

第一节　巡察成果运用

确保巡察成果有效运用是加强和改进巡察工作，发挥巡察标本兼治战略作用的关键环节。

一、巡察成果运用的重要意义

巡察成果运用是贯彻巡视工作方针的内在要求。《中国共产党党内监督条例》明确提出“发现问题、形成震慑，推动改革、促进发展”的巡视工作方针，强调要发挥巡视震慑、遏制、治本作用，这是党中央对巡视工作最基本最集中的要求。“发现问题、形成震慑”是手段，是前半篇文章，“推动改革、促进发展”是目的，是后半篇文章。巡视工作方针在科学性、逻辑性上都十分严谨和严密，在巡察工作中也应当整体把握，一以贯之。坚持发现问题和整改并重，把发现问题和推动解决问题统一于巡察工作全过程。不仅要抓好了解情况、发现问题、形成成果的重要环节，更要做实运用成果、解决问题、推动工作的关键环节，对巡察发现的问题和线索，做到条条有整改、件件有着落、事事有回音。

巡察成果运用是发挥震慑、遏制、治本作用的一个重要途径。对巡察发现的问题和线索及时分类处置、充分运用“四种形态”的政治智慧与策略，该查处的查处、该诫勉的诫勉、该警示教育的警示教育，对顶风违纪的及时从严从重处理，减存量、遏增量、层层传导压力，充分展示党惩治腐败的决心、发挥巡察的震慑和遏制作用。强化对巡察成果的综合运用，既有利于发挥标本兼治战略的作用，剑指问题倒逼改革，不断清除利益藩篱，催生改革发展的动力，统筹推进“五位一体”总体布局和协调推进“四个全面”战略布局，也有利于严肃党内政治生活、净化党内政治生态，从根本上扭转党的领导弱化、党的建设缺失、管党治党宽松软，以及党的观念淡漠、组织涣散、纪律松弛等问题，更有利于被巡察党组织切实落实巡察整改的主体责任，强化政治担当。

巡察成果运用是巡察制度生命力的重要保证。巡视巡察是中国特色社会主义党内监督的一种形式，是组织监督与群众监督的有机结合。巡察成果运用的力度直接决定了巡察工作的权威性和公信力。巡察发挥利剑作用，关键就在于加强党的领导，通过巡察真发现问题、真整改落实。在巡察过程中，党员干部和广大群众只有对党充分信任、讲真话、道实情，巡察制度才能真正有效管用。如果没有高质量的巡察成果运用，巡察工作的权威性就会受到削弱，巡察监督就可能流于形式。只有高度重视巡察成果的运用，及时有效精准地运用巡察成果，让有问题的人受到震慑、让党员干部受到警醒、让广大群众有获得感，才能为巡察工作赢得更为广泛的信任和支持，巡察工作才能始终保持应有的严肃性、权威性、影响力和生命力。

二、巡察成果运用的责任主体

巡察成果是指巡察组发现的，经派出巡察组的党组织或巡察工作领导小组认定的问题和线索等重要情况，以及相关的意见建议等。从表现形式上看，主要有巡察报告、问题线索报告、谈话情况报告、专题报告、反馈意见、提交材料以及情况通报等多种形式。

巡察成果运用的责任主体主要有三类，分别是派出巡察组的党组织、被巡察党组织以及纪检监察机关（部门）和组织人事部门。从实践情况看，三类主体的具体职责虽然有所不同，但需相互联系、相互配合才能形成运用巡察成果的合力。

派出巡察组的党组织作为巡察成果运用的主体，这是党章赋予的责任，也是由巡察工作的本质决定的。根据《中国共产党巡视工作条例》有关规定，派出巡察组的党组织应当及时听取巡察工作领导小组有关情况汇报，研究并决定巡察成果运用。巡察工作领导小组代表同级党委（党组）履行领导巡察工作的职责。巡察工作领导小组必须对巡察成果进行认真的研究分析，明确提出关于需要向被巡察党组织反馈的事项、需要及时向同级和上级党组织报告的事项、需要向相关部门移交的问题线索以及建议、需要重点督办的具体事项等，并且从健全制度、堵塞漏洞、完善机制等各个方面提出推动改革、促进发展的参考建议。巡察办作为巡察工作领导小组的日常办事机构，要加强统筹协调和督促了解，在着力发现突出问题的基础上，把推动巡察成果运用作为一项重要政治任务，找准工作定位、明确运用主体、及时分解任务跟进了解督促，切实加强巡察报告反馈、移交、整改、公开、宣传、督查等一些重点环节的工作，整体推进巡察成果运用落到实处。

针对整改落实情况，巡察组可适时组织开展机动巡察、专项巡察或者杀回马枪，对发现的巡察整改主体责任和监督责任不落实不到位的问题，如实地向巡察工作领导小组报告。

《中国共产党巡视工作条例》《中国共产党党内监督条例》等相关党内法规中，提出了建立双反馈、双责任、双报告、双公开等制度，把巡察整改的主体责任具体化。被巡察党组织是落实巡察整改的责任主体，主要负责人是第一责任人，对巡察反馈的问题和意见建议，必须抓好整改落实，推进巡察成果运用。

纪检监察机关（部门）和组织人事部门运用巡察成果的责任有两个方面。一方面，要办理巡察移交问题线索。有关纪检监察机关（部门）、组织人事部门收到巡察移交的问题或者线索后，要建立专门的台账，及时研究提出谈话、函询、诫勉、初核、立案或者组织处理等意见，并于3个月内将办理的情况反馈给巡察办。其中，纪检监察机关（部门）主要是按照管理权限处置巡察移交的党风廉政建设和反腐败斗争方面的问题，特别是领导干部涉嫌违纪违法的问题线索和“四风”方面的突出问题。组织人事部门主要按照职责权限负责解决涉及领导班子及其成员在执行民主集中制、干部选拔任用、党组织建设等落实新时代党的组织路线方面存在的问题。对巡察移交的选人用人、党组织建设、违反换届纪律等方面的问题，组织人事部门要积极抓好整改；对选人用人专项检查发现的问题要集中整治；对反映干部不担当不作为的问题要及时跟进，该调整的调整，该免职的免职，使能上能下成为常态。另一方面，要统筹运用巡察移交的各类材料加强对被巡察党组织的监督。纪检监察机关（部门）和组织人事部门要统筹运用巡察移交的各类材料，综合分析联系被巡察地区（单位）领导班子的建设情况，把督促巡察整改与推动主体责任落实、研判政治生态处置问题线索等日常工作结合起来，实现纪检监察机关（部门）与巡察监督的无缝对接，提高监督实效。当纪检监察机关（部门）相关监督检查室和组织人事部门需要深入了解巡察相关的情况时，可以向巡察办提出。巡察办可以协助安排查阅巡察报告的问题底稿，或者协调相应巡察组有关人员介绍被巡察地区（单位）具体的、鲜活的情况，更好地促进巡察成果运用。

此外，其他有关机关和职能部门也是巡察成果运用的重要主体。发挥不同部门在巡察成果运用方面的职能作用，是深化标本兼治、强化监督效能的重要途径。巡察成果就好比一座富矿，必须强化综合运用、吃干榨尽。根据巡察工作领导小组的指示，巡察办要向派出巡察组党委（党组）和行政相关领导同志通报本轮的巡察情况，推动有关领导同志解决分管地区（单位）领域存在的问题，改进相关工作。同时，也要将巡察发现的普遍性、倾向性、深层次问题移交相关职能部门，为职能部门加强监管、深化改革、完善体制机制制度提供参考。比如，涉及意识形态领域的事项移交宣传部门，涉及政法系统的事项移交给政法机关，涉及审计的事项移交给审计部门，涉及国企、教育、金融等领域和行业的事项和意见建议移交给国资管理、教育、金融监管部门和有关的行业主管部门，涉及深层次矛盾和体制机制的问题与建议移交深化改革办公室。根据《中国共产党巡视工作条例》有关规定，收到移交事项的机关和部门，应当及时对移交事项进行认真的研究分析，制定具体的解决方案和措施，抓好办理情况。故审计、政法等机关以及宣传、教育、财政、金融、国资监管等职能部门，要按照职责和权限抓好巡察移交事项和意见建议的办理，特别是针对巡察发现的普遍性、倾向性问题，要开展研究、深化改革、健全体制机制。移交事项的办理情况和结果，需按照规定的时限向巡察办书面反馈。

三、巡察成果运用的要求

《中国共产党巡视工作条例》《中国共产党党内监督条例》对巡视

成果运用都有明确规定。巡视全覆盖发现的很多突出的共性问题，要综合运用好巡视成果，坚持问题导向、强化整改、深化改革。巡察以巡视为参照，也应加强巡察成果的运用。

巡察成果运用要坚持以习近平新时代中国特色社会主义思想为指导，坚决贯彻巡视工作方针、落实政治巡察的要求，坚持实事求是、依规依纪、依法坚持发现问题和整改落实并重，明确责任、分类处置、举一反三、标本兼治、加强督查、强化问责。具体要求体现在以下四个方面。

一是加强对巡察成果运用的组织领导。在巡察工作领导小组的领导下推动巡察成果运用，对于涉及成果运用的事项必须严格请示。对于党委（党组）指示要求和巡察工作领导小组的决定必须坚决落实。对于派出巡察组的党组织和巡察工作领导小组关注的重点问题，必须加强统筹协调和督促办理。巡察成果运用的进展和结果必须及时报告。

二是明确巡察成果运用的责任主体。派出巡察组的党组织是开展巡察工作的领导主体和责任主体，必须及时听取巡察情况汇报，对巡察成果分类处置作出决定。被巡察党组织是巡察整改的责任主体，主要负责人是第一责任人，对巡察反馈的意见建议，必须抓好整改落实。纪检监察机关（部门）和组织人事部门是巡察成果运用的监督主体，必须加强对巡察整改情况的日常监督，对巡察移交的问题和线索应当及时研究办理并反馈。

三是强化巡察成果运用的统筹协调。一方面，要加强了解督促跟踪问效，完善制度机制，推动巡察成果运用落到实处；另一方面，要注重巡察与纪检监察、组织、审计、信访等方面的协作配合，发挥群众监督、舆论监督的作用，共享共用信息资源、力量手段和监督成果，形成监督合力，增强监督效能。

四是确保取得巡察实际成效。要坚持问题导向、目标导向和效果导向相统一，推动有关责任主体认真处置线索，切实解决问题，既要严厉惩治极少数、抓紧治标，又要深化改革、及时建章立制、堵塞漏洞、完善体制机制、着力治本，最终做到管治结合，促进形成风清气正的政治生态。

第二节　巡察整改

落实巡察整改是一项非常重要的政治任务，要切实提高政治站位和政治觉悟，不断增强整改的思想自觉、行动自觉。

一、深刻认识巡视巡察整改的重要意义

党的十九大以来，中央巡视在整改上集中发力，释放了做好巡视“后半篇文章”的鲜明信号。习近平总书记高度重视巡视整改。在审议《中央巡视工作规划（2018—2022 年）》时，习近平总书记指出“发现问题不解决，比不巡视的效果还坏”，“巡视整改是试金石”。在听取十九届中央第二轮脱贫攻坚专项巡视情况汇报时，习近平总书记强调“巡视整改不落实，就是对人民不负责”。在听取十九届中央第三轮巡视情况汇报时，习近平总书记再次强调“巡视把问题发现了，必须认真解决问题。如果不了了之，或者问题解决效果不明显，巡视效果就会打折扣，最后就变成‘稻草人’”。①

巡视巡察整改是增强“四个意识”、坚定“四个自信”、做到“两个维护”的具体行动。坚决维护习近平总书记党中央的核心、全党的核心地位，坚决维护党中央权威和集中统一领导，是中国共产党作为成熟的马克思主义执政党的重大建党原则，任何时候都不能模糊、动摇和放松。“两个维护”是具体的，而不是抽象的，必须体现在行动上、

① 《习近平关于坚持和完善党和国家监督体系论述摘编》，中央文献出版社、中国方正出版社 2022 年版，第 104、110 页。

落实到工作中。中央巡视反馈的意见是经过中央政治局常委会会议研究的，体现的是党中央对被巡视党组织的要求。而政治巡视的根本任务就是“两个维护”，开展政治监督是从政治上查找偏差。抓整改首先就要从政治上纠正偏差。巡视巡察整改不落实，从根本上讲就是“四个意识”不牢固、“两个维护”不坚决的表现。被巡视巡察党组织必须深入学习贯彻习近平新时代中国特色社会主义思想，在学懂弄通、做实上下功夫，在结合实际贯彻落实上下功夫，自觉与党中央要求对标对表，从思想上查找根源、从行动上查找差距，以抓好巡视巡察整改的实际行动践行“两个维护”。

巡视巡察整改是推动党的路线方针政策贯彻落实的重要环节。巡视巡察担负着“两个维护”的重大政治责任，首要任务就是督促党的路线方针政策贯彻落实，保障党中央决策部署落实到位。具体到一个地方和部门，关键是要紧密联系实际贯彻落实党的理论和路线方针政策。十九届中央巡视把监督检查学习贯彻习近平新时代中国特色社会主义思想、党的十九大和十九届历次全会精神摆在首要位置，深入开展政治体检。从巡视巡察情况看，各级党组织态度坚决，认真落实，总体的成效是好的。但是与党中央的要求相比，还不同程度上存在着温差、落差和偏差。比如说有的搞形式主义，表态多、调门高、行动差、行动少、落实差；有的学做两张皮，形式上是学新思想，但是工作还是走老路；有的搞政绩工程、形象工程；有的贯彻打好“三大攻坚战”的决策部署不到位；等等。如果这些问题不解决，党中央的大政方针就落不到实处，一些惠民政策也就不能发挥应有作用。坚持和加强党的全面领导就会大打折扣。被巡视巡察党组织必须把巡视巡察整改贯穿于党的路线方针政策和党中央重大决策部署全过程，作为贯彻“五位一体”总体布局、“四个全面”战略布局和新发展理念的过程，推进国家治理体系和治理能力现代化。

巡视巡察整改是落实以人民为中心发展思想的有力举措。人民立场是党的根本政治立场，实现好、维护好、发展好最广大人民群众的根本利益，是我们党一切工作的出发点和落脚点，也是巡视巡察工作的出发点和落脚点。巡视要坚持人民立场，人民群众痛恨什么、反对什么，就重点巡视什么、纠正什么，加大整治群众身边腐败问题的力度，增强群众的获得感。十九届中央前三轮巡视把群众反映强烈的问题作为主攻方向、把损害群众利益的行为作为关注的重点，受理信访举报近 50 万件，绝大部分反映的都是扶贫开发、教育、医疗、土地征收、市场监管、食品药品安全等领域侵害群众利益的突出问题。这方面的问题占比达到中央巡视组收到信访问题的 60% 以上。十九届中央第二轮脱贫攻坚专项巡视紧盯与人民群众切身利益直接相关的脱贫攻坚领域，开展监督检查，发现了很多突出问题，推动解决了一批脱贫攻坚中的腐败问题、黑恶势力背后的“保护伞”问题、落实惠民政策中的作风问题，充分彰显了巡视工作的成效。巡视巡察整改也必须坚持以人民为中心的价值取向，把党的群众路线贯穿始终，以人民群众拥护不拥护、赞成不赞成、高兴不高兴、答应不答应作为根本的评判标准，着力解决群众反映强烈的突出问题，推动全面从严治党向基层延伸，让人民群众能够感受到全面从严治党就在身边，正风反腐就在身边，厚植党执政的政治基础和群众基础。

巡视巡察整改是落实全面从严治党战略部署的重要抓手。党的十八大以来，全面从严治党取得重大成果，反腐败斗争取得压倒性胜利，但还远未到大功告成的时候。从巡视巡察情况看，不同领域、不同时期、不同层级的问题呈现出不同特征，有的落实两个责任（特别是主体责任）不够自觉和有力，压力传导不到底；“四风”问题隐形变异时有发生，反弹回潮的隐患犹存；腐败问题存量不少，增量仍在发生；党内政治生态明显改善，但根本好转还有待时日。巡视巡察发现的这些问题说明全面从严治党永远在路上，不可能一劳永逸，绝不可能松口气、歇歇脚。巡视巡察整改也必须紧扣职责使命，准确把握全面从严治党发展的趋势以及阶段性特征，针对巡视巡察发现的问题，保持战略定力、敢管敢严、真管真严、常管常严，巩固发展反腐败斗争的压倒性胜利，坚定不移推动全面从严治党向纵深发展。

二、被巡察党组织负整改主体责任

被巡察党组织对巡察整改负主体责任，主要负责人是巡察整改第一责任人。

党的十九大以来，巡察整改取得了一定成效。但是一些地方和单位政治敏锐性不强，巡察整改落实不力。有的党委（党组）担当精神不够；有的抓整改一阵风，存在过关心态；有的搞虚假整改、敷衍整改、纸面整改；有的整改不彻底不到位，对难改的问题拖延；有的甚至边改边犯。出现巡察整改不到位、不落实问题的根源在于整改主体责任不到位。

被巡察党组织要从政治高度上重视巡察整改工作，把巡察整改作为推动全面从严治党的重要抓手，加强组织领导，发挥总揽全局、协调各方的作用，以高度负责的态度、务实过硬的措施，坚决落实巡察整改责任，突出巡察整改的政治性、实践性和具体性，做到即知即改、立行立改、真改实改和全面整改。

组织学习领会中央精神。要全面贯彻习近平新时代中国特色社会主义思想和党的二十大精神，特别是习近平总书记关于巡视巡察工作的重要论述，准确把握其中蕴含的政治立场、政治方向以及政治要求。

严肃认真地开好巡察整改专题民主生活会。结合巡察反馈的意见，召开巡察整改专题民主生活会，进一步统一思想认识、剖析问题根源、明确整改方向的重要举措。召开专题民主生活会前，一定要深入调研，认真做好准备。召开民主生活会要坚持时间服从质量，注重会议的实际效果，深入查找和纠正对巡察整改不敬畏、不在乎、喊口号、装样子的问题，做到真认账、真反思、真整改、真负责，不能流于形式和走过场。

针对巡察指出的问题细化整改措施。被巡察党组织要对照巡察反馈意见（特别是反馈的重点问题）以及专题报告、专项检查报告，逐条逐项地研究，制定整改措施，列出问题清单、任务清单、责任清单，明确整改的重点任务、阶段任务、长期任务，建立长效机制。做到任务到人、责任到岗，做到可量化、可检查、可问责。整改时要突出整改重点，以重点问题的整改带动全面整改。

统筹各方资源在整改落实上集中发力。被巡察党组织要积极为纪检监察机关（部门）和组织人事部门履行整改主体责任创造条件。通过整合纪检、监察、财务、财政、审计、信访、政法等方面的监督力量，形成监督合力，把监督优势转化为治理效能。

发扬钉钉子精神，锲而不舍、久久为功。被巡察党组织要持续抓好整改，坚决克服过关心态，防止前紧后松、虎头蛇尾。集中整改任务完成后，绝不意味着整改工作可以松口气，而是要注意防止问题反弹反复。被巡察党组织可采取内部巡察、专项检查、随机抽查等方式跟踪问效，持之以恒、常抓不懈，推进长期整改。被巡察党组织在规定时间内向纪检监察机关（部门）和组织人事部门报送整改进展情况报告，并抄送给巡察办。巡察办向党委（党组）报告被巡察党组织整改情况，形成整改常态化、长效化机制。

三、党委（党组）书记负巡察整改第一责任人责任

根据《中国共产党巡视工作条例》等的规定，被巡察党组织主要负责人是整改落实工作的第一责任人，对巡察整改负首责。

把巡察整改第一责任扛在肩上，自觉向以习近平同志为核心的党中央看齐，以身作则、以上率下、靠前指挥，真正把巡察整改作为分

内之事、应尽之责，作为锤炼政治品质、强化责任担当、提高驾驭全局能力的考验，以实际行动来扛起政治责任。

把巡察整改第一责任抓在手上，强化领导责任，重要工作亲自部署，重大问题亲自过问、重要环节亲自协调、重要案件亲自督办，不能把整改简单推给纪检监察机关（部门）或组织人事部门。

党的路线方针政策要一以贯之，巡察整改责任也应一以贯之。新任党委（党组）书记绝不能新官不理旧账，简单把责任推给前任，自己当甩手掌柜，对于上一轮巡察整改落实不到位的问题，以及新一轮巡察发现的新问题，要一体推进、一体解决。

四、党委（党组）班子成员承担巡察整改分管领域内责任

除巡察整改第一责任人责任，党委（党组）其他班子成员以及下一级党组织，需承担巡察整改的相关责任，属于主体责任的范畴。

全面从严治党，要管全党治全党、层层传导压力、层层落实责任，靠全党来管来治。巡察发现的问题涉及方方面面，每个地区、每个单位、每个层级、每个岗位都要落实整改责任。一方面，党委（党组）书记既要带头落实巡察整改，又要履行好领班子带队伍的职责，把整改责任传导给所有班子成员，传达给各级党组织、各级书记、各部门的负责人，凝心聚力、合力攻坚。另一方面，作为班子成员，从自己的分管领域来说，要负分管责任，把自己摆进去、把职责摆进去、把工作摆进去，按照一岗双责的要求，坚决落实分管领域的整改任务、管好分管范围的阵地和队伍，充分发挥巡察整改的头雁效应。这也是对整个党委（党组）班子的要求。此外，下一级党组织也要履行职责范围内的巡察整改主体责任。

还需强调的是，巡察整改要坚持从本级改起，从本人改起，该谁整改的就由谁整改，该谁负责的就由谁负责，坚决防止以简单的问责代替负责，用下一级的整改代替本级的整改，把层层传导压力变成层

层推卸责任，也要坚决防止以巡察整改的名义层层加码、层层监督检查、层层填表报数，增加基层的负担。

五、巡察整改与深化标本兼治结合

巡察是治标之举，也是治本之策。被巡察党组织要综合运用巡察成果，既着力解决具体人和具体事的问题，也着力解决体制机制和制度问题，把巡察标本兼治的作用发挥好。

一方面，要拿出“当下改”的举措，集中解决巡察发现的突出问题。对巡察移交的问题线索分清问题性质，精准把握政策，综合运用“四种形态”依规依纪、依法处置，做到“件件有着落”，对顶风违反中央八项规定精神和“四风”问题，特别是形式主义、官僚主义问题，要从加强党的政治建设的高度立行立改、严肃查处。对于群众身边的腐败问题和作风问题要及时查处，增强人民群众的获得感、幸福感和安全感。

另一方面，要完善“长久立”的机制，举一反三、寻求根源、补齐短板、堵塞漏洞。巡察整改时，要从体制机制监督管理上找原因，深化改革、完善制度，强化对权力集中、资金密集、资源富集、资产聚集部门和岗位的监管，从根本上解决问题。比如工程招投标、物资采购、土地出让、金融保险、海外投资等方面的问题，仅用老办法和老套路难以解决，必须要解放思想，创新思路、举措和机制，通过改革和制度创新扎紧制度的篱笆、抓严制度执行，一体推进不敢腐、不能腐、不想腐，不断地健全监督体系，提升基层执政能力和治理水平。此外，针对巡察反馈涉及被巡察地区（单位）政治生态、党的建设等方面的专题报告，被巡察党组织也要抓好整改，完善体制机制、规范权力运行、深化标本兼治。

巡察发现问题后，如何有效压紧压实被巡察党组织整改主体责任，做好“后半篇文章”，是迫切需要解答的问题。各地区、各单位结合实际，均在压实巡察整改责任方面作出积极探索。如湖北省建立健全巡察整改督办机制，部署开展回访督察和大起底大检查；河南省林州市建立县级领导干部跟踪督办分管系统巡察整改制度，按照“谁的问题，谁买单”的原则，明确涉及民生的水电气路等重大问题的整改责任。①

典型案例

江西省抚州市广昌县用整改任务交办单压实主体责任②

“根据《中国共产党巡视工作条例》和县委巡察有关规定，现将你分管的建设局党委在本轮巡察中发现的问题报告如下……请按照‘一岗双责’要求，真管真严、敢管敢严、长管长严，压实整改责任，督促落实整改到位。”2018年9月，在江西省抚州市广昌县召开的十六届县委第三轮巡察整改县委书记交办暨集体约谈会上，7名县级分管领导收到了10份这样的交办单。

为扎实做好巡察整改“后半篇文章”，压实整改主体责任，该县把县委县政府领导对分管领域党组织的整改落实督办，作为扛起“一岗双责”、履行主体责任的主要内容。建立县委书记交办、县级分管领导督办、巡察单位“一把手”主办的联动巡察整改机制，力促整改任务一插到底、落地生根。县委高位推动，每轮巡察整改任务由县委书记交办，被“请”上交办席、受领巡察整改任务交办单的除了被巡察单位“一把手”，还有分管县委副书记、县委常委和副县长等。交办单中规定了整改内容、整改责任人、整改期限，并明确问责要求。

“我手中的这两份交办单就是县委布置给我履行‘一岗双责’的具体任务，要求明确，责任明晰。”一位县级领导在受领交办单后表示，“明天就召开我分管的两个部门领导班子会议，布置落实整改工作。”“一份交办单，一份沉甸甸的责任担当。通过各级联动，夯实整改责任，促进巡察成果运用最大化。”该县巡察办相关负责人表示。

---

① 根据2019年5月武汉全国市县巡察工作推进会有关媒体报道材料整理。

② 《江西广昌：用整改任务交办单压实主体责任》，中央纪委国家监委网2018年12月29日。

六、巡察整改情况公开

巡察整改情况要通过适当的方式公开，主动接受党内和社会的监督。以公开促整改，这是加强和提高巡察实效，增强群众信心的重要方式，有利于进一步夯实巡察整改的主体责任、激发内生动力，有利于党员干部和群众检验巡察整改工作是否取得实际成效，还有利于监督被巡察党组织进一步抓好中长期的巡察整改工作。

被巡察党组织要坚持客观全面、实事求是，“以公开为原则、以不公开为例外”，通过党内通报和向社会公开的方式，组织实施好巡察整改情况的公开工作。

党内通报的巡察整改内容原则上与巡察反馈意见相对应，与整改进展情况报告相一致，主要包括党委（党组）对巡察整改的思想认识和态度，对整改工作研究的情况、整改的重点措施，已经完成整改的情况。对于需要长期整改的事项，在党内通报时应该先公开相应整改措施以及计划安排。向党内公开要注意防止漏项，除了尚未公布立案或采取调查措施的案件外，其他内容均应原原本本地向党内通报。

向社会公开的巡察整改内容可在向党内通报的基础上做适当调整。有五种情形可以不公开：涉及党和国家秘密的事项；正在初核或者立案，但尚未公开的在办案件；可能引起大的负面炒作的事项；可能引发大规模上访或者群体性事件的事项；重大敏感事项。这五种情形在向社会公开时可进行简化处理。另外，上市企业整改情况还应执行上市公司信息披露的相关法律法规。

需要特别注意的是，被巡察党组织要对党内通报稿和向社会公开稿的真实性和完整性负责，并按照党务公开有关规定进行保密审查。被巡察党组织主要负责人要对整改公开稿加强审核把关，防范重大风险，确保取得良好的政治效果和社会效果。要将社会公开稿呈报给巡察办进行审核，对不宜公开的事项需说明理由并报送巡察办备案。整改情况公开后，被巡察党组织还应该安排专人收集党员和群众对整改情况的意见建议，对一些重要的问题要及时回应，妥善处理。要加强对巡察整改取得成效的宣传力度，进一步增强巡察工作的政治效果和社会效果。

第三节　对巡察整改的日常监督

巡察整改是严肃的政治责任，是政治监督的重要内容之一。加强对巡察整改的监督，有助于促进被巡察党组织有序开展巡察整改工作，确保巡察整改取得成效。

一、建立巡察整改监督机制

加强对巡察整改的监督是党的十九大以来，党中央强化巡察整改的重大创新举措。各地区、各单位可参照中共中央办公厅印发的《关于加强巡视整改和成果运用的意见》的相关规定，明确纪检监察机关（部门）和组织人事部门对巡察整改的监督职能，同时发挥好巡察机构对巡察整改监督的统筹协调职能。

二、纪检监察机关（部门）对巡察整改的监督

监督是纪检监察机关（部门）的基本职责和第一职责。加强巡察整改督促检查、推动整改落实，对于纪检监察机关（部门）责无旁贷。纪检监察机关（部门）要把督促巡察整改作为履行监督职责的突破口，作为把监督挺在前面的重要举措，纳入日常监督的重要内容，探索强化监督职能，主动跟进、积极作为，促进巡察监督和纪律监督、监察监督、派驻监督的统筹衔接。

根据《中国共产党巡视工作条例》第二十七条的规定，被巡察党

组织收到巡察组反馈意见后，应当认真整改落实，并撰写整改情况报告和主要负责人组织落实情况报告。纪检监察机关（部门）相关监督检查室负责对被巡察党组织整改进展情况报告和主要负责人组织落实情况报告的审核。审核整改情况报告时可重点关注四个方面。

一是看整改的政治态度。是否牢固树立“四个意识”，深入查找学习贯彻习近平新时代中国特色社会主义思想存在的温差、落差和偏差，坚决贯彻习近平总书记关于本地区、本单位重要指示精神，把“两个维护”体现在政治行动上，落实到具体工作中？是否对党忠诚，对照巡察反馈意见，从思想上、政治上查找问题根源，真正反思，及时组织开展巡察整改的专题民主生活会，带头开展批评和自我批评，统一思想认识，强化管党治党政治责任，把巡察整改作为贯彻党中央决策部署、推动整改工作的有力抓手？是否严格对照反馈意见的要求，开展专题民主生活会，统一思想认识、强化政治责任？是否对照表态发言，真整改、真负责，有无表态高、表态多，调门高、行动少、落实差、学做两张皮，敷衍整改的问题？

二是看整改责任的落实情况。是否对巡察整改负总责、及时安排部署、听取汇报、督促落实？是否把自己摆进去、把职责摆进去、把工作摆进去，以上率下，涉及自身问题带头整改，涉及重点问题亲自抓具体？是否对上次整改落实不到位与本轮巡察新发现问题一起整改？是否新官不理旧账？是否督促班子成员落实一岗双责、层层传导压力、层层分解落实任务？班子成员是否主动认领责任，主动听取整改情况汇报、深入调研、强化指导督促落实？

三是看整改任务的落实情况。是否统筹研究落实巡察的反馈意见、专题报告以及选人用人落实意识形态责任制和巡察工作专项检查报告有无漏项？是否坚持全面整改和重点整改相结合，以重点突破带动全面问题整改？是否对反馈的重点人、重点事、重点问题进行重点整改，并且举一反三，对重点突出问题集中整治，有无避重就轻、就事论事，搞选择性整改？是否认真审核巡察移交的领导干部问题线索，依规依纪依法处置，并始终保持惩治腐败高压态势？是否认真处置巡察移交的涉及本地区、本单位的信访件，做到事事有人管，件件有着落？重点关注巡察提出来的问题和意见建议，是否一项一项得到落实。

四是看整改措施的质量情况。是否建立整改台账，列明问题清单、任务清单、责任清单，使整改可量化、可检查、可问责？是否采取有针对性的措施，突出可行性、时效性，既有“当下改”的举措，又有“长久立”的机制，综合施策标本兼治？是否建立整改的长效机制？下一步整改计划是否切实可行？是否按照规定向党内通报、向社会公开，接受干部群众的监督？职工群众反映强烈的问题是否得到有效解决？是否关注整改要求在集中整改的过程中得到落实？

纪检监察机关对巡察整改的日常监督有五个方面的具体要求。

一是突出工作重点。紧盯关键环节，重点监督被巡察党组织落实巡察整改的主体责任和党委（党组）书记落实第一责任人责任的情况。同时，指导被巡察地区（单位）纪检监察机关（部门）有关监督检查室及有关派驻纪检监察组履行好监督责任，健全完善工作机制。

二是创新方式方法。通过听取汇报、调阅材料、实地督导、调研、指导、约谈、函询、明察暗访、参加民主生活会等日常监督的方式，加强经常性的督促检查，定期梳理整改进展，动态分析整改成效，查找存在的问题以及薄弱环节，因地制宜、因时制宜、精准发力，督促指导、限期改正、跟踪督办，持续加大巡察整改的监督力度。

三是丰富拓展监督的途径。整体推进巡察整改落实，把监督巡察整改与问题线索处置、重点问题专项治理、政治生态研判、推动以案促改等结合起来，加大核查督办的力度，强化执纪监督，强化整改监督的针对性和震慑力，促进完善体制机制。

四是推动未巡先改。被巡察地区（单位）对照每一轮巡察发现的问题，主动对号入座、自查自纠、举一反三，拓展延伸巡察整改的成效。

五是与舆论监督相结合。加强对巡察整改典型成效的总结宣传，发挥正面引导的作用。对整改过程中群众依然反映强烈的突出问题，要及时研究解决，回应社会关切，并作为日常监督和巡察“回头看”的重点，督促被巡察党组织认真解决，以整改实际成效取信于民。

典型案例

海南省海口市琼山区成立监督检查组督促巡察整改①

“巡察发现你单位存在3方面26个问题，这些问题是如何进行整改的，是否都整改到位……”2018年，海南省海口市琼山区纪委监委、区委组织部联合成立区巡察工作整改监督检查组，对十三届琼山区委第三轮巡察的被巡察对象开展巡察整改监督检查工作。

为扎实做好巡察“后半篇文章”，不断巩固和深化巡察工作成果，琼山区制定出台《海口市琼山区委巡察整改监督责任清单》，明确将巡察整改作为区纪委监委、区委组织部开展日常监督的重要内容，倒逼被巡察单位党组织将整改抓到位、抓到底，以“监督常在”促进巡察整改常态化、长效化。

“此次监督检查明确由区纪委监委、区委组织部负责巡察整改日常监督后开展的首次监督检查。”区委巡察办负责人介绍，“区纪委监委重点负责检查涉及党的作风建设、纪律建设、反腐败工作等方面问题的整改情况，区委组织部重点负责检查有关选人用人、党组织建设等方面问题的整改情况，两个部门各司其职、通力协作，形成巡察整改日常监督合力，以严密的日常监督，推动问题一个个解决、制度一项项完善。”

① 《海南海口琼山区：成立监督检查组督促巡察整改》，中央纪委国家监委网2018年12月21日。

江西省赣州市信丰县对监察建议书执行情况跟踪督办[①]

“信丰县纪委监委调查组在核查相关问题过程中，发现小江镇中兴村在集体山场承包经营中存在账目不清的问题，根据《中华人民共和国监察法》相关规定，现建议你们……”2018 年，江西省赣州市信丰县纪委监委向小江镇政府发出了一份监察建议书，针对巡察整改中发现的问题，提出对该镇中兴村村委会集体山场承包期间的收入情况进行清查的建议。

2018 年以来，信丰县纪委监委积极发挥监察建议书主动、灵活、适用广泛的特点，向相关被巡察单位发出监察建议书，进一步压实各单位巡察整改工作主体责任，做好巡察整改“后半篇文章”。调查组将巡察整改发现的问题隐患，以及需要整改落实事项，逐项列出问题清单，针对这些问题和漏洞，进行深入剖析，研究相关制度规定。经县纪委监委专题会议研判后，向相关单位提出具有针对性和可行性建议，明确整改内容、要求和时限，督促部门单位建章立制。

“作为‘再监督’的一种重要手段，监察建议书就是要达到‘既点痛穴指问题，又开药方下猛药’效果。下一步我们将加强对监察建议书管理，通过现场督察和‘回头看’等方式，对监察建议书执行情况进行跟踪督办，确保相关单位整改到位。”该县纪委监委相关负责人表示。

三、组织人事部门对巡察整改的监督

组织人事部门要将选人用人工作与督促巡察整改相结合。一方面，统筹督促抓好巡察移交的选人用人问题、党组织建设、违反换届纪律等方面问题的集中整治；另一方面，根据《中国共产党巡视工作条例》，派出巡察组的党组织及组织部门，应当把巡察结果作为干部考核评价、选拔任用的重要依据，把日常了解干部情况和巡察结合起来，对反映干部不担当、不作为的问题及时跟进，坚持严管厚爱，结合激励约束并重，动态解决班子建设、队伍建设存在的问题，该调整的调整，该

① 《江西信丰：对监察建议书执行情况跟踪督办》，中央纪委国家监委网 2018 年 11 月 14 日。

免职的免职，使能上能下成为一种常态。通过督促整改，推动被巡察党组织坚持党管干部原则、树立正确选人用人导向，把新时代党的组织路线贯彻落实到位。

四、巡察机构对巡察整改的统筹协调

巡察办要加强组织协调，做好基础工作，加强对巡察整改的统筹协调和督促了解，确保件件有着落、事事有回音。如及时组织将党委（党组）听取巡察工作情况汇报的指示精神通过适当的形式传达给有关纪检监察机关（部门）领导及相关监督检查室负责人，作为各监督检查室跟进督促巡察整改的指导依据。请纪检监察机关（部门）相关监督检查室负责人和组织部门相关负责人参加巡察反馈活动，请有关纪检监察派驻机构负责人参加向被巡察党组织的反馈大会。从反馈当天开始，将监督责任压给纪检监察机关（部门）和组织人事部门。

巡察机构组织开展巡察监督“回头看”时，要充分听取纪检监察机关（部门）对巡察整改日常监督情况的通报，听取其对列入“巡察回头看”名单的建议。根据工作需要，承担日常监督职责的相关监督检查室要派员参加“巡察回头看”，持续强化再监督，从而形成发现、整改、监督，再发现、再整改、再监督的长效机制。开展新一轮巡察时，要把上轮整改落实情况作为监督检查重要内容，看反馈的问题是否整改到位、有没有报假账，群众反映强烈的问题是否得到了整改，持续强化再监督，推动管党治党常态化、长效化。

巡察机构要对整改落实情况、移交事项办理情况进行跟踪了解和督办，建立成果运用台账管理制度，使巡察成果在报告、反馈、移交、督办、整改等各环节有据可查。对整改工作和移交事项办理不力的，要及时报告派出巡察组党委（党组）进行严肃追责。

典型案例

重庆市垫江县开展脱贫攻坚专项巡察整改落实情况检查①

重庆市垫江县委巡察办针对第二轮巡察整改落实情况，采取有力措施，进一步压实整改责任，推动巡察反馈问题整改落到实处。

面对面较真督。县委书记主持召开巡察工作领导小组会议，专题听取20个被巡察单位巡察反馈问题整改情况汇报，当面点评、现场提问，压紧压实被巡察党组织尤其是主要负责人持续深入抓好巡察整改的政治责任。

点对点量化查。县委巡察办、县纪委监委和县委组织部“三方联动”开展整改督查。制定巡察整改情况量化检查表，分6个环节16个量化要素，进行流程化、清单化检查。组建3个联合检查组，开展脱贫攻坚专项巡察整改落实情况检查；开展巡察整改满意度测评，在工程建设行政审批服务对象中进行走访谈话和测评，确保该领域巡察整改落实到位，倒逼行政审批效率提升。

实打实主动照改。梳理出普遍性、倾向性的问题在全县公开，让尚未接受巡察的单位作为镜鉴，及时发现问题，提早对照整改。

陕西省宝鸡市岐山县
回头看机制对已巡察单位常杀“回马枪”②

陕西省宝鸡市岐山县在巡察整改落实阶段突出“严”字，精心部署，扎实推进，通过加强领导、明确责任、健全机制抓实抓细巡察整改工作，取得实实在在成效。

该县在巡察过程中，要求被巡察单位“一把手”做到对整改工作亲自过问、协调、督办；对巡察反馈意见，做到真认账、不推诿，真整改、不敷衍，确保整改取得实质性效果。被巡察单位立下军令状，挂出作战图，

① 《重庆垫江：开展脱贫攻坚专项巡察整改落实情况检查》，中央纪委国家监委网2018年11月8日。

② 《陕西岐山：建立回头看机制 对已巡察单位常杀“回马枪”》，中央纪委国家监委网2018年11月5日。

明确责任人、时限、任务，采取台账推进、挂账销号办法实施整改。

建立督办机制，通过召开整改工作汇报会、定期和不定期深入单位督办等方式，对反馈问题整改落实情况进行督促检查，确保整改措施到位、整改效果扎实。建立“回头看”机制，对已巡察单位常杀“回马枪”，彻底打消少数党员干部整改存在的“一阵风”“过关万岁”心理，确保震慑常在。建立问责机制，在整改过程中，对于敷衍整改、整改不力、整改不到位的单位和个人，进行严肃追责，公开曝光。

浙江省丽水市严格领导约谈机制狠抓巡察整改①

为从严从实纠治问题积弊，推动整改落地见效，浙江省丽水市进一步严格领导约谈机制，督促被巡察党组织切实扛起责任、狠抓巡察整改，确保巡察反馈意见“条条有整改”“件件有着落”。

严密制定“一加一”约谈方案。市委主要领导审定约谈方案，做到“三依据三确定”。即依据巡察发现问题综合情况确定需约谈被巡察党组织；依据问题严重程度确定需约谈的突出问题清单；依据问题类型类别确定约谈领导。

严肃开展“面对面”整改约谈。向被巡察党组织和主要负责人进行“双反馈”后，市委、市政府主要领导带头约谈，重点做到“一清二明三压实”。即讲清中央、省委关于巡视巡察工作要求及市委关于巡察工作决策部署；点明巡察发现的共性问题和被约谈党组织存在的突出问题；压实巡察整改工作中被巡察党组织主体责任、主要负责人“第一责任”及班子成员“一岗双责”。

严格进行“点对点”督查问效。在全市范围通报约谈情况，并建立督查问效机制，做到“建账查账销账”全跟踪。即市委巡察办统一建立市领导巡察整改约谈工作台账；市委巡察办会同巡察组联合对被约谈单位整改落实情况开展对账督查；约谈整改情况由市委巡察办会同巡察组初审，报市委巡察工作领导小组复审，最终由市委主要领导审定同意后销账。

① 《浙江丽水：严格领导约谈机制 狠抓巡察整改》，中央纪委国家监委网 2018 年 10 月 29 日。

五、提高巡察整改监督质量的路径

提高巡察整改监督质量可从四方面着手。

一是完善整改的评价办法。纪检监察机关（部门）会同巡察机构、组织人事部门、业务主管部门对被巡察党组织落实巡察整改的情况进行评估，开展被巡察单位干部群众对巡视整改满意度测评，实现对巡察整改成效的整体评价。

二是完善疑难问题整改会商制度。巡察发现的一些问题，可能属于历史遗留问题或者政策解释比较有争议的问题。针对这些问题，纪检监察机关（部门）要建立会商协调机制，召集相关部门召开专题会议，研究推动解决，推动整改落实到位。

三是完善整改帮助机制。纪检监察机关（部门）不仅要对被巡察单位整改的情况进行监督，而且对被巡察单位在整改过程中面临的有关机制不顺、政策不熟、人手不足、能力不够等现实情况和客观困难，要加强指导，及时给予帮助，支持被巡察单位切实改进工作。

四是严防整改的形式主义。紧盯立行立改工作中搞应付、暂时躲避风头问题，集中整改不到位、隐形变异问题回潮复燃，以及在长期整改中长效机制不管用等形式主义问题，防止把巡察“后半篇文章”做成表面文章。

六、强化对整改不力的问责追责

没有问责，责任就落实不下去。《中国共产党巡视工作条例》第三十七条明确把“被巡视地区（单位）及其工作人员”“无正当理由拒不纠正存在的问题或者不按照要求整改的”作为责任追究的情形之一。《中国共产党纪律处分条例》第五十五条规定，“不落实巡视巡察整改要求，情节较轻的，给予警告或者严重警告处分；情节较重的，给予撤销党内职务或者留党察看处分；情节严重的，给予开除党籍处分”。《中国共产党问责条例》第七条把“落实巡视巡察整改要求走过场、不到位”列为问责情形之一。这些规定要求纪检监察机关（部门）要敢于动真碰硬、以问责促整改、以问责促担当、以问责促落实。纪检监察机关（部门）在监督检查中发现不履行或者不正确履行巡察整改职责，不落实巡察整改要求、拒不整改的，新官不理旧账的，整改不力、敷衍塞责、企图蒙混过关甚至弄虚作假的党组织和党员领导干部，要依据职责权限严肃地追责问责，典型案例公开曝光，达到问责一个、警醒一片的效果。

第十一章
巡视巡察上下联动

加强巡视巡察上下联动是党中央部署的重要任务。作为一个长期执政的百年大党，党的领导体现在各层级、各领域，决定了党的监督也必须跟进到各层级、各领域，切实做到巡视巡察横向全覆盖、纵向全链接、全党一盘棋。

第一节　巡视巡察上下联动的制度要求

党的十九大报告明确提出，要建立巡视巡察上下联动的监督网。中央全面深化改革委员会将巡视巡察上下联动列入重要改革任务。2020年12月，中共中央办公厅印发《关于加强巡视巡察上下联动的意见》，对建立巡视巡察上下联动监督网提出要求，对巡视巡察上下联动的总体要求、目标任务、组织领导、工作机制、保障措施等作出明确规定。[①]

一、目标任务

巡视巡察上下联动是整体提升巡视巡察质量、确保监督效果的制度创新，强调上下联动必须坚持形式和内容相统一、质量和效果相统一，把习近平总书记关于巡视工作的重要论述和党中央决策部署有效传导下去，推动各级巡视巡察工作真正从“形”到“神”都联动起来，

① 本节内容主要参见《中央巡视工作领导小组办公室主要负责人就〈关于加强巡视巡察上下联动的意见〉答记者问》，中央纪委国家监委网2021年1月8日。

始终保持正确方向，做到步调一致、同向发力、同频共振。

全面贯彻中央巡视工作方针。各级党委（党组）要始终坚持“发现问题、形成震慑，推动改革、促进发展”的巡视工作方针，坚持“严”的主基调，把发现问题作为巡视工作的生命线，把推动解决问题作为落脚点，确保巡视巡察的权威性、震慑力、推动力。上级巡视巡察机构要督促下级巡视巡察机构履行职能责任，一体推进发现问题和推动解决问题，深化标本兼治，充分发挥监督保障执行、促进完善发展作用。

精准落实政治巡视要求。巡视巡察是上级党组织对下级党组织履行党的领导职能责任的政治监督。各级党委（党组）组织开展巡视巡察要坚守政治监督定位，把做到“两个维护”作为根本任务，紧盯被巡视巡察党组织职能责任，突出领导班子和“关键少数”，针对不同层级、不同领域、不同阶段的主要矛盾，着力发现和推动解决存在的突出问题。上级巡视巡察机构要加强对下级巡视巡察工作坚守政治定位情况的了解、指导和督促，防止把巡视巡察变成一般的业务检查、工作督查，防止用巡视巡察代替职能部门的管理监督。

构建巡视巡察工作战略格局。各级党委（党组）把巡视巡察监督嵌入党和国家监督体系、融入国家治理体系统筹谋划，纵向上坚持系统观念，发挥系统作用，调动巡视巡察系统资源，积极探索发现问题、整改落实、成果运用、信息共享、力量配置等方面联动的途径和方式；横向上推进巡视巡察与其他监督制度有机衔接、贯通融合，做到系统集成、协同高效。

二、坚持统一领导、分级负责原则

“统一领导、分级负责”是巡视工作条例确定的基本原则。开展上下联动，统一领导是前提，分级负责是基础，两者相辅相成、有机结合。开展巡视巡察上下联动要在四个方面强化。

一是强化党委（党组）对巡视巡察工作的领导。在党中央集中统一领导下，各级党委（党组）及巡视巡察工作领导小组加强对巡视巡察工作的领导，形成一级抓一级、层层抓落实的良好局面。

二是强化党委（党组）巡视巡察工作主体责任。党委（党组）、巡视巡察工作领导小组要履行职能责任，党委（党组）书记、其他班子成员都要把责任扛在肩上，及时召开党委常委会会议（党组会议）、党委（党组）书记专题会、巡视巡察工作领导小组会议研究部署巡视巡察工作。

三是强化上级巡视巡察机构对下级巡视巡察工作的督促指导。党的十九大以来，各级巡视巡察机构采取了一系列行之有效的经验做法，逐步固化形成制度机制，包括派出指导督导组、开展专项检查、落实报备制度、召开会议、加强调研、报告报备等，为加强示范传导、督促指导提供了有力抓手。

四是强化巡视巡察工作考核和责任追究。巡视巡察工作情况是领导班子年度考核的重要内容。对巡视巡察工作质量不高、存在明显偏差的，应及时约谈相关负责人；对巡视巡察工作领导不力，落实巡视巡察整改要求走过场、不到位等造成严重后果的，要依规依纪严肃问责。

三、工作机制

各地区各单位要把握巡视巡察上下联动的特点规律，针对不同地区、不同层级、不同领域情况分类施策，鼓励因地制宜、探索创新，从谋划任务、组织实施、成果共用、形成合力等方面，做到“四个统筹”。

一是统筹谋划巡视巡察任务。各级党委（党组）立足常规巡视巡察，有针对性地开展专项巡视巡察、“机动式”巡视巡察和“回头看”，高质量推进全覆盖。在此基础上，《关于加强巡视巡察上下联动的意见》对省（区、市）和中央有关单位党委（党组）部署的区域性、系统性联动任务，以及市县巡察联动任务等分别作出规定。

二是统筹组织实施。明确要求上级巡视巡察机构加强对下级巡视巡察工作情况的了解跟踪、指导督促，推进全覆盖任务落实；建立完善上下级巡视巡察机构工作会商、沟通和研判机制，增强上下联动任务的计划性和针对性。

三是统筹运用巡视巡察成果。各级党委（党组）研究制定加强整改落实和成果运用制度，探索建立整改责任机制、督促机制、评估报告机制，推动巡视巡察监督、整改、治理有机贯通。同时，上下级巡视巡察机构联动运用巡视巡察成果，共同推动举一反三、标本兼治。

四是统筹推进监督贯通融合。各级党委（党组）要发挥巡视巡察综合监督平台作用和联系群众纽带功能，建立健全巡视巡察与其他监督的统筹衔接制度和协调协作机制，推动各类监督信息、资源、力量和成果的共享共用，让干部感受到监督、习惯被监督，让群众知道监督、参与监督，切实把制度优势转化为监督效能、形成监督合力。要把巡视与纪检监察、组织、审计等监督贯通起来，立体聚焦、形成合力，打通党内监督和国家监督的贯通渠道，推动形成系统集成、协同高效的中国特色监督体系。

四、措施保障

一是加强巡视巡察机构队伍建设。党委（党组）要落实巡视巡察办作为党委（党组）工作部门的定位，规范机构队伍建设，配齐配强工作力量。各级党委（党组）要发挥巡视巡察熔炉作用，加强教育培训，完善激励约束机制，提升巡视巡察队伍能力和水平。

二是加强巡视巡察制度建设。各级党委（党组）要坚决贯彻党章党规、巡视工作条例和工作规则，进一步加强巡视巡察工作规范化、法治化建设，推动各流程各环节工作有章可循、有序运行，确保巡视巡察过程的精准和巡视巡察结果的高质量。

三是加强巡视巡察信息化建设。建立巡视巡察系统信息网络平台、现场巡视巡察管理平台，强化信息数据综合运用和安全管理，以信息化促进规范化，为巡视巡察工作高质量发展提供技术支撑。

第二节　巡视巡察上下联动的实践探索

一、巡视巡察上下联动的总体原则

巡视巡察以形、效双联互动，能高效整合监督力量、消除监督盲区、提升监督效能。不过，建立巡视巡察上下联动监督网任务重、要求高、涉及面广，是一项复杂的系统工程。不同层级要求不一样、内容也不完全一样，如何建设有效联动的监督网，需要在实践中不断探索。各地可以立足实际，积极创新，积累经验。在实施过程中，要坚持科学谋划、实事求是，切实把握好总体设计与分级实施的关系，统筹谋划与因地制宜的关系，全国联动与区域联动的关系，既要加强顶层设计，统一规划、统筹推进，又要给下级巡视巡察机构留有空间，从实际情况出发，不搞“一刀切”、上下一般粗。

二、巡视巡察上下联动的具体抓手

上下联动不是一个简单的概念，更不是一个口号，而是要以有效的工作机制为支撑，形成实际的工作内容、工作要求和工作载体。结合各地上下联动的实践，主要有以下八个方面的抓手。

一是工作任务联动。围绕党中央重大决策部署和人民群众反映强烈的普遍性问题，聚焦重点任务开展上下联动巡视巡察。政治巡视有总体要求，到每个地区、每个层级又有具体要求。但如果没有统一的上下联动机制，你干你的、我干我的，力量就会分散。“伤其十指不如断其一指”，实现任务联动，要整合监督力量，针对某个领域、某个方面的突出问题集中发力、加强监督。这是上下联动最核心的要求。

二是监督对象联动。根据任务上下联动确定具体巡视巡察对象，既有利于直接从上看到下，掌握全面情况，也有利于“以下看上”，深入发现问题，高效解决问题。

典型案例

福建：省市县三级协调联动 推动巡视巡察一体化①

福建省积极推进市县党委巡察工作，突出政治巡察定位，聚焦坚持党的领导、全面从严治党，及时发现和解决基层党组织和党员干部中存在的突出问题。

推动巡视巡察工作一体化，构建巡视巡察监督立体网络格局，强化省、市、县三级协调联动，把省级巡视覆盖不到的党组织，都纳入市县巡察监督范围。福建省委巡视办负责人介绍：“省委巡视组在巡视地方党委时，根据情况需要，要求市县党委派出巡察组，开展‘点穴式’‘机动式’巡察，实行联合作战；巡视反馈后，要求市县党委针对普遍性、倾向性问题，派出专项巡察组督促全面整改落实。”

福建省要求把群众反映强烈的问题、群众关心的问题、涉及群众切身利益的问题，作为巡察监督重点，围绕集体“三资”管理、土地征收、扶贫资金使用、惠民政策落实等方面，查摆问题线索。福州市结合精准扶贫监督检查工作，将下辖6个县（市）的农业局、民政局、人社局3个扶贫工作重点部门列为巡察对象，盯住扶贫惠农政策落实中的“微腐败”问题开展巡察，移交巡察发现的重点问题线索25条，涉及科级干部9人。宁德市选取水利防汛专项资金、少数民族补助款和发展专项资金，以及工程质量监管三个领域，开展市县联动专项巡察。

为推动市县巡察工作深入开展，福建省注重压力传导，构建市县党委书记、巡察工作领导小组组长、巡察组组长、被巡察党组织主要负责人“四个第一责任人”的责任体系。实行设区市党委巡察办主任参加省委巡视工作动员部署会制度，明确将市县巡察工作开展情况列入对市县巡视的重点监督内容。市县两级党委均建立党委常委会定期研究巡察工作、“五人小

① 《福建：省市县三级协调联动 推动巡视巡察一体化》，中央纪委国家监委网 2017年10月9日。

组”会议和巡察工作领导小组及时听取巡察工作汇报的工作领导体制。

同时，对整改责任不落实、整改不彻底、效果不明显、震慑作用不大的，各级党委、纪委坚决严肃问责。龙岩市委在首轮巡察中，针对市质监局党组对巡察工作认识不到位、支持配合不力等问题，及时在全市范围内进行通报；针对市质监局、市科技局存在全面从严治党主体责任弱化、压力传导不足等问题，对两个单位党委书记、局长予以免职处理。

三是时间安排联动。确定任务以后，可以按照统一时间节点来安排，做到步调一致，避免各自为战。

四是组织方式联动。综合运用专项巡视巡察、“机动式”巡视巡察，打好“组合拳”。市县要积极探索交叉巡察、提级巡察等方式，破解“熟人社会”监督难题。同时，还要注重与纪检监察、组织、审计、舆论、群众监督相结合，形成联动监督效应。

五是成果运用联动。强化成果运用，分级分类处置，反映领导干部的问题线索移交纪检监察机关（部门），选人用人问题移交组织部门，共性问题移交有关部门，建立专门台账，上下联动推动问题解决。

六是信息数据联动。探索建立巡视巡察数据管理平台，加强综合统计和比对分析，整合信息资源，提高工作效率，实现巡视巡察成果共享共用。

七是宣传工作联动。统筹安排巡视巡察宣传，加大对基层巡察的宣传力度，发挥政治导向作用，增强群众获得感，形成上下联动的良好舆论氛围。

八是队伍力量联动。在上下联动开展巡视巡察时，对巡视巡察队伍要统一组织、统一调度、统一培训，上级巡视机构可以调配使用下级巡视巡察力量，也可以派人指导，做到整体协同作战，形成队伍合力。

三、整体推进巡视巡察全覆盖

整体推进巡视巡察全覆盖，做到统筹谋划，促进各层级巡视巡察主体有序承接、有效贯通，协同推进、同向发力、同频共振，扎牢织密监督网。发挥巡视巡察上下联动监督网的整体作用和综合优势，并把这种综合优势转化为治理效能，推动党内监督常态化制度化。

一体推进巡视巡察，完善上下联动机制，是推进巡察高质量发展的有效手段。有的地方以巡视带巡察，统一目标任务、统一组织实施，效果很好。

典型案例

国家电网建立健全巡视巡察上下联动监督网的经验做法[①]

党的十九大以来，国家电网公司党组着力完成一届任期巡视全覆盖。27 家省公司全部开展巡察工作，21 家直属单位根据工作需要开展巡察工作，党组巡视与基层巡察“双轮驱动”的监督格局已经形成。

为深入贯彻党中央关于构建巡视巡察战略格局工作部署，认真落实《中共中央办公厅印发〈关于加强巡视巡察上下联动的意见〉的通知》（中办发〔2020〕42 号）要求，健全完善公司巡视巡察上下联动监督网，公司党组制定《关于加强巡视巡察上下联动的实施意见》，明确 30 条具体措施，着力构建“353”巡视巡察上下联动体制机制，即从学习贯彻、压实责任、指导督导 3 个方面健全领导体制，从目标任务、监督重点、方式方法、成果运用、贯通融合 5 个方面完善工作机制，从队伍建设、制度建设、信息化建设 3 个方面夯实保障机制，推动形成横向全覆盖、纵向全链接、公司一盘棋的巡视巡察监督工作格局。

第一个“3”，关于健全领导体制。一是学习贯彻上级巡视巡察工作部署。公司党组和巡视工作领导小组深入学习领会习近平总书记关于巡视工作重要论述，全面贯彻落实中央关于巡视巡察工作决策部署，真正把政治巡视要求理解好、落实好，自觉把聚焦点、着力点统一到“两个维护”上来。二是压实巡视巡察工作主体责任。公司党组把巡视工作作为落实全面从严治党主体责任的重要抓手，列入年度工作要点，加强组织领导。按照“分级

① 根据对国家电网有限公司党组巡视办的书面调研资料整理。

负责”的原则，优化完善巡视巡察领导小组运行机制，健全各级巡视巡察机构设置，厘清工作职责和工作界面。将巡察工作开展情况纳入二级单位党委书记述责述廉必述内容，作为党风廉政建设考核重要指标，有效推动各级巡察工作主体责任落实落地。三是加强对基层巡察工作的指导督导。2020 年，组织对 10 家二级单位党委开展巡察工作专项检查，督促补齐巡察短板、提升监督质量。滚动建立巡察工作报备分析台账，从巡察工作总体情况、党委书记点人点事情况等 5 方面 15 项具体内容进行分析，对发现的听取汇报不及时、点人点事不规范等问题及时指导纠正。

第二个“5”，关于完善工作机制。一是推进目标任务联动。以《中央巡视工作规划（2018—2022 年）》为引领，逐级制定公司巡视巡察五年规划。强化目标传导，每年初制定印发全面从严治党重点任务，对巡视巡察上下联动作出安排。为打赢脱贫攻坚战，党组对扶贫领域和供电服务领域巡视巡察上下联动作出部署，组织巡视巡察同向发力，助力脱贫攻坚，推动“人民电业为人民”企业宗旨在基层落地。二是推进监督重点联动。每轮党组巡视启动后，都会下发巡视监督重点，组织基层巡察与党组巡视“无缝对接”、同频共振。通过统筹推进任务联动，上借下力、下借上势，实现巡视带巡察、巡察促巡视的良好态势。三是推进方式方法联动。通过信息通报、业务支撑、经验交流等方式，指导各级巡视巡察机构做好方式方法联动，组织各单位灵活运用常规巡察、专项巡察和“回头看”等方式进行联动，实现“1+1>2”的效果。四是推进成果运用联动。组织巡察机构充分运用巡视、审计等监督成果，把上级有关监督检查整改落实情况，作为本级巡察监督的重要内容，推动真改实改。上级巡视巡察机构充分借鉴下级巡察工作成果，促进快速打开局面。对于发现的普遍性、倾向性及重点问题，形成专题报告，促进举一反三，堵塞漏洞，构建长效机制，更好发挥巡视巡察标本兼治作用。五是推进监督贯通融合。充分利用巡视监督平台，健全巡视巡察与纪检机构以及职能部门监督协作机制，在巡前情况通报、巡中支持配合、巡后整改落实等工作中有效贯通，提升监督合力。公司党组巡视进驻前，有关 20 个总部部门提供相关监督资料近百套，实现监督信息共享。公司定期召开党风廉政建设和反腐败工作协调小组会议，听取纪检、巡视巡察、审计、专项检查（整治）等监督发现问题情况，推动协同联动开展监督。

第三个“3”，关于夯实保障机制方面。一是强化人员队伍保障。强调规范各级巡视巡察机构设置、人员选配，加强巡视巡察人员规范管理。二是强化联动制度保障。强调健全完善巡视巡察制度体系，加强对制度建设和执行的统筹指导、监督检查。三是强化信息技术保障。强调做好与中央巡视巡察工作数据管理系统对接，规范应用公司巡视巡察业务信息管理系统。

甘肃省金昌市实现巡视巡察组织领导无缝对接①

甘肃省金昌市巡察工作与省委巡视工作上下联动“无缝对接”，做到工作良性互动、信息有效互通、优势长处互补、工作成果共享，实现“1+1＞2”良好成效。

市委严格对标省委《巡视工作方案》，制定出台《巡察工作实施方案》。严格执行规定程序、步骤、方法、标准和纪律开展上下联动，形成省委巡视组监督指导、市委负主体责任、巡察机构具体实施、纪检监察机关和组织人事部门支持配合的运作框架。建立巡视巡察不同阶段工作反馈和重要信息沟通机制、重要工作问题和重点问题线索共同研判机制、巡视巡察发现问题相互交办机制，做到既有分工，更有合作。

特别是在具体工作中重点把握好合与分的关系。“合”即围绕“发现问题、形成震慑”这一共同目标在节奏上合、在方向上合、在力量上合，形成工作合力。“分”即巡视巡察在工作对象上各有分工。市委巡察机构主动接受省委巡视组的统一指挥，实现巡视巡察组织领导“无缝对接”，形成“巡视带动巡察、巡察深化巡视，巡视巡察同向发力、同频共振”工作格局。

四、联动开展专项巡视巡察

联动开展专项巡视巡察，要围绕党中央重大决策部署，结合本地区本单位实际，聚集重点问题集中发力，增强监督效果。有的地方优

① 甘肃省纪委监委:《甘肃金昌：实现巡视巡察组织领导无缝对接》，中央纪委国家监委网2018年11月2日。

先对巩固拓展脱贫攻坚成果任务重的市县和密切相关的部门开展巡视巡察，形成专题分析报告，提出有针对性的政策举措。有的地方依托省市县乡村“五级联动监督平台”，构建线索排查、移交、处置、问责追责、报告通报“五项机制”，深化乡村振兴领域巡视巡察。

典型案例

江苏省委建立巡视巡察“5+2”联动机制①

以江苏省为例，为实现横向全覆盖、纵向全链接、全省一盘棋，新一届江苏省委建立巡视巡察“5+2”联动机制。“5”主要是指巡视巡察监督工作层面，在组织领导、对象覆盖、监督重点、方法创新、成果运用五个方面联动，不断提高监督成效；“2”主要是指巡视巡察保障工作层面，在信息化建设和队伍建设两个方面联动，提供有力支撑。江苏省在方法创新上深化联动，主动探索实施“对口式”“接力式”“协同式”巡视巡察，大幅提升针对性、实效性和精准度。

对口式巡视巡察，精准发现行业系统性问题。如省委首轮巡视省环保厅党组、省民政厅党组，常州、镇江等5个设区市市委对本地区市、县两级环保和民政系统开展巡察。

接力式巡视巡察，精准发现深层次问题。如省委巡视淮安市发现，一些县区违规发放奖金和党员干部违规兼职取酬问题突出，巡视组要求市委对此开展专项巡察，很快查清情况，推动清退违规奖金发放，收缴违规兼职取酬，立案查处一批人员。

协同式巡视巡察，精准发现普遍性问题。如省委巡视盐城市大丰区、阜宁县期间发现，反映卫生和环保系统的突出问题较普遍，巡视组指导盐城市委组建2个巡察组开展交叉巡察，半个月内发现问题43个、移交问题线索11件。

此外，江苏省还在信息化建设上深化联动，依托纪检系统信息网络平

① 黄伟、苏循：《江苏建立健全巡视巡察联动机制——利剑直插到基层》，《中国纪检监察报》2017年9月15日。

台，建立健全巡视巡察数据综合管理系统，提升信息公开、成果展示和科学管理水平。在队伍建设上深化联动，有效整合、统筹使用、严格管理好巡视巡察干部，打造忠诚干净担当的巡视巡察铁军。

五、共享共用成果

共享共用成果是指上级巡视巡察反馈意见整改情况可以作为下级巡视巡察重点，下级巡视巡察成果可以提级运用。如湖北省咸宁市制定《巡察配合巡视工作意见》将中央和省委巡视反馈的精准扶贫等问题整改落实情况作为重点，开展专项巡察，推动解决了易地扶贫搬迁配套不到位等问题。①

建立巡视巡察数据管理共享平台，完善信息报送、统计、发布机制，为上下联动监督网提供信息化保障。

典型案例

国家电网巡视巡察信息系统建设的经验做法②

以"科学、实用、高效、安全"为目标，研究建设公司巡视巡察工作信息管理系统，2020 年 6 月在总部和 73 家省公司级单位全面部署应用，为提高公司巡视巡察工作质量和效率提供有力支撑。

一是加强统筹谋划，高标落实中央巡视巡察信息化建设部署要求。强化组织领导。2019 年初，公司领导小组在巡视办设立数据处，研究审定公司巡视巡察信息化建设规划，以实现"数据录入全面准确、统计分析高效便捷、整改落实闭环管理"为目标，研发巡视 6 个环节以及工作统计、基础管理、综合管理等 11 个功能模块，建设贯通总部和省公司级单位两级平台。强化工作统筹。巡视办加强调查研究、强化统筹谋划，细化功能模块具体业务需求，着力推动巡视业务两级平台建设。同时组织国网北京、山西电力

① 根据全国市县巡察工作推进会交流发言综述整理。

② 根据对国家电网有限公司党组巡视办的书面调研资料整理。

开展巡察项目试点。2019年9月，涉及巡视业务的两级平台建设和巡察项目试点研发工作全面完成。强化需求导向。系统正式投运前，组织集中开展两轮测试及多轮试用，补录2018年党组巡视业务数据，征集系统优化意见建议189项，逐项进行消缺，提高系统实用性。

二是积极探索创新，建设具有国家电网特色的巡视巡察信息化系统。以固化制度规定为出发点，推动巡视工作科学规范。系统将各项制度规定固化至业务流程中，统一文件模板38个、规范工作程序31项，全程实时跟踪巡视6个环节流程，准确完整存储各项数据，强化刚性执行约束力，确保制度规定的信息化落地。以优化操作性能为着力点，促进信息系统实用好用。系统具备一键生成问题台账和问题线索台账、智能关联问题底稿和问题、快速导入整改问题分解一览表等功能。同时提供专家人才库、报告模板库、培训资料库和巡视档案库，有效减轻线下操作压力。以强化成果运用为落脚点，推进巡视工作标本兼治。系统依托纵向贯通、横向共享的业务数据，针对巡视巡察的问题、问题底稿、问题线索、整改措施等信息，提供较强的统计分析功能。动态管控整改进度，动态跟踪问题整改结果，查找分析规律趋势，加强问题易发多发领域监督管理。以深化功能融合为切入点，助力各类监督贯通融合。与纪检监察信息系统共同升级综合管理模块，实现通知管理、通讯录、常用制度等功能一体管理。同时实现与公司纪检监察网互联互通，依托公司统一宣传窗口，全方位展现巡视巡察工作成效。

三是强化系统应用，以信息技术手段提高公司巡视巡察工作质效。加强宣贯培训。印发加强系统应用的通知，编制并及时更新《用户使用手册》。要求各省公司级单位指定一名巡视巡察信息化建设联络员，建立了一支覆盖巡视办、巡视组、全部省公司级单位的信息化应用团队。分批次对巡视巡察业务骨干开设系统应用课，推动其全面熟悉系统功能、掌握操作方法。加强服务保障。建立系统运行管理机制，组建系统运维团队，开通系统应用服务电话专线和交流微信群，实时跟踪了解系统运行情况。目前，系统注册账号近9000个，操作使用超6万人次，录入巡视相关数据超过2万项，充分发挥了信息技术支撑作用。加强功能提升。学习借鉴中央巡视巡察系统信息网络平台、现场巡视巡察管理平台经验做法，及时跟进公司党组巡视业务新增需求，持续优化提升系统功能122项，研发个别谈话、巡视巡察数据报送统计等功能。同时，启动面向巡视巡察业务，建设贯通总部、省公司级单位、市公司级单位三级平台建设工作，推动公司巡视巡察信息化工作深入发展。

六、整合使用队伍力量

上级巡视机构可以统筹组织、调度、培训下级巡视巡察力量，做到整体协同作战，形成工作合力。如重庆市委制定了巡视带巡察工作指导意见，明确市委巡视组带思想认识、带组织方式等“六带”任务，有效提升了巡察质量。

第三节　发挥巡视巡察监督贯通协调作用

巡视巡察监督推动解决的是党的领导、党的建设、全面从严治党等根本性、方向性、全局性问题，有效履行好党中央赋予的职能责任，需要其他监督方式的支持配合，决不能“单打独斗”。

一、完善巡前沟通支持

巡视巡察要在有限的时间内发现一些深层次问题，必须有针对性地掌握基础信息，有一支素质较高的巡察队伍。而巡视巡察对象临时确定，人员一次一抽调、一次一任命，这就要求其他监督主体提供有效支持。否则，监督就没有方向，发现问题难以深入，监督成效难以保证。各级巡视巡察机构参照中央巡视部署，出台与纪检监察、组织、宣传、信访、审计等单位有关事项协作办法，通过商请有关单位书面通报情况、沟通重点问题、提供文件资料等方式，全面收集相关信息，勾勒被巡单位的全貌，为分析研判重点问题找准靶向，提供弹药；通过抽调纪检监察、组织、宣传、政法等机关和部门人员参加巡视巡察，为精准高效开展监督提供支撑。比如，在选择巡察对象时，巡察办可以加强与党和国家监督体系中其他监督部门的贯通，获得专业知识、拓宽发现问题的渠道，也有利于相关部门借势借力解决问题、深化改革。如有的县加强巡察与政法机关的协作，发现并推动查处村两委人员涉黑、受贿腐败和充当“保护伞”多人，群众拍手称快。有的加强与信访部门的协调配合，把信访的难点焦点问题作为巡察的主攻方向，有力推动了化解信访积案，巡察后，涉及村（社区）的信访量下降，一些越级访、重复访突出的村变成“无访村”。这都是巡察监督与其他监督贯通的效果。

二、加强巡中的协助配合

巡视巡察期间发现的很多问题，需要其他监督主体提供协助，比如要向纪检监察机关（部门）询问有关情况、查询有关案件资料和相关信息，向组织人事部门发函核查领导干部个人有关事项报告，向宣传部门咨询意识形态方面有关事项的性质认定、政策适用，向审计部门查阅审计要情、审计移送处理书等材料，而现场巡视巡察时间很紧，这些协助必须更加及时、高效、精准。各级巡视巡察机构效仿中央巡视探索了不少经验做法，建立了很多制度机制来规范巡中协助，不断提高发现问题的效率和精准度。如建立巡视巡察组工作规则，明确对巡中遇到的专业性较强或者特别重要问题的了解，根据需要提请有关职能部门、专业机构予以协助的流程。

三、促进巡后的处置办理

更好地发挥巡视巡察震慑、遏制、治本作用，关键在于解决问题，特别是纪检监察机关（部门）和组织人事部门对移交问题和线索的处置办理、对巡察整改的日常监督，很大程度上决定着巡视巡察效果的好坏。为了更好压实相关单位充分运用巡视巡察成果的责任，各级党委（党组）出台贯彻巡视工作条例实施办法，强调有关纪检监察机关

（部门）、组织人事部门收到巡视巡察移交的问题或者线索后，应当优先办理，及时研究提出处置意见，巡视巡察结果可以作为干部考核评价、选拔任用的重要依据；各级巡视巡察机构建立整改报告集中审核机制、整改监督机制，协调纪检监察机关（部门）、组织人事部门、派驻纪检监察组等对整改报告进行集中审核，督促落实整改日常监督职责。

四、各类监督协调配合

巡视巡察监督发现的问题和线索是其他监督主体开展监督工作的重要依据和抓手，其他监督主体应当自觉加强对巡视巡察监督的支持配合。巡视巡察作为党内自上而下监督的重要方式，对党的组织和党员领导干部履职用权、对全体党员履行义务情况进行检查督促，实现发现问题、形成震慑全覆盖，为其他监督树立了靶向、确定了目标。

巡视巡察为纪检监察机关（部门）履行监督第一职责提供抓手。巡视巡察聚焦“关键少数”、紧盯重点问题，与纪律监督、监察监督、派驻监督的目标高度一致，对发现的问题线索，在深入了解的基础上，对照监督执纪“四种形态”进行分类处置，移交纪检监察机关（部门）办理，使监督有了明确内容；将反馈给被巡单位整改的问题通报纪检监察机关（部门），使日常监督有了具体抓手。从这个意义来说，纪检监察机关（部门）必须主动做好对巡察整改与监督，这是纪检监察机关（部门）履行监督第一职责的现实需要，是更好发挥专责监督作用，进一步加强对所辖范围内党组织和领导干部遵守党章党规党纪、贯彻执行党的路线方针政策情况监督检查的必然要求。

巡视巡察为其他党内监督有效履行职责使命提供依据。巡视巡察按程序反馈和移交问题并以适当方式公开，为党委（党组）全面监督、党的工作部门职能监督、党的基层组织日常监督、党员民主监督提供了具体的监督内容。不少被巡党组织负责人说，巡视巡察反馈的问题特别是对班子成员的反映，是平时难以了解到的，应当作为掌握领导干部思想、工作、作风、生活状况，加强日常管理监督的重要依据。

巡视巡察为外部监督更好发挥作用提供平台。巡视巡察代表上级党组织开展政治监督，公开进驻信息、举报方式、反馈意见和整改情况，探索信息共享机制，督促各级党组织和党的领导干部认真对待、自觉接受监督，为人大依法监督、政协民主监督、新闻媒体舆论监督、网络舆情监督及其他社会监督提供了平台、拓宽了渠道，已经成为党组织支持和保证同级人大、政府、司法机关等对国家机关及公职人员依法进行监督，人民政协依章程进行民主监督，审计机关依法进行审计监督的重要载体，与外部监督一起共同构建起有序有效的监督体系。

第四节　巡察与审计配合

一、协作配合机制

为提升巡察问题发现精准度和整改率，多地都探索实施“巡审配合”工作机制，按照“工作互动、优势互补、整改互促”原则，将巡察机构权威性、审计机构专业性有机结合，发挥巡察监督和审计监督叠加效应。

加强巡察与审计工作协作配合，需根据《中国共产党巡视工作条例》《中华人民共和国审计法》等法律法规要求，在党委（党组）统一领导下，建立出台相关制度，巡察办和审计委员会办公室具体负责组织实施。巡察和审计要坚持问题导向，加强谋划部署，明确目标任务，统筹组织实施，共促问题整改，及时研究解决工作中出现的新情况、新问题，营造良好的工作氛围。

“巡审配合”对象包括巡察全覆盖和审计监督范围内的部门单位，突出对重点人、重点事、重点问题、重点领域的监督，如信访举报集中、干部群众对党政领导班子成员特别是主要负责人反映强烈的；资金管理、资产处置、资源配置、资本运作和工程项目等方面存在廉政风险的；在行使行政审批权、行政管理权、行政执法权、干部人事权和资金资产资源分配权等方面存在廉政风险的；等等。

科学合理规划巡察和审计工作，在每年年初，双方需提供全年工作计划。巡察办根据两个单位的年度计划，研究提出巡察与审计工作联动建议方案，如对工程项目多、账目繁杂的单位可采取巡察组和审计组同步进驻、同步实施的巡审同步方式，对审计工作量大、财务情况比较复杂的单位可采取审计组提前进驻的先审后巡方式，对其余单位可采取先巡后审或选派审计专业人才组建机动巡察组的方式进行。也有的地方明确巡察组与审计组一般不同时进驻同一单位开展工作，而是根据被巡察地区（单位）规模性质和巡察工作需要，适当增加审计人员编入巡察组，共同开展巡察工作。

二、信息互通机制

信息在巡审配合中起着重要作用。信息互通与共享应贯穿巡察与审计的全流程。

巡察与审计前，巡察办与审计局要加强沟通衔接，给对方提供相关资料。如每轮巡察工作动员会前两周，巡察办可向审计部门发函，商请协调有关科室负责人按照巡察办统一安排，向巡察组当面通报拟巡察地方（单位）审计工作情况，包括已审计结束但未出正式审计报告的、需要重点关注的问题、工作建议、行业领域信息分析对比情况以及其他日常掌握的便于巡察组了解被巡察党组织情况的信息等，并提供审计报告等（含复印件）。涉及审计移送处理书的，仅提供材料目录，并标明密级。巡察组按涉密件管理，巡察结束后密封存档。

审计组进驻前两周，审计部门根据工作需要可向巡察办发函，商请协调相关巡察组介绍拟审计地方（单位）巡察情况，提供有关涉嫌经济领域违纪违法问题线索和专题材料。审计过程中，审计部门可以根据实际情况，经巡察办联系就有关问题线索与相关巡察组进行沟通，听取情况介绍。

巡察中，巡察办与审计部门也可密切协作配合。巡察组开展巡察时，对审计部门提供的问题线索要深入了解，将审计报告问题整改列入巡察监督内容；巡察组在巡察中将被巡察单位审计发现问题的整改落实情况作为重点关注内容。对党委（党组）未讨论研究、审计决定和建议执行不力、落实整改不到位的单位和个人，巡察组应写入巡察报告。并在巡察结束后，将有关情况移交审计部门。

巡察组需要查阅审计移送处理书和审计底稿等审计材料的，应列明审计材料名称和涉及的地方、单位、个人以及项目名称等，及时向巡察办提出需求，由巡察办按程序报批后，函请审计部门协调安排。审计移送处理书涉密的，应由巡察组负责同志前往查阅。审计底稿不具法律效力，仅供参考。

三、成果共享机制

巡察后，巡察办和审计部门要加强沟通反馈，推动成果共享。

审计发现的主要问题和问题线索，经巡察组进一步了解后，根据需要写入巡察报告。

巡察组在巡察中发现属于审计职责范围和审计手段可及的情况和问题，确需开展审计的，应在巡察报告中提出适时开展专项审计调查或审计的建议，并形成专题材料。巡察办在书记专题会议和巡察工作领导小组听取巡察汇报后及时与审计部门就具体审计建议进行沟通，经党委（党组）批准后，按程序移送审计部门。审计部门按照法定程序将其列入年度审计项目计划，适时组织开展专项审计调查或审计，及时将办理结果或审计结果以适当方式反馈巡察办。

巡察发现的与审计有关的共性问题，巡察办会同审计部门集中研判、分析原因，向党委（党组）或有关部门（单位）提出专项治理建议。

审计部门要将巡察发现的与审计相关的普遍性、倾向性问题作为审计监督的方向性参考，将重点领域作为审计关注范围；对审计发现的与巡察工作有关的普遍性、倾向性问题和其他重大问题，在将相关问题及意见建议移送有关职能部门的同时，一并抄送巡察办，供巡察办参考。

巡察组和审计组要不定期碰头会商，互通信息、互相交流、互相印证各自发现的疑点及问题线索，确保“巡深审透”，精准高效发现问题线索。

典型案例

江苏省苏州市巡审协作合力提升监督效能①

2018 年，中共苏州市委巡察工作领导小组在总结以往经验做法的基础上，根据《中华人民共和国审计法》《中国共产党巡视工作条例》和省委、市委《巡视巡察工作实施办法》、十二届市委巡察工作规划及《2018—2021 年中共苏州市委实施巡察工作“干将行动”规划》，制定出台了《关于进一步增强巡察与审计工作合力着力提升监督效能的意见》（以下简称《意见》），在建立健全协调机制、协作配合、成果运用以及信息交流和情况通报等方面探索构建联动机制，以凸显“1+1＞2”的放大效应。

根据《意见》，苏州市委巡察办和市审计局成立巡察审计工作协作配合巡察工作领导小组，由市委巡察办、市审计局主要负责人和分管领导等人员组成。巡察工作领导小组定期召开会议，由主要领导或分管领导主持召开，研究解决协作配合相关事项，相互交流、通报工作情况，协调重要事项办理。巡察工作领导小组下设办公室，市委巡察办、市审计局分别确定职能处室负责人为具体联系人。市委巡察办、市审计局牵头召开的相关重要会议、工作计划和部署以及重要问题分析等事项，可邀请对方有关人员参加。建立选派审计专业人才参加市委巡察工作机制，市委巡察办每年根据巡察工作需要，从市审计局抽调一定数量的审计专业人员参加市委巡察工作，原则上一年一轮换。

---

① 褚新宇：《苏州市：探索巡审结合有效机制 增强工作合力 提升监督效能》，江苏省纪委监委网 2018 年 10 月 22 日。

《意见》明确了苏州市委巡察办和市审计局协作配合主要包括6个方面的内容。如市委巡察办和市审计局在每年年初确定年度巡察工作计划和审计项目计划时，进行充分沟通，共同研究制定年度巡审联动方案，确定具体协作内容。对列入同一年度巡察工作计划和审计项目计划的单位，应加强工作进度的统筹安排和双向配合，互相提供情况及资料，实现资源共享、结果共用。市委巡察办在每轮巡察工作动员部署前，向市审计局集中发函，商请市审计局提供本轮巡察单位近年来审计报告，市委巡察办统一分送市委各巡察组。市委巡察组根据巡察工作需要，经市委巡察办函请市审计局协调安排后，可查阅审计工作底稿等相关材料等。

《意见》强调，市委巡察办和市审计局在工作中要强化巡察和审计成果的综合运用，将审计成果及时纳入巡察综合材料。对审计中发现的问题，被审计单位没有及时、严肃整改，以至"屡审屡犯"现象频繁出现的，应加强巡察监督。市审计局应将巡察发现的重大经济问题纳入审计范围，进行重点关注。市委巡察组和市审计局在工作中，也应将审计发现问题整改情况或者巡察发现问题的整改情况作为重要内容，重点关注。市审计局在审计过程中发现被巡察单位存在违纪违法问题线索的，应出具审计移送处理书，和相关证据一并抄送市委巡察办。市委巡察办根据巡察授权，交市委巡察组分办，对审计移送问题线索进行深入了解。

苏州市在推进全面从严治党、发挥巡察"利剑"作用过程中，逐渐意识到巡审结合的重要性和必要性，在一些地方和单位也进行了有益的探索和尝试。结合巡察精准主动的优势与审计的专业优势，作出系统化的制度安排，用《意见》来纵深推进巡审结合工作，用畅通有效的制度设计和机制衔接，让巡察与审计工作沟通联动更加规范化和高效化。

重庆市忠县发挥巡察监督审计监督叠加效应①

"石子乡原财政所所长谢某某'自支自批'借款，肆意编造各种理由从乡政府机关账、财政所所账、杨兴村村账等财务账上多次贪污、挪用公款共计126万余元。"此问题线索的发现，源于重庆市忠县县委巡察机构联

① 《重庆忠县：发挥巡察监督审计监督叠加效应》，中央纪委国家监委网2020年1月3日。

合县审计局对石子乡开展的一次"巡审联动"。最终，谢某某被开除公职，并以贪污罪、挪用公款罪、隐匿会计凭证罪，判处有期徒刑六年。

为提升问题发现精准度和整改率，忠县县委巡察机构探索实施"巡审联动"工作机制，按照"工作互动、优势互补、整改互促"原则，将巡察机构权威性、审计机构专业性有机结合，发挥巡察监督和审计监督叠加效应。

"巡审联动主要聚焦经济领域突出问题，既要一体谋划，又要分类实施。"忠县县委巡察办副主任介绍，县委巡察办和县审计局制订年度计划时充分沟通，县委巡察办根据两个单位的年度计划，研究提出巡察与审计工作联动建议方案。对工程项目多、账目繁杂的单位采取巡察组和审计组同步进驻、同步实施的巡审同步方式，对审计工作量大、财务情况比较复杂的单位采取审计组提前进驻的先审后巡方式，对其余单位采取先巡后审或选派审计专业人才组建机动巡察组的方式进行。巡察组和审计组不定期碰头会商，互通信息、互相交流、互相印证各自发现的疑点及问题线索，确保"巡深审透"，精准高效发现问题线索。

下一步，忠县将在巡审联动"后半篇文章"上深化拓展。针对先审后巡单位，巡察组将审计发现的问题是否整改到位作为巡察重点；对先巡后审单位，审计组将巡察发现的重大经济问题整改情况纳入审计重点；对巡审同步单位，将审计发现的问题，一并纳入巡察反馈意见和问题清单，确保问题有效整改。

第五节　巡察与纪检联动

一、信息共享机制

巡察机构与纪检监察机关（部门）建立信息共享机制。根据平时掌握的监督信息，确定每轮巡察对象。巡察组在每轮进驻前，与纪检监察各业务科室、派驻机构充分沟通对接，纪检监察机关（部门）提供被巡察单位的信访举报、廉政风险点、潜在问题"病灶"等信息，帮助巡察组在最短时间内绘制出被巡察单位的"政治画像"，从而精准锁定问题，靶向出击。

二、快查快处机制

巡察机构与纪检监察机关（部门）建立协作配合机制。强化巡察组与纪检监察机关（部门）协作，即时核查线索，放大巡察震慑作用。对巡察期间发现党员干部涉嫌违纪违法的问题线索，由巡察组按照规定范式制作“问题线索拟办单”，连同问题底稿、佐证资料完整移交纪检监察机关（部门）集中研判，纪检监察机关（部门）对巡察移交的问题线索优先办理，快查快处。

三、联合督办机制

巡察机构与纪检监察机关（部门）建立联合督办机制。巡察结束后，巡察机构在将整改意见反馈至被巡察单位的同时，抄送纪检监察机关（部门），三方联合、动态监督，施行巡察整改绩效量化评估机制，确保整改取得实际成效。

典型案例

浙江省丽水市莲都区巡察与审查调查联动[①]

2018 年以来，丽水市莲都区纪委监委积极探索“巡察与审查调查结合”机制，有效破解巡察组在发现重大问题线索上的人才和技术短板，巡察与执纪审查调查形成良性互动，实现无缝对接。

每轮巡察前，巡察办充分征求区纪委监委相关科室意见，结合日常监督发现的问题线索，有针对性列出“重点巡察名录”。同时，通过情况分析会，收集整理被巡察单位有价值的问题线索和纪律处分情况，就需重点关注的专项资金拨付、扶贫攻坚等方面进行沟通，明确巡察切入点。问题线索为巡察锁定“目标”的同时，审查调查也为巡察开辟了“绿色通道”。每个巡察组均安排 1 至 2 名一线执纪审查人员参与巡察全过程，加强对问题

① 浙江省丽水市莲都区巡察工作研究报告。

线索的筛查把关，对可查性较强的问题线索要及时移交。区纪委监委对巡察移交的问题线索开通分析、交办、调查、审理一站式“绿色通道”，优先办理，确保巡察发现的问题线索不搁置、不暂存。

为避免“一巡了之”，莲都区发挥“片区协作”机制作用，深化成果运用。进驻中期，巡察组积极与联系片区纪检监察室沟通交流，为下一步深挖问题和开展调查提供思路；问题反馈时，巡察组将问题清单同步抄送派驻纪检监察组和联系片纪检监察室共同督办，推动建章立制整改到位。2018年，各被巡察单位共建章立制269项，各派驻机构督促未巡察的单位开展自查自纠，未巡先改，排查风险336项，完善内控制度286项。

“巡察与审查调查结合”还产生了“连锁效应”，有效净化了政治生态。自区委巡察工作开展以来，该区共对30家单位开展政治巡察，发现问题1188个。2018年，一批历史遗留问题在巡察中得以有效解决，受理群众涉纪信访总量比2017年下降23.2%，6人到区纪委监委主动投案。“有的放矢，是查处腐败问题的关键。由于目标指向精准，区委首轮巡察的4家单位主要负责人均被严肃问责，其中1人被留置调查。”

第六节 更好发挥巡视巡察监督统合功能

当前，巡视巡察在党和国家监督体系中的地位和作用越来越重要。加强顶层设计，巩固和发挥巡视巡察监督战略中枢、集成平台、系统纽带的统合功能[①]，是新时代巡视巡察工作深化发展的趋势、方向和目标。

一、巡视巡察统合功能彰显

战略中枢的地位和作用逐步凸显。巡视巡察是加强党内监督的战略部署，是促进标本兼治的战略举措，要保持不忘初心的战略定力。

① 刘诗林、蔡志强：《论巡视在党和国家监督体系中的统合功能》，《中共中央党校（国家行政学院）学报》2022年第2期。

巡视巡察的战略地位，决定了巡视巡察在党和国家监督体系的中枢作用。实践充分证明，巡视巡察有明确的战略方针、超前的战略规划、成熟的战略格局，能够集中优质的战略资源、实现既定的战略目标，充分发挥统合的战略中枢作用。

集成平台的地位和作用日益明显。系统集成原指通过结构化的综合布线系统和计算机网络技术，将分离的设备、功能、信息集成到相互关联、统一协调的系统之中。巡视巡察监督与其他各类监督有机衔接、有效整合，强化功能统筹、实现高效运转，通过信息交流、情况通报、人员调配等，将监督力量汇聚形成资源要素平台；通过选人用人专项检查、执纪审查专项行动等，将职能职责聚合形成监督协作配合平台；通过信息查询系统、信访举报系统、金审系统等，将信息孤岛链接形成大数据应用平台；通过问题线索移交、强化日常监督、开展专项治理等，将巡视巡察成果综合运用形成监督信息共享共用平台。

系统纽带的统合地位和作用不断彰显。巡视巡察监督发挥纽带作用，把党委全面监督、纪委专责监督、党的工作部门职能监督、党的基层组织日常监督、党员民主监督等党内监督贯通起来。发挥系统整合作用，充分借助司法、信访、审计、财会、统计等行政监督力量开展监督检查。同时将组织监督、民主监督、社会监督以前所未有的方式紧紧地联系在一起，产生放大效应，凝聚各方合力提升党和国家监督体系的监督效能。

二、更好发挥巡视巡察统合功能的对策建议

进一步统筹衔接。巡视巡察监督的主要职责是发现问题、形成震慑，推动改革、促进发展；纪律监督的主要职责是监督执纪问责，督促党员干部知敬畏、存戒惧、守底线；监察监督的主要职责是监督调查处置，增强对公权力和公职人员监督全覆盖和有效性；派驻监督是纪检监察机关监督的延伸，是近距离、全天候、常态化的监督“探头”。以上

"四类监督"各有侧重、功能互补、优势叠加，进一步统筹衔接有助于发挥监督整体效果。

进一步协调协作。职能监督是专门监督、业务监督，包括审计监督、统计监督、财会监督等。巡视巡察监督与职能监督都是在坚持党的领导前提下，共同服务于加强党的全面领导，服务于党和国家事业大局，进一步协调协作能在工作定位、监督范围、方式方法、成果运用上更加协同、相通、互补。

坚持上下贯通。巡视巡察监督是党内自上而下的组织监督，坚持以人民为中心的价值取向，对人民负责，紧紧依靠人民，接受人民检验。群众监督是来自党外的自下而上的监督，反映的是群众所思所盼所想。巡视巡察监督融合自上而下的组织监督和自下而上的群众监督，进一步上下贯通能更好实现对上负责和对下负责、让党中央放心和让人民群众满意的有机统一。

坚持分类施策。结合党和国家监督体系中各类监督职能定位和权力责任，针对贯通融合、协调配合不平衡不充分的问题，实事求是、逐步完善。

对于监督格局已经建立的，应当进一步深化发展，促进党和国家监督体系系统集成。比如，巡视巡察上下联动全党"一盘棋"的战略态势已经形成。要在此基础上统分结合，分段"增压"，加强指导督导，及时纠偏正向，在工作部署上同步推进，在工作要求上同等标准，在制度建设上同样规范，在工作成效上同频共振，在队伍建设上同严要求，同时鼓励各地积极探索创新，提升监督质效。

对于协作机制运转良好的，应当进一步坚持完善，推动党和国家监督体系贯通融合。比如，"四类监督"基本形成了同频共振、同向发力的工作格局，要以"四类监督"贯通融合为主引擎、能量源，引领和带动其他监督发挥作用。建立健全各类监督巡前、巡中、巡后的沟通协调机制，厘清相互协作配合的职责义务，建立健全对监督的评价机制、督导机制、协调机制、问责机制等。

对于协作配合成效明显的，应当进一步总结提炼，固化为制度成果。比如，充分发挥巡视巡察监督、组织监督和审计监督在职能定位、对象范围、监督内容、方式方法、成果运用上的协同性、互补性、衔接性和相通性，加强战略合作，建立深层次、多维度的协调配合机制，避免出现监督检查重复、监督资源浪费、监督成果闲置等问题。

对于尚未建立工作联系的监督主体，应当积极稳妥推进，鼓励探索创新。比如，与人大、政协以及司法、统计、财政部门等，可以探索建立相互参与机制，邀请人大代表、政协委员或者相关领域的专家参与巡视巡察动员、反馈等重要环节，参与专题报告运用、整改成效评估等。推动巡视巡察监督与群众申诉、检举、控告有效对接、良性互动，在党和人民群众之间架起便捷的沟通桥梁，形成强大的内外监督合力。

总之，巡视巡察机构要不断增强系统思维和协同意识，建立巡视巡察机构与纪检监察机关（部门）、纪检监察派驻机构和组织、宣传、政法、信访、审计等职能部门协作机制，制定完善纪律监督、监察监督、派驻监督、巡视巡察监督“四类监督”统筹衔接的流程导图和操作办法。通过巡前共享信息、巡中协作配合、巡后巡视巡察组组长与纪检监察机关（部门）对口监督检查室及组织人事部门相关职能处室负责同志面对面沟通交流等多种方式，增强监督合力。充分调动各种资源和力量，积极探索与其他各类监督有机贯通的工作机制、有效途径，逐步向推动形成全周期监督闭环上努力，更好发挥巡视巡察综合监督平台和联系群众纽带的统合功能。

后　记

我于2014—2015年一共参与了五轮中央巡视工作，迄今已经八个年头了。

回顾参与巡视工作，研究巡视领域的心路历程，大概可以分为三个阶段。

第一个阶段：完成交办任务，却不知所以然。

参加第一轮巡视，我担任内勤。在中央巡视组内，这是一个层级很低，但非常重要的角色。最初，我只知道听从组内联络员王新光局长的指示，完成一些具体而琐碎的任务，诸如整理谈话记录、传阅文件之类。因为我在组里是年龄最小的，打字速度快，基本能做到同步记录，组领导便安排我跟着李鸿声局长到各地纪检监察机关办案点、看守所、监狱与相关知情人谈话（我的任务主要是做谈话记录），深入了解有关情况。最初，领到这些任务时，我并不知道为什么要做这件事情，为什么要用这样的方式做，与前后工作有什么联系，与巡视发现问题有什么关系，只是想着好好完成每一件事情。等现场巡视结束，要撰写谈话情况报告、领导干部有关情况报告、问题线索报告和准备巡视移交材料时，我才发现前期工作考虑不周全，做了很多“无用功”，材料要么没有分类整理好，要么缺少关键信息。而这时巡视组抽调的工作人员大都已经回原单位工作了。我花了2周多的时间，才将这些资料重新梳理清楚，浪费了很多时间和精力。

第二个阶段：优化方式方法，整体认识巡视。

“一回生，二回熟。”等到参加第二轮巡视时，我便吸取了教训，提前设计好了整理谈话记录用的excel表格，请各谈话小组记录员每天将重要谈话内容归类填写到 excel 表格中，便于后期汇总梳理和撰写谈话情况报告。在巡视过程中，我把相关信访资料、调阅资料按人头、问题分类存放，为组里撰写巡视报告提供基础素材，并方便后期整理巡视移交材料。果不其然，有了这些前期的思考和准备，我们组面对后期的很多工作时表现得从容不迫，在现场巡视结束时，所有文稿都撰写完毕，移交材料也都基本整理好了。

更重要的是，有了第一轮巡视的完整体验，我不再“盲人摸象”。在后面几轮巡视工作中，我逐渐弄懂了派出巡视组的党组织和被巡视党组织之间的关系；巡视工作领导小组、巡视办、巡视组之间的关系；巡视组组长、副组长、联络员的职责分工；巡视部署会、巡视动员会、被巡视党组织汇报会等巡视期间重要会议安排的设计初衷；巡视报告、专题报告、谈话情况报告、问题线索报告等巡视文稿的撰写要求和重要意义。组领导也从第一轮因时间紧不得已临时交办我撰写巡视专题报告，到放心地安排我撰写巡视专题报告和巡视分报告。

应该说，在巡视组内，我的内勤工作干得越来越得心应手，并且较好地完成了一些重要文稿的起草工作。

第三个阶段：宏观理解把握，跳出巡视看巡视。

参与巡视前，我的导师康晓光教授就建议我好好利用好参与巡视的机会，观察和研究我国的政治体制及运行逻辑。在青海省巡视时，巡视组组长马铁山同志也跟我说，巡视是了解我国政治运行机制的绝佳机会；副组长郭林同志提出，巡视发现和报告问题一定要遵循实事求是原则。巡视央企时，巡视组组长王立英同志说过，巡视看问题一定要结合我国改革和发展各个阶段的党情国情。在巡视组内勤工作和文稿起草做得游刃有余之后，我便开始思考这些智者的建议。

中央巡视工作的接触面非常广。巡视准备阶段，参加中央巡视工作动员部署会可以在现场聆听中央巡视工作领导小组领导同志的讲话。不同的领导有不同的讲话风格，比如王岐山同志就经常脱稿讲很多内容，还在会议现场与中央巡视组组长们互动。巡视期间，可以近距离地观察巡视组领导与被巡视单位党组织主要领导的沟通交流，既有工作层面的，也有生活方面的。点点滴滴都非常值得认真琢磨。巡视谈话是每一名巡视组成员都能参与的实战。在这个过程中，能够真切地感受到地方厅局级领导干部和央企部门经理们的千姿百态，有的抱着对组织认真负责的精神讲肺腑忠言；也有的只顾歌功颂德，把巡视谈话当成表彰谈话；还有一些则敷衍塞责，只想回避问题、蒙混过关。

中央巡视组查阅的材料非常丰富。常规材料有中央文件、中央领导批示，被巡视单位会议记录、民主生活会材料、年度总结、各个领域的重大项目报告、领导干部任职履历表等。根据需要，巡视组还能调取工商注册、财务资料、银行流水等信息。对于一名年轻的学者而言，能够接触如此高级别、多种类的材料，是非常难得的。这些材料让我有一种大开眼界、如饥似渴的感觉。

中央巡视组的人员构成非常多元。有的来自中组部联系被巡视地区（单位）的局，有的来自中央纪委相关监督检查室，有的来自审计署。工作之中，大家充分发挥专业所长，相互配合，紧张作战。茶余饭后，大家谈笑风生，交流经验，相处得跟兄弟一般。多年以后，巡视组的同志们相聚，无论职位高低，彼此都以战友相称。

处处留心皆学问。两年多的时间，我参加了对两个省（区、市），四家大型央企、两家大型国有商业银行的巡视。巡视为我打开了一扇观察和体验中国政治运行的窗户。通过这扇窗户，我在短时间内系统而全面地了解到了党中央路线方针政策从制定到部署、传达、执行、落地再到成效评价的完整链条；中央与地方互动、中西部合作、地方与央企合作的大致过程；高级领导干部在电视屏幕后不为人知的工作和生活状态。自上而下、自下而上，纵横经纬、跨时空的各种信息在中央巡视组交汇聚合。在组领导的带领下，我们从监督者的视角，以问题为导向，对这些信息进行分析研判，力图精准定性、实事求是地向党中央汇报。这确实是一项高政治站位、高政策水平和高政治智慧的工作。每一个问题的深入了解，每一份材料的细致阅读，每一次组内的激烈讨论，每一份报告的字斟句酌，都让我受益匪浅。

纸上得来终觉浅，绝知此事要躬行。2016 年初，中央巡视任务结束后，我回到学院继续从事教学科研工作。党的十九大报告强调“巡视利剑作用彰显”，这是党中央对巡视的极高评价。我不断跟进巡视巡察实务进展，每当看到巡视制度作出的改革，都能想起当年巡视时的那些困惑，并欣喜于当下的改进。我也选择了将巡视巡察作为研究方向，开始思考巡视的制度特征和制度逻辑，以及其在监督体系中的地位功能和在治国理政中的作用。近年来，围绕巡视统合功能、政治巡视、市县巡察、巡视视域中的全过程人民民主等理论问题，我发表了数篇学术论文，也参与了中央巡视办牵头组织的巡视巡察系列培训教材编写工作。从参与巡视实践到从事巡视研究，我深切感受到了“实践出真知”的真谛。非常庆幸自己有这么一段难得的中央巡视经历。

钻之弥深，拓之逾宽。在研究过程中，我越来越深刻认识到党中央将巡视作为党内监督战略性制度安排，全面从严治党的利剑，发挥震慑、遏制、治本功能，构建巡视巡察上下联动全党“一盘棋”工作格局的决策背后所蕴含的自我革命高超智慧和坚韧勇气。

推己及人，己欲施人。在这几年教学研究过程中，我一方面震撼于巡视巡察工作的迅速发展和显著成效，另一方面也感受到巡视巡察实务部门对相关理论和业务知识的迫切需求。特别是巡察工作起步晚、推广快、制度多、要求高、人员流动频繁，每次授课后，总有不少市县、央企和省直机关的巡察干部向我索要课件，并表示希望获取更多相关资料。我想，最初我参与巡视工作所遇到的困惑，很多专职巡察干部和借调参与巡察工作的人员都会遇到。2014 年，巡视正处于实践探索阶段，制度正在制定过程中，相关资料也很少，很多工作方式方法都靠组内同志们口口相传，自行摸索。而现在，巡视巡察制度逐步健全，流程基本稳定。于是，我萌生了撰写一本介绍巡察工作书籍的想法，以帮助那些参加巡察工作的人员尽快从整体上了解和认识巡察工作，做好巡察工作，并增强参与巡察工作的价值感和使命感。

本书从构思起笔到最终完稿，历时四年。本书撰写过程中得到了中央巡视办有关领导和同事、各地区各单位巡察实务部门和巡察干部的鼓励和支持，有的提供制度文本，有的介绍经验做法，有的讲述巡察故事，有的分析巡察机制，有的分享巡察心得。这些难得的素材构成了本书的基础资料，本人在此一并表示感谢。巡察工作涉及主体多、领域广、范围大，囿于本人经验和能力所限，本书难免存在不足和疏漏之处，还请各位读者批评指正。

高山不语、静水深流、清玉泽光。学术研究的最高境界是“众里寻他千百度，蓦然回首，那人却在灯火阑珊处”的顿悟，是勇攀高峰“会当凌绝顶，一览众山小”的喜悦。虽不能至，心向往之。在浩瀚学海中，我还处于“补短板”“苦作舟”的阶段。然踏平坎坷成大道，斗罢艰辛又出发。

临近中年，感慨颇丰，容易忘事，是以记之，与诸君共勉。

刘诗林

2022 年 12 月于北京稻香湖